明清浙江海防遗存调查与研究（国家社科基金项目）

# 清实录
# 浙江海塘史料

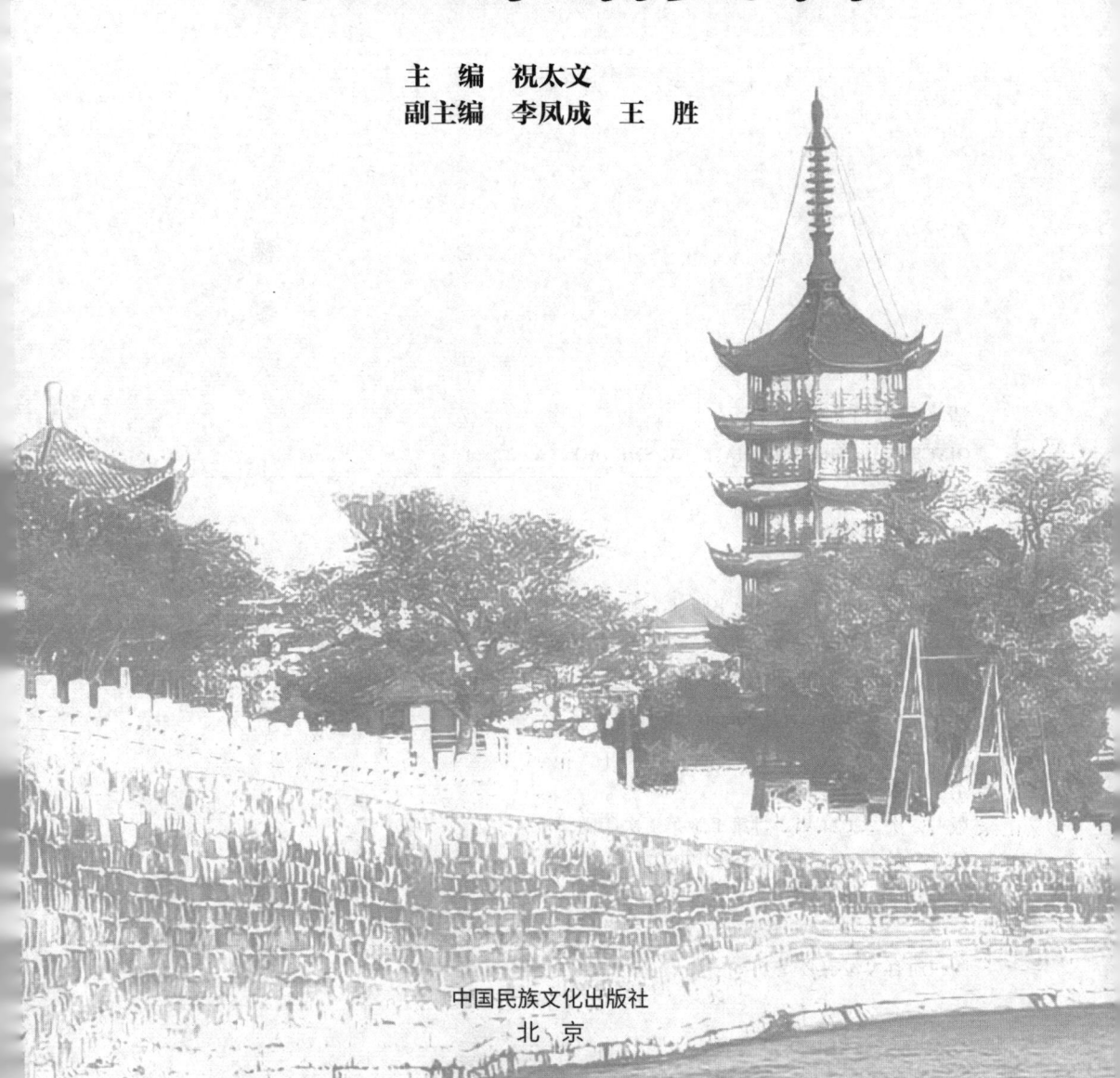

主　编　祝太文
副主编　李凤成　王　胜

中国民族文化出版社
北京

图书在版编目（CIP）数据

清实录浙江海塘史料 / 祝太文主编 . --北京：中国民族文化出版社有限公司, 2023.11
ISBN 978-7-5122-1799-7

Ⅰ.①清… Ⅱ.①祝… Ⅲ.①海塘—海岸工程—史料—浙江—清代 Ⅳ.①U656.31-092

中国国家版本馆 CIP 数据核字（2023）第 214577 号

清实录浙江海塘史料

QINGSHILU ZHEJIANG HAITANG SHILIAO

| 主　　编 | 祝太文 |
|---|---|
| 责任编辑 | 李路艳 |
| 责任校对 | 李文学 |
| 出 版 者 | 中国民族文化出版社　　地址：北京市东城区和平里北街 14 号 |
| | 邮编：100013　　联系电话：010-84250639　64211754（传真） |
| 印　　装 | 三河市龙大印装有限公司 |
| 开　　本 | 710mm×1000mm　16 开 |
| 印　　张 | 16 |
| 字　　数 | 248 千 |
| 版　　次 | 2024 年 5 月第 1 版第 1 次印刷 |
| 标准书号 | ISBN 978-7-5122-1799-7 |
| 定　　价 | 88.00 元 |

版权所有　侵权必究

# 说　明

《清实录》全称《大清历朝实录》，包括《满洲实录》、太祖至德宗十一朝实录、《宣统政纪》，共4484卷，是由历朝实录馆臣依据上谕、奏折、起居注及其他原始档案等纂修的编年体史书，详尽地记载了清代近300年的政治、经济、文化、军事、水利建设等史事，是研究清代国史和区域史、专题史最重要的史料之一，受到历史研究者的普遍重视。

《清实录》是我国卷帙浩繁的史籍之一，所记历时近300年之久，区域涉及全国各地，但区域性史料、专题性史料都系于编年月日之下，散于各朝卷次之中，检索查阅非常不便。从《清实录》中辑出区域性和专题性史料，于区域史研究和专题研究是极大的方便，史学界较为重视。自20世纪60年代至近年，已辑录有50部左右《清实录》区域性、专题性辑录汇编。辑录区域性史料有《〈清实录〉贵州资料辑要》（1964）、《清实录广东史料》（1995）、《清实录天津史料汇编》（2014）、《清实录·察哈尔卷》（2017）、《〈清实录〉锡林郭勒史料汇编》（2021）、《明清实录清远史料辑录》（2022）等等。专题性史料辑录，民族史专题史料辑录有《达斡尔、鄂温克、鄂伦春、赫哲史料摘抄：清实录》（1962）、《〈清实录〉准噶尔史料摘录》（1976）、《清实录彝族史料辑要》（1983）、《清实录藏族史料类编》（2019）等，中外关系史专题史料辑录有《〈清实录〉中俄关系资料汇编：初稿》（1974）、《清实录越南缅甸泰国老挝史料摘抄》（1986）、《清实录中朝关系史料摘编》（1991）等，经济科学文化专题史料辑录有《清实录教育科学文化史料辑要》（1991）、《清实录类纂：科学技术卷》（2005）、《清实录

1

经济史资料》(2012)、《〈清实录〉科举史料汇编》(2015)等。海塘修建是清代浙江地方政府主要的政务,也是清廷关注的国计民生事业。朝廷屡派重臣来浙江巡视或主持相关事务,康熙、乾隆两帝南巡也必亲自视察海塘,《清实录》中散有许多关于浙江海塘的史料。辑出浙江海塘史料,对研究清代浙江水利建设、海塘演变、地理环境变迁、海防建设等均有历史价值。

《清实录浙江海塘史料》所辑录史料,以中华书局于1985年8月至1987年7月期间出版的《清实录》影印本60册为来源。所辑录的史料按《清实录》原编年顺序分年排列,于每条史料前标出帝王年号纪年的年号、月、干支纪日,并用括号标出阴历日期和公历纪年对应的年、月、日,传统纪年与公历的换算主要依据陈垣的《二十史朔闰表》、薛仲三和欧阳颐合编的《两千年中西历对照表》、方诗铭和方小芬的《中国史历日和中西历日对照表》来推算;每个日期和每条史料前均用〇标识区分,同一天里若有数条史料的,均系于该日之下;每条史料末尾,注明出处(卷、册、页),以便查检;史料原版字体为繁体字,统一转化为规范简体字,少数没有对应简体字又不能用电脑打出的字,则在电脑中造出该字以符原文。

本书系国家社会科学基金项目"明清浙江海防遗存调查与研究"(22BZS062)阶段性成果。参与编写的还有南京邮电大学马克思主义学院副教授李凤成博士、淮阴师范学院历史文化旅游学院副教授王胜博士。由于时间仓促,作者水平有限,在史料摘录、点校过程中若存有不当之处,敬请读者给予批评指正。

祝太文<br>2023年1月28日

# 目 录

圣祖康熙朝（元年—六十一年）（1662-2-18—1723-2-4）……………… 1

世宗雍正朝（元年—十三年）（1723-2-5—1736-2-11）……………… 4

高宗乾隆朝（元年—六十年）（1736-2-12—1796-2-8）……………… 19

仁宗嘉庆朝（元年—二十五年）（1796-2-9—1821-2-2）………… 164

宣宗道光朝（元年—三十年）（1821-2-3—1851-1-31）………… 166

文宗咸丰朝（元年—十一年）（1851-2-1—1862-1-29）………… 221

穆宗同治朝（元年—十三年）（1862-1-30—1875-2-5）………… 227

德宗光绪朝（元年—三十四年）（1875-2-6—1909-1-21）………… 236

宣统朝（元年—三年）（1909-1-22—1912-2-17）………… 247

# 圣祖康熙朝（元年—六十一年）
# （1662-2-18—1723-2-4）

### ○康熙三年十月己卯（二十一日）（1664-12-8）

○工部议覆：浙江总督赵廷臣疏报，海宁县飓风大作。海水过塘，淹没内地。令动支额编银两，修筑塘工。从之。

（卷13，册4，页200）

### ○康熙三十七年九月庚寅（十九日）（1698-10-22）

○工部议覆：浙江巡抚张敏疏言，本年七月十三、十四两日，飓风大作，海潮越堤而入，冲决海宁县塘一千六百余丈、海盐县塘三百余丈。应行令该抚作速修筑。从之。

（卷190，册5，页1014）

### ○康熙三十九年九月丙午（十七日）（1700-10-28）

○户部议覆：江南江西总督阿山会同江苏巡抚宋荦疏言，臣等率监督舒胡德等，阅看金山卫南青龙港等处。自该卫海塘外四十里有金山头，凡商船皆聚此处。候潮往西，则至浙江平湖县之乍浦……即挑青龙港成功，此处课税虽增，而浙江海税必减，于商船国课并无便益。其挑浚青龙港等处，似不

1

必举行。应如该督抚等所题，将监督舒胡德请挑浚青龙之处，毋庸议。从之。

（卷201，册6，页45）

## ○康熙四十二年二月癸巳（十八日）（1703-4-3）

○遣领侍卫内大臣公阿灵阿、侍郎傅继祖、来道，阅钱塘江堤。

（卷211，册6，页143）

## ○康熙五十七年三月戊寅（二十九日）（1718-4-29）

○工部议覆：浙江巡抚朱轼疏言，海宁县海塘俱属浮沙，塘脚空虚。请用木柜之法，以木为柜，横贴塘底，实以碎石，以固塘根。又用大石，高筑塘身附塘，另筑坦水石，以护塘脚，毋使潮水浸入。再查塘内，向有小河，名备塘河。居民筑坝，遂淤为陆。今应去坝疏河，即以挑河之土培岸。又石塘三十余里，均须防守，不时修筑。东西土塘，现在坍塌，更宜及时堵御。俱应如所请，速行修筑。从之。

（卷278，册6，页727）

## ○康熙五十九年七月庚午（初五日）（1720-8-8）

○工部等衙门议覆：福建浙江总督觉罗满保条奏浙省海塘事宜。一、海宁县老盐仓北岸，东自蒲尔兜起，西至姚家堰止，共一千三百四十丈，砌筑石塘，可保护杭州、嘉兴、湖州三府民田。其沿海要害处，应筑草坝，以资抵御。一、海宁县沿海地方，俱系沙土。今沿塘新有涨沙，乘此速将石塘砌筑。将来沙土渐聚，便可拥护塘根，每塘一丈，用大石砌作十层，共高二丈。塘面之内，培筑土塘，计高一丈，宽二丈。一、开中小亹一带淤沙，以复江海故道，则海宁土塘、石塘，可免潮水冲决。一、筑上虞县夏盖山石塘，一千七百九十丈，以防南岸潮患。一、调委经理各官，以专责成。如有怠玩误公，侵冒滋弊者，察出参处。一、请专员岁修，以保永固。其南岸绍兴府之上虞、余姚、山阴、会稽、萧山五县石塘、土塘，交绍兴府同知管理。北岸杭州府之海宁、仁和、钱塘三县石塘、土塘，将金华府同知裁去，添设杭州府海防同知一员管理。嘉兴府之海盐、平湖二县石塘、土塘，交嘉兴府同知管理。一、凡江海潮神，向登祀典者，祈皇上加赠封号、庙额，令有司春秋致祭。均应如所请。从之。

（卷288，册6，页807）

# 世宗雍正朝（元年—十三年）
# （1723－2－5—1736－2－11）

### ○雍正元年九月癸巳（十七日）（1723－10－15）

○总理事务王大臣等议准浙闽总督觉罗满保奏请修筑海宁塘堤。得旨：钱镠时所筑塘堤，中间虽被冲坏，至今尚有存者，数年来督抚等所修塘堤俱虚冒钱粮，于不当修筑处修筑，以至随修随坏。又闻赭山有三处海口，今一处淤沙壅塞，水不通流，若浚治疏通，使潮汐不致留沙壅塞，则海宁一带塘工方可保固。言之者虽未必稔知，然不可不留意，抑或地方大臣恐糜费钱粮，此等处虽明知而不顾也。传谕该督抚知之。

（卷11，册7，页206）

### ○雍正二年九月辛酉（二十一日）（1724－11－6）

○谕江南浙江总督巡抚等：今岁七月中，飓风大作，海潮泛溢，江南浙江沿海州县卫所，堤岸多被冲塌，居民田庐漂没。朕轸念深切，已降谕旨，令江浙地方官亟行赈济抚绥，毋使灾黎失所。今被冲海塘，若不及时修筑，恐咸水灌入内河，有碍耕种，尔督抚等，着即查明各处损坏塘工，料估价值，动正项钱粮作速兴工。至沿海失业居民，度日艰难，藉此佣役，俾日得工价，以资糊口，是拯救穷民之法，即寓其中矣。将此再行饬谕，务期实心遵旨速行，以副朕忧恤元元至意。

（卷24，册7，页384）

## ○雍正二年十二月癸酉（初四日）（1725－1－17）

○谕吏部尚书朱轼：浙江沿海塘工最为紧要，署抚石文焯前经奏称应用石工，后又奏称不必用石，全无定见。诚恐贻误塘工，朕已谕令法海、佟吉图作速详议具奏矣。但恐法海等初任，不谙地方情形，尔曾为浙江巡抚，必深悉事宜，着驰驿前往浙江，作何修筑之处会同法海、佟吉图详查定议，交与法海等修筑。朕思海塘关系民生，务要工程坚固，一劳永逸，不可吝惜钱粮。江南海塘亦为紧要，俟浙江议定，即至苏州会同何天培、鄂尔泰，将查勘苏松塘工如何修筑之处亦定议具奏。

（卷27，册7，页412）

## ○雍正三年三月丙辰（十八日）（1725－4－30）

○工部遵旨议覆：吏部尚书朱轼疏言，浙江杭州等府全赖海塘捍御潮汐。查绍兴余姚县，自浒山镇西至临山卫六十里，旧有土塘三道。内一道为老塘，距海三四十里或十余里，系百姓自筑。其二道为外塘，询据土人云，潮水从不到塘，若加高三四尺，厚五六尺，即遇风潮亦不致冲溢，系民间灶户修筑，今被灾之后，民灶无力，应令地方官动用公帑兴修。又自临山卫至上虞县乌盆村十五里，自村至会稽县沥海所四十五里，内石塘二千二百余丈，系康熙五十八年建，至今巩固，其石塘东西共土塘七千丈，坍塌甚多，应令填筑乱石，上铺大石，以固塘基贴石筑土，栽种榆柳，近塘洼地一概筑平，庶可永固。自陈文港至尖山二十余里，内草塘七十四丈，乱石砌边，土塘三千七百二十六丈，塘外淤积沙土，潮水犹注塘下，应将土塘加宽，添铺条石，其草塘七十四丈，并照式修改，再塘外原有乱石子塘，宽三四尺不等，外加排桩，遮护塘脚，最为紧要，去秋风潮，排桩欹倒，子塘零落，应修砌完固，从前原无子塘之处，亦照式兴修。又海盐县东自秦驻山三涧寨，西至演武场，石塘二千八百丈，明时修建，最为坚固，年久水沁塘根，桩木朽坏共塌八十余丈，今应移就实地修筑，又去秋风潮冲溃七十丈，其附石土塘亦应照式修筑。自演武场至平湖县雅山炮台一带土塘，现在地方官加修，指日完工，通共估计石价、夫匠、土方、杂费应用银十万五千七百两有奇，俟工完后核实报销，至支发钱粮及督修大小官员应听抚臣法海另疏题报。俱应如所请。从之。

（卷30，册7，页458—页459）

### ○雍正三年五月甲寅（十七日）（1725－6－27）

○谕内阁：江南浙江海塘，已差尚书朱轼，会同江浙巡抚查勘估议具奏，但沿海黎庶全赖坚筑海塘捍御潮汐，得以保全生聚，事关民瘼，朕时刻在念。若塘工迟误，则海滨之人未能安居乐业，所派效力人员虽经赴工，惟恐迁延时日，骤难告竣，亦未可定。着巡抚张楷、法海等，星速遴委干员，动支司库钱粮，立限坚筑，克期报完，务使永保安澜，毋得因循延缓，亦不得草率塞责，贻误民生。

（卷32，册7，页489）

### ○雍正三年十二月癸未（二十日）（1726－1－22）

○署浙江巡抚福敏疏言：绍兴府海塘工程，原议皆用条石，后以条石不易购致，限期已迫，遂用条石托外，乱石填中，今恐日后坍塌，仍改用条石，请宽限期，督催改筑。得旨：海塘工程关系民生，最为紧要，必须一劳永逸。若因条石一时难以购致，从前便当声明缘由，奏请展限，何得草率从事。着交与新任巡抚李卫悉心查勘指示，更改修理，务期永远坚固。张楷在江南修理塘工用木桩密钉，似为有益，可否仿行，并令李卫酌量。

（卷39，册7，页576—页577）

## ○雍正四年八月丙戌（二十七日）（1726-9-22）

○浙江巡抚李卫疏报：杭州、嘉兴、绍兴三府属海塘，修筑告竣。下部知之。

（卷47，册7，页715）

## ○雍正五年五月壬戌（初七日）（1727-6-25）

○内阁等衙门议奏，查嗣庭蒙恩擢用，历官至礼部侍郎，阴怀二心，忍行横议，臣等谨将查嗣庭所著日记悖逆不道大罪，并夤缘请托关节私书逐款究审。嗣庭亦俯首甘诛，无能置喙，除各轻罪不议外，应照大逆律凌迟处死，今已在监病故，应戮尸枭示……案内拟给功臣之家为奴各犯，亦着流三千里，其应行拿解之犯，该抚查明，一并发遣。查嗣庭名下应追家产，着变价，留于浙江，以充海塘工程之用。

（卷57，册7，页868—页869）

## ○雍正六年三月甲戌（二十四日）（1728-5-2）

○户部议覆：浙江总督李卫等条奏经理玉环山事宜。一、增改文员。玉环山地方周围七百余里，田地十万余亩，山岙平衍，土性肥饶，界在温台之间，实为海疆要地……一、兴修水利。玉环可耕之地，向来原设堤塘以资捍护，今年久倾圮，请委员详悉相度，除赴垦殷实之民听其自行修建外，其情愿领帑承垦者，该同知酌量借给，俟秋收后照数缴还……均应如所请。从之。

（卷67，册7，页1026—页1027）

## ○雍正六年九月丁卯（二十日）（1728-10-22）

○工部等衙门议覆：浙江总督李卫遵旨议奏江南松江海塘事宜四款。一、海塘初议建石工三千八百五十四丈，今已筑完二千四百九十丈，若尽议拆改，则人工尽弃，且从前委官多已故罢任者，即尽法追究，仍于塘工无济。臣请就目前新筑石塘，选料换式，仿照浙江海塘建筑坚固，将新旧接续，即有一二损伤，不难相机改补。一、土塘之附于石塘背后者，盖因石塘初筑，外当风涛，内则孤立，必培筑土塘以护之，每年应派管理之员动支岁修款项，随时粘补。至抢筑土塘本在石塘之外，其间高低厚薄不同，应俟农隙之时，择其低薄断续处，令沿塘居民渐次补筑高厚。一、东湾至周公墩，张家舍至倪家路，离海甚近，俱应先为建筑。再金山嘴老土塘至东华家角，共六千二百余丈，原估工料不敷，应请饬令该督抚另行委员确丈估计。至旧塘之石坍陷水中，应捞取凑筑新塘，更为适用。一、兴举巨工，必有总理之大员，又必有分任之众职。今监督苏松太道魏观生长北方，于海塘非所素习，请发熟谙塘工之升任京卿俞兆岳综司其事，以魏观会同稽查。再请敕下江南督抚另于通省、同知、通判等官内选择委任，管理分筑。俱应如所请。得旨：依议，海塘工程事务仍着李卫会同江南督抚稽察办理。

（卷73，册7，页1092—页1093）

## ○雍正七年六月戊子（十五日）（1729－7－10）

○谕内阁：……明代二百余年，黄运两河，时时溃决，生民日有沦为波臣之惧。我圣祖仁皇帝时厪忧勤，详示方略，躬亲相度，至于再三，凡所以修筑捍御之策，疏浚导刷之宜，悉经睿虑精详，尽美尽善。以致川流循轨，黄水安澜，数十年来，限工巩固，亿姓永无昏垫之虞，共享平成之庆。迨朕绍膺丕绪，恪遵谟烈，加意修防，仰荷上天眷佑，七年以来，河流咸归故道，海口深通，清淮迅畅，三省运道，遄行无阻。至于北直畿辅之地，南省浙江等处，凡有海塘河渠，以及应行经理水利之处，皆渐次兴修，蓄泄以时，旱潦有备，府事修和，桑麻遍野。

（卷82，册8，页87）

## ○雍正七年八月丙寅（二十四日）（1729－10－16）

○谕工部：朕惟古圣人之制祭祀也，凡山川岳渎之神，有功德于生民，能为之御灾捍患者，皆载在祀典。盖所以荐歆昭格，崇德报功，而并以动人敬畏，祗肃之心也。雍正二年，浙江海塘潮水冲决，朕特发帑金，命大臣察勘修筑，并念居民平日不知畏敬明神，多有亵慢，切谕以虔诚修省之道，令地方官家喻户晓，警觉众庶。比年以来，塘工完整，灾沴不作，居民安业，盖已默叨神佑矣。今年潮汐盛长，几至泛溢，官民震恐，幸而水势渐退，堤防无恙，此皆神明默垂护佑，惠我烝民者也。兹特发内帑银十万两，于海宁县地方，敕建海神之庙，以崇报享。着该督遴委贤员，度地鸠工，敬谨修建，务期制度恢宏，规模壮丽，崇奉祀事，用答明神庇民御患之休烈。且令远近人民奔走瞻仰，兴起感动，相与服教畏神，迁善改过，永荷庥祥，则于国家事神治人之道，均有赖焉。

（卷85，册8，页141—页142）

## ○雍正七年十二月丁巳（十七日）（1730-2-4）

○工部议覆：浙江总督李卫疏言，海宁沿塘，东自尖山，西至翁家埠，绵亘百里，皆临大海。今南岸潮头直射，北面护沙洗刷无存，一线草塘，不能抵敌全海潮势，若非向里添砌石工，难以保固。请于西塘内，荆煦庙起至草庵止，就旧有草塘收进二三丈，砌筑石工。东塘于陈文港、小文前薛家坝及念里亭等处，分筑挑水盘头大草坝五座，堵御顶冲，使水势稍缓，可引涨沙渐聚，其远年块石，各塘酌量加高培厚。俱应如所请。从之。

（卷89，册8，页202）

## ○雍正十一年正月戊子（初六日）（1733-2-19）

○大学士等遵旨议覆：浙江总督程元章疏言"海宁县今年夏秋潮势自东而西侵入仁和县界，石草各塘坍卸无常，势甚危险"等语。查海宁东塘向有修筑石草各工，而西首现冲之仁和县界，原系土工离杭城仅二三十里，且与长安坝下河向北一带相距不远，设有疏虞，建瓴而下。有关杭嘉湖苏松常六郡利害，自应速为修筑，以备春伏大汛，但各处塘工止有石土之分，独

9

宁邑又有草工者，盖缘其地沙活土浮，潮头往来，搜抉塘脚，即使大石铺砌，而上重下虚最易倾倒，不得已修筑草塘暂为堵御。是三项工程，因时随地各不可少。但该督只称各塘危险，未经疏明何项塘工，无凭悬拟，应令逐一详勘。即乘春间水小时，将应行补葺修筑之处酌动钱粮相机料理，其通盘形势，作何筹画久远之法，应俟特简大臣前往查看，再行定议。得旨：着内大臣海望、总督李卫驰驿前往浙江，会同总督程元章，将海塘工程通盘相度形势，筹画事宜，应作何修筑以垂久远之处，详细查勘，悉心定议。其修筑工程，着大理寺卿汪漋、原任内阁学士张坦麟前往承办，仍照旧令程元章总统办理。张坦麟即于本籍前往，直隶总督印务着署刑部尚书唐执玉暂行署理，营田观察使顾琮协办。

（卷127，册8，页664）

## 〇雍正十一年四月壬子朔（初一日）（1733-5-14）

〇奉命查勘浙江海塘内大臣海望等奏言，查浙省江海情形，其门户有三：省城东南鼋赭两山之间，名曰南大亹；禅机河庄两山之间，名曰中小亹；河庄山之北，宁邑海塘之南，名曰北大亹。此三亹之形势也。今南大亹早已淤成平陆，数十年前，水由中小亹出入，后渐徙流北大亹，年来北大亹之桑田庐舍，已成沧海。若欲遏江海之狂澜，仍归中道，恐非人力所能为者。查海宁东南，有尖山耸峙，镇锁海口，其西有小山，俗名塌山，相去百余丈，现今江水大溜，紧贴北塘，直趋尖山、塌山之间，而海潮激塘，护沙日刷，若于尖塌两山之间。俟冬初水落，修建石坝，设法堵塞，使江水海潮仍向外行，则北岸护沙，可望复涨。至于仁宁二邑海塘，自华家衖以东，尖山以西一带塘工，有草塘、条石塘、块石塘不等，内有大学士朱轼于巡抚任内修建石塘五百丈完固无损，又新建之条石塘尚属整齐，其余草塘易于朽烂，而石块旧塘亦易于坍塌，殊非经久奠安之计，似应改建大石塘，庶可垂诸永远。再请于海塘之内，添筑土备塘一道，比之旧塘，再高五六尺，务于今年秋汛以前，上紧趱筑完工，万一风潮泛溢，有此备塘抵御，似可以卫护民生，咸成乐土。得旨：所议俱属妥协，着交部，照所奏行。朕思尖塌两山之间建立石坝以堵水势，似类挑水坝之意，所见固是，若再于中小亹开挖引河一道，分江流入海，以减水势，似更有益。从前虽经开挖，旋复壅塞者，皆因惜费省工之故。今若加工开挖，两工并举，更觉妥备，石坝建后即有涨沙，而石塘亦可渐次改建，以为永久之利。其开挖引河之处，着程元章会同汪漋、张坦麟等相度地势，酌量办理。

（卷130，册8，页687）

## ○雍正十一年四月戊辰（十七日）（1733-5-30）

○工部等衙门议覆：内大臣海望等疏奏浙省修建海塘事宜。一、分管工程人员请酌量拣选，派委办事，工竣之日，分别等第保题议叙。一、应给工价请银米兼发。于米贱地方，委员采买粮石，运至工所搭放，庶夫匠云集，本地米价不致昂贵。一、添设官兵宜专责成。请设副使道一员，加以海防兵备职衔，海塘文武官兵，听其调用，并兼辖沿海州县等官。又海防同知，原设二员，请添设一员，俱令分管塘工，兼辖兵役。再添设守备二员，分为左右二营，管辖千总四员，把总八员，外委十六员，兵一千名，以备调遣。一、官兵宜分派驻扎。查海宁为沿海数县边中之地，新设道员请驻扎海宁，乍浦同知仍照旧驻扎，其旧设同知一员请驻扎海宁，新设同知一员驻扎仁和，左营守备驻扎海宁之东，右营守备驻扎海宁之西，各分界址，派防塘汛。均应如所请。从之。

（卷130，册8，页692—页693）

## ○雍正十一年十二月庚午（二十三日）（1734-1-27）

○谕内阁：朕因浙省海塘关系紧要，是以特差大臣会同该督程元章相度形势，定议兴修，又恐在工人员或急缓稽迟，不能及时建筑，特令杭州将军阿里衮、副都统隆昇会同该督等督催办理。近闻堵塞尖山，开挑引河，已经查勘数次，尚欲再商，但以行文调取闽省善水之人试探为辞，议论纷纭，终无定见，全不思海水潮汐有时，若迟至潮水长盛之时，如何施工，且采办石料又互相推诿，舍近求远，致稽时日。该督等既不努力办工，而阿里衮、隆昇亦俱袖手旁观，不上紧催办，若各工内，实有难以施工，应奏闻请旨之事，亦应及早奏明，何得半年以来尚无头绪。着传谕浙江总督程元章等速将各项工程及时修筑，毋得仍前怠忽。

（卷138，册8，页760）

## ○雍正十二年二月乙丑（十九日）（1734-3-23）

○大学士等议奏浙江海塘工程，前奉谕旨，令该督程元章等先筑土备塘一道堵塞尖山水口，渐次改建石塘，并于中小亹开挖引河分泄江流以减水势。今据该督奏称"尖山水口势难堵塞，引河亦难于开挖。"查海塘关系重大，其如何捍御潮势，保护塘工之处，自应及蚤商办，乃该督漫无成见，迁延愈久，成功益难。应令该督再于中小亹详加踏勘，如何施工疏浚，即令妥确定议具奏。至尖山水口，实系海塘受患之由，若不急为堵塞，则每年徒费钱粮，究于塘工无补，亦应交该督等将应用物料预购齐备，俟冬初水落，设法举行。得旨：浙省海塘关系重大，固须详慎，尤戒迟疑，若总理不肯担承，则分任者愈多瞻顾，其何以谋奠安而垂永久。程元章毫无确见，着将海塘一应工程，交杭州副都统隆昇总理，令御史偏武前往协办，所需文武工员俱听隆昇拣调，其运办物料、给发钱粮等项，仍着程元章料理，毋得推诿稽迟。

（卷140，册8，页772—页773）

## ○雍正十二年三月戊寅（初二日）（1734-4-5）

○大学士等议覆：杭州副都统隆昇疏奏"浙江海塘工程，奉旨命臣总理，查得河庄等山之东首，旧有南港河一道，舟楫可通，今西首沙淤者仅一十五里，挑挖甚易，所费亦轻，据旗员兵丁等踊跃争先，情愿效力，理合奏闻"等语。应如所请，令隆昇酌量募夫，施工开挖，无庸资藉驻防兵力可也。从之。

（卷141，册8，页777）

○雍正十三年正月癸酉（初二日）（1735－1－25）

　　○谕内阁：朕闻浙江海塘工程，现在修理尖山，已堵筑三分之一，人心甚是踊跃，但夫役每日给工银三分六厘，稍觉不足。今当初春之月，水浅潮平，正趱筑工程之候，着照引河挑夫例，每日加足五分之数。又闻从前采运石块，每方给银八钱九分有零，今运送多资人力，着每方增银六分，俾夫役等工食宽裕，努力修筑，早告成功，以慰朕念。

（卷151，册8，页864—页865）

○雍正十三年七月乙巳（初八日）（1735－8－25）

　　○谕内阁：前闻浙省海塘于本年六月初二日风潮偶作，冲决之处甚多，朕心深为轸念，已降旨询问情由，并令速行抢修，以防秋汛。今朕访闻今岁风潮不过风大水涌，并非昔年海啸可比，且为时不久，未有连日震撼冲汕情形。若平日随时补葺，防护谨密，自不致溃决如此之多。总因数年来经理官员将旧日工程视同膜外，并不随时修补，且将原题准在岁修案内报销之工，不许修筑，以致根脚空虚，处处危险，不能捍御风浪。隆昇与程元章等竟见不合，汪漋、张坦麟但知随声附和，不顾国家公事。前因虐使民夫，克减石料，经朕降旨申饬，略知收敛，然每石万斤尚减价六七折不等，欲符原估六万两之数，责令宕匠包赔，以致逃亡误工，平时废弛若此，何以抵御狂澜。朕不惜数百万帑金，冀以保全一方民生，而各官怀挟私意，不知为国为民，宜乎上天垂象以示儆也。目今秋汛正大，抢修保护最为急务，一切事宜俱交与隆昇、程元章、汪漋、张坦麟等悉心料理，倘仍蹈前辙，再有疏虞，致伤田庐民命，必将伊等从重治罪，不稍宽贷。郝玉麟既不据实奏闻，亦不能置身事外。至于雇募人夫，采办物料，务须公平给值，听从民便，俾闾阎踊跃从事，不得涉于勉强，或绳以官法，刑驱势迫，扰累地方，致负朕爱养民生至意。

（卷158，册8，页933）

## ○雍正十三年七月壬子（十五日）（1735-9-1）

○谕内阁：朕为浙省海塘，宵旰焦劳，无时或释，且不惜多费帑金，冀登斯民于衽席。年来所降谕旨不下数十百次，隆昇、程元章、汪漋、张坦麟皆朕特简之大员，委以防川之巨任，且训谕谆谆，望其实力奉行，勉以和衷共济。岂料伊等私心蔽锢，意见参差，但分彼此之形，全无公忠之念。安有身在地方，目睹堤岸空虚，而不督率属员先事预防，急为修补者？隆昇、程元章、汪漋、张坦麟俱着交部严察议奏。

○命故大学士、浙闽总督、谥"文襄"，李之芳入浙江省贤良祠致祭。从浙江巡抚程元章请也。

（卷158，册8，页937）

## ○雍正十三年七月丙辰（十九日）（1735-9-5）

○谕内阁：浙江海塘工程关系民生，最为紧要，朕宵旰焦劳，不惜多费帑金，为亿万生灵谋久远乂安之计，所以告诫在事臣工者，已至再至三矣。不料经理诸臣各怀私意，彼此参差，以致乖戾之气，上干天和，有今年六月风浪溃堤之事。今虽勉力抢修，尚不知能捍御秋潮否，至于建筑石塘，工程浩大，若诸臣陋习不改，仍似从前，则大工何所倚赖。朕再四思维，大学士朱轼廉慎持躬，昔曾巡抚浙江，谙练塘工，今虽年逾七旬，精神不逮，而董率指示，似尚能为。朕以此询问朱轼，自称情愿效力。着由水路乘船前往，令该部给与水程勘合，并令沿途拨兵护送，伊子朱必阶着随伊父去。朱轼到浙之日，稽察指受，总理大纲，至一切工程事务仍着隆昇、程元章、汪漋、张坦麟等照前办理，俱听朱轼节制。若大臣中有怀私龃龉者，着朱轼据实参奏，朕必严加上处分，若文武官员等有营私作弊，或怠玩因循者，朱轼即行纠参，从重治罪。朱轼未到之先，所有应办工程物料，着隆昇、程元章等上紧办理，毋得借口等候钦差，徘徊观望，以致稽迟。

（卷158，册8，页939）

## ○雍正十三年八月己丑（二十三日）（1735-10-8）

○命大学士朱轼回京办事，其总理海塘工程，王大臣等另议一人奏请前往。寻请以大学士现管江南总河事务嵇曾筠即赴浙江，总理海塘工程，暂令不必来京叩谒梓宫，并请以江南总督赵宏恩暂署江南总河事务。从之。

（卷1，册9，页143）

## ○雍正十三年九月己酉（十三日）（1735-10-28）

○又谕：今年六月间，浙江海塘冲决之处甚多，皇考圣心焦劳，曾降谕旨。今岁风潮不过风大水涌，并非昔年海啸可比。总因隆昇与程元章意见不合，堤防无术。且闻采办石料折减甚多，以致工匠包赔，逃亡误事。皇考谕旨至圣至明，今隆昇具折回奏前来，多有支吾掩饰之处。凡修建工程，固不可糜费钱粮，亦不可有心核减。若意在节省，以致工程不能坚固，则前功委于无用，而后此之糜费更多。况波涛不测，戕害民命，又岂多费钱粮之可比乎？隆昇等采办石料，折减过多，则识见庸鄙，经理之不善可知矣。据隆昇奏称"海塘绵亘百余里，内除大学士朱轼所建五百丈至今稳固，其他坍卸之处水落石出。始见以前石料狭薄碎小，桩木违式，通塘比比皆然"等语。朕览隆昇此奏，揣其情势，大约后来续修之工程，不能如大学士朱轼从前所修之坚固，亦是实情。若云近来保护不谨以致溃决，则何以一同被水，完固者自完固，坍卸者自坍卸，迥然不同，有如此乎？其中情由，着大学士嵇曾筠虚衷秉公，不可少存意见，将历任之督抚等官确查明白，应参奏者即行题参。朕侍皇考左右，屡闻谕旨，以隆昇不胜海塘之任。原欲俟秋汛后，定其功过，今已过霜降矣。隆昇能办理海塘与否，着大学士嵇曾筠据实奏闻，毋得隐讳。程元章身为封疆大臣，此系伊之职任。张坦麟、汪漋乃奉皇考特旨命往专司此事者，今塘工贻误若此，三人皆不得辞其责，亦应分别查参。此

15

事关系重大，总在大学士嵇曾筠秉公办理，务期有裨巨工。道员成贵已奉皇考谕旨解退，若有应参之处亦着题参。

（卷2，册9，页176—页177）

## ○雍正十三年九月乙丑（二十九日）（1735-11-13）

○浙闽总督郝玉麟奏修筑海塘情形。得旨：海塘工程，深廑皇考圣怀，朕即位以来，更为忧念。特命大学士嵇曾筠前往总统料理，卿可就近寄信相商，协同经画，为一劳永逸之计，以慰朕望。

（卷3，册9，页199—页200）

## ○雍正十三年十月甲午（二十九日）（1735-12-12）

○吏部议奏：浙江海塘工程溃决，应将承办之副都统隆昇、总督衔管巡抚事程元章、大理寺卿汪漋、内阁学士张坦麟均降一级调用。得旨：隆昇、程元章、汪漋、张坦麟系特简办理塘工之大员，且蒙皇考训诲谆谆，望其和衷共济，自应坚固条筑以资捍御。乃伊等私心蔽锢，意见参差，惟为苟且塞责之计，以致堤岸易于冲溃。此乃关系民生切要之务，不应援赦宽免。隆昇、程元章、汪漋、张坦麟着照部议各降一级，从宽免其调用，仍令督工效力赎罪。倘再有怠忽之处，朕必加以严惩。

（卷5，册9，页251—页252）

○工部等衙门议准：闽浙总督郝玉麟疏请修理海塘捐纳条款，酌增六条。得旨：浙江修理海塘工程，该督郝玉麟等奏请增添捐纳条款，经九卿会议准行。朕思捐纳一事原为一时权宜，无益于吏治并无益于国帑，朕知之甚悉。浙省增捐之处不必行，海塘工程着动正项钱粮办理。

（卷5，册9，页252—页253）

## ○雍正十三年十二月丁卯（初二日）（1736-1-14）

○又谕：浙江海塘关系重大，巡抚程元章身任封疆，工程是其专责，乃与隆昇意见龃龉，堤防无术，致有本年六月间冲决之事。皇考圣心备极焦劳，屡降谕旨严行申饬。朕即位之初，即特命大学士嵇曾筠前往总理，令程元章、隆昇俱听节制，洗心涤虑，痛改前非。是现今一切工程，自应听大学士嵇曾筠经理指示。乃程元章仍复怀挟私心，独自具折，奏称"尖山水口不应堵塞，非徒无益而且有害"等语。朕将此折发与总理事务王大臣查议，随据尚书海望，将从前赴浙会同程元章查勘缘由，详晰陈明，乃知堵塞尖山水口，从前程元章即在公同会议之列。若程元章意见不合，彼时即应陈奏。乃公同定议，并无一言，今又自相矛盾若此。又程元章奏称"王敛福系臣同榜进士，且隆昇性情暴躁，亦非可以虚衷会审，请专交嵇曾筠审结"等语。查王敛福纵庇吴宏曾侵冒帑银，系奉皇考谕旨，交与程元章会同隆昇审拟之案，岂有因同年而引嫌回避之理？即其中或另有情节，亦应于皇考时即行陈奏，不应迟至二年后又复巧为脱卸也。海望、隆昇、程元章俱系皇考简用之大臣，朕并非有所偏护。今观前后所奏情节，或海望之固执前见亦未可定。而程元章之怀挟私心，先后互异，显然一卑鄙之小人也，王大臣等可传旨严行申饬。至海塘一切工程，前已降旨交嵇曾筠总理，其尖山水口应否堵塞及引河应否停浚之处，嵇曾筠从前原系局外之人，自不致有所偏护。且到工已经数月，谅已深悉现在情形，确有所见。着将程元章、海望所奏交嵇曾筠阅看，秉公妥协办理。其王敛福一案，亦着嵇曾筠会同程元章等速行审结。

（卷8，册9，页299—页300）

## ○雍正十三年十二月癸酉（初八日）（1736－1－20）

○户部议覆：浙江巡抚程元章疏称"海宁县建筑东西海塘，取土应用，挑动民田地荡共十七顷六十九亩有奇，应征银米准其照数豁免"。从之。

（卷8，册9，页305）

## ○雍正十三年十二月丙戌（二十一日）（1736－2－2）

○谕总理事务王大臣：隆昇刚愎自用，怙过不悛，若仍留浙江，于海工无益，着解任来京。其副都统、织造二缺，候朕另降谕旨。程元章身为巡抚，不能和衷共济，乃怀挟私心，贻误公事，亦不应留于浙省，着解任来京。其巡抚印务，即着大学士嵇曾筠兼管。俾地方管辖与海塘工程归并一手，自无掣肘牵制之患。张坦麟、汪漋俱照司道例，听嵇曾筠节制委用。隆昇所管关税事务，着嵇曾筠委员暂行管理。嵇曾筠折内所参骁骑校常禄、巡检王国标、蒋文暹、通判叶齐俱着革职，王国标、蒋文暹、叶齐仍着留工效力。倘怠忽贻误，着嵇曾筠即行严参治罪。江南总督赵宏恩驻扎江宁，难以兼管河务，江南总河员缺，着高斌补授，其管理两淮盐政，候朕另降谕旨。

（卷9，册9，页326）

## ○雍正十三年十二月(初一日—三十日)（1736-1-13—1736-2-11）

○大学士总理浙江海塘事务嵇曾筠奏，敬陈海塘章程事宜。一、疏挖南岸沙洲以导水势。一、采办江浙条石以济工用。一、广购桩木，多委干员量收。一、委办柴束革除殷户经管。一、详定土价，发帑金鸠工攒筑。一、办运块石，给工价，毋许扣克。一、甄别两营塘兵，责令厅营督率。一、选调练习工员，分委监工抢筑。得旨：以上数条，可谓措置咸宜。朕实庆海疆得人，从此永永宁谧，安澜底绩，卿功可垂诸竹帛矣。

（卷9，册9，页335）

# 高宗乾隆朝（元年—六十年）
# （1736 - 2 - 12—1796 - 2 - 8）

## ○乾隆元年正月（1736 - 2 - 12—1736 - 3 - 11）

○大学士管浙江巡抚嵇曾筠奏：中亹引河应停止疏浚，尖山水口，俟旧塘坦水修竣之后，设法堵截。得旨：卿料理自然妥协也。

○（大学士管浙江巡抚嵇曾筠）又奏：旧塘工程抢筑已多，春汛江海水势安稳。得旨：得卿在浙，实免朕东南之顾虑矣，忻悦览之。时时督率属员敬谨将事，俟秋汛安澜，另有恩旨。

（卷11，册9，页357）

## ○乾隆元年三月（1736 - 4 - 11—1736 - 5 - 10）

○（大学士管浙江总督嵇曾筠）又奏报：桃汛水势安澜，塘工平稳。得旨：忻悦览之。海塘之任，畀卿以来，诸事得宜，朕嘉悦之怀，笔不能宣。卿更当抒忠宣猷，以副朕望。

（卷15，册9，页424）

## ○乾隆元年四月丙寅（初二日）（1736 - 5 - 12）

○大学士兼吏部尚书总理浙江海塘管浙江总督嵇曾筠报明丁忧服阕。下部知之。

（卷16，册9，页428—页429）

## ○乾隆元年七月己亥（初七日）（1736-8-13）

○工部议准：署苏州巡抚顾琮等条奏海塘善后事宜六款……一、内外土石各工绵长，须大员弹压。应照浙江塘工特设兵备道之例，添设海防道一员，驻松太二属适中之地，专管海塘岁修工程事务。将原管塘工之同知、州同各官，资其调遣。遇紧急时，于熟谙工程人员内酌量选委。其衙署查拨改建，吏役照例召募。再外护塘工，亦应照例添设塘长守护……从之。

（卷22，册9，页524—页525）

## ○乾隆元年七月（1736-8-7—1736-9-4）

○（大学士总理浙江海塘嵇曾筠）又奏：详审江海情形，请于仁、宁等处酌建鱼鳞石塘六千余丈，以固工程。得旨：卿所议自必合宜，惟有忻悦览之，一如卿请耳。

（卷23，册9，页544）

## ○乾隆元年八月乙酉（二十四日）（1736-9-28）

○谕总理事务王大臣：……又据大学士嵇曾筠折奏"今年伏秋，海塘水势虽大，因先期修整坦水，建筑土戗，得以护卫平安。且江海形势渐向南趋，海宁东西两塘日夕涨沙，将来易于施工。比较上年情形，已不啻迳庭之别"等语。又据河东总河白钟山折奏"秋汛已过，河东两省南北两岸一切埽坝工程均属稳固"等语。南北河工与浙江海塘，关系国计民生，最为紧要。且当朕即位元年，仰荷神明默佑，数处重大工程俱各循流顺轨，共庆安澜，朕心不胜感庆，理宜虔修祀典以答神贶。所有应行礼仪，该部察例具奏。此三处总理之大臣督率有方，在事各员殚心防护，俱属可嘉。着分别议叙具奏。

（卷25，册9，页563）

## ○乾隆元年九月己未（二十八日）（1736-11-1）

○谕总理事务王大臣：据总督李卫面奏"乾隆元年直隶河工，河流循轨，工程平稳，实赖神明之佑"等语。今年江南、河东黄运安澜，浙江海塘宁贴。前已降旨，各令致祭河海之神以答神贶，今直隶河神亦应一体致祭。着传谕礼部知之。

（卷27，册9，页590）

## ○乾隆元年十月己巳（初九日）（1736-11-11）

○面谕大学士嵇曾筠、内阁学士刘统勋：着带往浙江学习海塘河道工程事务。

（卷28，册9，页601—页602）

## ○乾隆二年正月庚戌（二十一日）（1737-2-20）

○调办理浙江海塘工程之大理寺卿汪漋、内阁学士张坦麟回京。

（卷35，册9，页657）

## ○乾隆二年三月乙卯（二十七日）（1737-4-26）

○以内阁学士刘统勋为刑部左侍郎，仍留浙江海塘学习行走。

（卷39，册9，页704）

## ○乾隆二年四月丙子（十八日）（1737-5-17）

○（工部）又议准：大学士总理浙江海塘兼管总督事务嵇曾筠疏言，原设引河通判一员，请移驻海宁分管柴塘，调拨引河塘兵四百名，一并彻回本汛，以供力作。从之。

（卷41，册9，页732）

## ○乾隆二年四月（1737-4-30—1737-5-28）

○刑部左侍郎刘统勋奏报：浙省海塘工程，惟朱轼所建五百丈至今坚固，其余旧塘俱难经久。至于堵筑尖山，开挖引河，费用浩繁，成功难必。此督臣嵇曾筠所以专主建筑鱼鳞大石塘之议也。我皇上不惜百万帑金，以卫浙民田庐。今岁北岸海沙渐涨，南岸江溜渐通，可望成功。海宁城南石塘五百丈现已完竣，密签长桩，平铺巨石，灌以米汁灰浆，扣以铁钉铁锔。后来工程若始终如一，可保永远无虞。查向来保固之法，于塘外签桩铺石层累而上，作为坡陀之形，名为坦水。此项工程，在今日有不得不修筑之势。窃计海塘与河工，形势迥不相侔。河工有应筑、应开、应浚之不同，即有不得不筑、必不可筑之异。海塘之内皆属守土寸金之地，一有冲决，民命攸关。且卤水一入，数年之内必致颗粒无收。既议筑塘捍卫，自不容有两歧之议，此实在情形也。得旨：知道了。久而悉其情形，再久而识其作法，原不可以欲速者也。

（卷41，册9，页745）

## ○乾隆二年五月癸丑（二十六日）（1737-6-23）

○工部议覆：大学士总理浙江海塘兼管总督事务嵇曾筠奏海塘事宜。一、取用土方，宜远隔塘身，豫行签售也。查河工定例，凡离堤三十丈之内不许取土。浙省旧塘多因就近取土，塘根洼下，竟成河渠，易于坍卸。应请将通塘岁修抢修，及帮筑土石各工，俱委员相视地形，定于离塘三十丈以外，择不碍室庐坟墓之处，按工签定，照亩价买，挑挖应用，给与工价。如不法员役贪便，仍于附近塘身取土，及将民间室庐坟墓并未经签买田地混行挑挖，藉端索诈者，立即查明参处。一、塘工取土田地，应随时给价豁粮也。查沿塘取土地亩，遵奉恩旨，给价豁粮。惟是海滨地狭民稠，尺土寸田，皆小民生业。今既签买挑挖，冀即领受价银，别谋生计，尤望豁除粮额以免追呼。从前造册汇题，每迟至数年之后，请将塘工取土田地，履亩签定，即给价值。其应纳钱粮，令地方官照依弓口分数，查丈明白，随时详请开除豁免，仍俟岁底造册汇题。至于签买时，胥役如有减改弓口，给价之时官吏如有丝毫扣克，查出严治。均应如所请。从之。

（卷43，册9，页765—页766）

## ○乾隆二年八月壬午（二十六日）（1737-9-20）

○工部议覆：大学士管浙江总督事务嵇曾筠疏言，浙省海塘，自浦儿兜大石工尾起，至尖山段塘头止，建筑鱼鳞大石塘五千九百三十丈，勘估物料夫工银一百六万九千六百两零。请支帑项，次第趱修。应如所请。从之。

（卷49，册9，页836）

## ○乾隆二年九月壬辰（初七日）（1737-9-30）

○恭建世宗宪皇帝圣德神功碑于泰陵，遣官告祭。碑文曰……自元季张士诚据苏松嘉湖……终明之世，故籍未改。特命永除数郡浮粮，着为令典……常念水土为农田之本，而救荒之政，莫要于兴工筑以聚贫民……浙江松江海塘，经潮水屡涨，修筑相继，费数百万，滨海之民始得安衽席，无为鱼之患。往者封疆大吏，好因事以自为功，有司承迎以速进取之路。凡有兴作及赈灾，动称捐助，或曰小民乐输。皇考再三谕禁，以苏民困。州县巧取有禁，门关苛索有禁。而民隐之万难上达者，莫不在皇考洞鉴之中……自明初，绍兴有惰民。靖难后诸臣抗命者，子女多发山西为乐户，数百年相沿未革，一旦去籍为良民，命下之日，人皆流涕。

（卷50，册9，页847—页856）

## ○乾隆二年九月甲午（初九日）（1737-10-2）

○户部议覆：大学士管浙江总督事务嵇曾筠疏报，海宁县修筑海塘，取土挑废民田地荡一十五顷四十五亩有奇，应征银米照例开除。从之。

（卷50，册9，页857）

## ○乾隆二年九月癸卯（十八日）（1737-10-11）

○铸给金华府清军粮捕驿盐水利通判关防，从大学士总理浙江海塘兼管总督嵇曾筠请也。

（卷51，册9，页862）

## ○乾隆二年十月乙巳（二十一日）（1737-12-12）

○大学士管浙江总督嵇曾筠疏报：海宁县建筑石塘工竣。下部知之。

（卷55，册9，页911）

## ○乾隆三年二月壬子（三十日）（1738-4-18）

○大学士总理浙江海塘并管总督事务嵇曾筠疏请：抢修东西两工旧石塘及加镶翁家埠一带草塘。从之。

（卷63，册10，页34）

## ○乾隆三年四月（1738-5-19—1738-6-16）

○大学士总理浙江海塘管理总督事务嵇曾筠疏言：海潮入江，有南大亹、北大亹、中小亹三路，迁流无定。考其形势，溜趋北亹，则海宁一带塘工，坐当其冲。溜趋南亹，则绍兴一带塘工，亦受其险。惟溜趋中亹，庶南北两岸俱获平稳。前因溜走北亹，遂致海宁塘工连年告险。虽欲修筑石塘，而一日两潮，难以施工。幸两年来，东西塘外涨沙日加，绵亘宽厚，水势中行。不特海宁塘工可筑，即南亹一路，亦可渐次开放。但中亹介于禅机、河庄两山之间，口门仄狭，江海不能畅流。往上，则直逼南亹。退下，则仍注北亹。皆须及早图维者。臣于本年二月，会同刑部侍郎刘统勋查勘绍兴府属一带海塘，类多残缺。若及时修葺，需帑少而功亦易成，现已发银攒砌完整。再中亹之上游、萧山县西兴地方，有大滩横亘江心，挑溜北注。如遽开中亹，则北岸之仁和、钱塘工程，亦成顶冲。现亦设法疏切，引溜冲刷。俟水势条顺，方可开放。至鱼鳞石塘工程，原系垂诸久远，臣复指示攒筑，务期坚整。得旨：欣悦览之。海塘工程，一以赖卿，自能先事豫筹，诸凡得宜，以副朕望也。

（卷67，册10，页90—页91）

## ○乾隆三年五月己卯（二十八日）(1738－7－14)

○工部议准：大学士管理浙江总督兼管盐政事嵇曾筠疏言，松江府属浦东、袁浦、青村、下沙头二三场筑塘，挖废灶荡地八千六百一十亩有奇，应征正珠等银八百四十两有奇。请自雍正十三年为始，一概豁免。从之。

（卷69，册10，页117）

## ○乾隆三年六月（1738－7－17—1738－8－14）

○大学士总理浙江海塘兼管总督事嵇曾筠奏：浙省江海塘埭工程，需用土方甚多。经前督臣程元章准部核定，各府属州县，每土一方，宽长一丈，厚自一尺至二尺五寸不等，其价自七八分至六钱不等。其多寡厚薄之间，尚未允协。即如杭州府属之海宁、绍兴府属之山阴二县，册定每土一方，厚二尺二寸，价银六钱。今分别远近难易，按宽长一丈厚一尺之例科算，实需银一钱二分至二钱不等。较原定二尺二寸、价银六钱之数，多有赢余，尚应酌减。又如温州府属之平阳县，册定每土一方，厚二尺二寸价银一钱二分。今分别远近难易，按宽长一丈厚一尺之例科算，实需银八九分不等。较原定二尺二寸、价银一钱二分，每多不足，尚应加增。再查土方尺寸，从前拟定成规，未免厚薄不齐。应请循照河工宽长一丈、厚一尺之例，画一办理。下部知之。

（卷71，册10，页146）

○（大学士总理浙江海塘兼管总督事嵇曾筠）又奏：海宁沿海新涨沙地，绵亘宽阔，鱼盐之利日增，民、灶、人等不无趋利争竞之事。按其原坍地亩，实系灶户居多。今秉公查勘，除留护塘沙一百丈之外，余地定以七分归灶、三分归民，划给管业。再新涨之地，现系斥卤，仅可煎盐。划给后酌令按滩轮租，留充公用。俟五六年后，淡水浸灌涵濡，可以树艺五谷，再行清丈升科。得旨：如此办理甚善。但今涨沙愈多，则堤工巩固，田庐无恙，则利在是矣。又何必计及升科哉？五六年后清丈为是。

（卷71，册10，页146—页147）

## ○乾隆三年九月甲寅（初五日）（1738－10－17）

○免浙江钱塘、秀水、平湖、乌程、宁海、常山、淳安、永嘉、瑞安、丽水、青田、龙泉等十二县荒地额征银八百零五两有奇，并豁除仁和、平湖二县筑塘挑废田地无征额赋。

（卷76，册10，页202）

## ○乾隆三年九月癸亥（十四日）（1738－10－26）

○又谕：大学士嵇曾筠在浙年久，今海塘工程已渐次就绪，着入阁办事。且永定河工关系紧要，嵇曾筠熟谙河务，到京之后，往来河干，指示机宜，于河道自有裨益。至伊办理海塘数年，经画得宜，着有成效，着交部议叙。浙江原系应差巡抚省分，今仍循照旧制，改归闽浙总督管辖，郝玉麟着改给闽浙总督敕书关防。浙江巡抚员缺，着福建巡抚卢焯调补，兼管盐政。福建巡抚员缺，着福建布政使王仕任署理。福建布政使员缺，着乔学尹前往署理。郝玉麟既兼辖两省，事务繁多，其所管关务，着将军隆昇管理。

（卷76，册10，页207—页208）

## ○乾隆三年九月乙亥（二十六日）（1738－11－7）

○大学士总理浙江海塘管理总督事务嵇曾筠奏：秋汛安澜，海塘巩固。请祭告海神，用昭祀典。得旨：知道了。有旨谕部，此皆卿调度得宜所致也。兹因卿在外宣力年久，有旨令入阁办事。且永定河工程，复有资卿就近经理之处，昨已降旨宣卿，并交部议叙，想此旨尚未见耳。相晤在即，曷胜欣悦，卿其知朕意焉。

（卷77，册10，页215）

○谕：浙江海塘工程，为杭、嘉、湖、苏、松、常、镇七郡生民之保障。前因潮溜北徙，冲刷堪虞。朕即位之初，特简大臣殚心区画，仰荷神明默佑，沙涂日广，急溜潜移，工作易施，塘根坚固。朕心慰庆，万姓欢呼，理应恭祭海神以昭灵贶。所有应行祀典礼仪，着该部定议具奏。

（卷77，册10，页215—页216）

## ○乾隆三年十一月（1738-12-11—1739-1-9）

○浙江巡抚卢焯奏谢天恩，并陈明大学士嵇曾筠扶病回籍，现在体察一切庶政，次第遵循办理。得旨：览。诸凡勉力为之，此不比在闽，尚有总督就近商酌也。汝不患无才，但恐任性，切记朕语，于汝终身有益。大学士嵇曾筠系年老有德之人，诸务不无稍觉废弛之处，尚赖汝整顿。至海塘一事，惟应守其成规，不可稍违也。

（卷81，册10，页283）

○（浙江巡抚卢焯）又奏请：借动盐法道库、盐义仓项下银五万两，照洋商领帑办铜之例。查明殷实之商，取具保结，借给本银，不取利息。令赴外省买米，运至浙省灾区粜卖，明年麦熟，交还本银。报闻。

（卷81，册10，页283—页284）

○（浙江巡抚卢焯）又奏请：动支恩赏备公银两，修理镇海县江海石塘。报闻。

（卷81，册10，页284）

## ○乾隆三年十二月戊子（初十日）（1739-1-19）

○工部议覆：大学士前总理浙江海塘管总督事嵇曾筠疏言，山阴县属之新城村等处塘堤，外临巨海，内贴大河，关系民田庐舍。附塘居民呈请加筑，确估共需工料银一万五百四十五两有奇，请于雍正十三年、乾隆元年三年分备公项下支给修筑。应如所请。从之。

（卷82，册10，页298）

## ○乾隆三年十二月己丑（十一日）（1739-1-20）

○工部议覆：大学士前总理浙江海塘管总督事嵇曾筠疏言，萧山县西江、闻家堰、荷花池等处，石工塘堤被潮冲坍，宜先于激卸扫湾处募夫购料抢修。闻家堰勘应重建并接筑石塘保护，荷花池应加柴帮戗、钉桩压土，共估需工料银二千六百三十三两有奇，请于本年备公项下支修。应如所请。从之。

（卷82，册10，页299）

## ○乾隆三年十二月戊戌（二十日）（1739-1-29）

○谕：……朕思大理寺卿汪漋本籍江南，于彼地情形自能熟悉，且曾监修浙江海塘，于水利工程谅亦谙练。着伊前往江南总办此工。其有应行商榷事宜，即会同督抚河臣妥议兴举，务期有益民生，以副朕爱养黎元之至意。

（卷83，册10，页310）

## ○乾隆三年十二月（1739-1-10—1739-2-7）

○大学士嵇曾筠奏：病势日深，恳请解任调治，并陈浙省海塘工务具有章程，抚臣卢焯必能经理善后。惟鱼鳞大石塘乃一劳永逸之图，必须通盘告竣方可垂诸久远。需用石料，采自绍兴羊大等山，由海道攒运，每丈定价七钱三厘。今涨沙广阔，载运艰难，请加给水脚银一钱。又密陈现任直隶总督孙嘉淦，刚方忠直，学问醇正。刑部尚书尹继善才识敏练，尤谙河务。詹事府少詹事许王猷醇谨老成，兼悉吏治。翰林院侍读学士梁诗正学识兼优，才堪任剧。原任西安布政使程仁圻，精勤任事，熟悉封疆。现任浙江兵备道完颜伟勤慎廉干，明白河务。得旨：解任二字，朕不忍出诸口。惟冀卿速痊，以慰朕念。览所奏，益见忠诚之念，时时为国。已遣太医驰驿前往诊视，卿其体朕此意，善为调摄。

（卷83，册10，页321）

## ○乾隆四年正月己未（十二日）（1739-2-19）

○工部议覆：浙江巡抚卢焯奏，仁和、海宁二县，设有草塘岁抢银两。今水势日南，涨沙绵亘，塘在平陆，无藉抢修，应行停止。其原估建石塘五千九百三十余丈，仍令该抚逐段详勘，已筑就者加谨保固，未完工者上紧攒筑，未派筑者酌量兴修。从之。

（卷84，册10，页331）

## ○乾隆四年正月癸酉（二十六日）（1739-3-5）

○故大学士嵇曾筠遗疏闻。得旨：大学士嵇曾筠，才品优长，老成练达。久任河道总督，懋着勤劳。继膺浙督之命，经理海塘工程，渐次就绪，朕心嘉悦。念其外任多年，宣召入阁办事。旋闻身患痰疾，精力衰颓。特遣伊子嵇璜回南省视，并颁参药，准其回籍调养，以俟痊可入都。嗣闻病势加剧，正遣太医驰往疗治，不意溘焉长逝，深为伤悼。其应得恤典，该部察例具奏外，着加赠少保，加祭一次，以示恩礼大臣之至意。

（卷85，册10，页336）

## ○乾隆四年三月（1739-4-8—1739-5-7）

○浙江巡抚卢焯奏：山阴县近因海潮南徙，江溜折回，由西北正港分流东南，直射丈棚村、寺直河等处，护沙冲刷殆尽，塘身难资捍御。又萧山县西塘，上迎江溜，下捍海潮，洪家庄、了义塘、淡家浦三段箸石土塘亦甚单薄。至海宁县涨沙渐高，潮溜由南岸入江，折向西北。仁钱二县江塘俱成顶冲，而三郎庙一处更系险工。惟在先事图维，以期有备无患。得旨：先事预防，正当及卓图维者也。

（卷89，册10，页384）

## ○乾隆四年四月戊子（十二日）（1739-5-19）

○九卿科道等遵旨覆奏：雨泽偶尔愆期，圣躬实无阙事。臣等奉职无状，嗣后当益励恪勤。得旨……隆昇在浙，人多言其刻薄。如办理海塘工程，应发价一万两者，止发给五千两。若果如是，程元章岂有不据实奏闻之理？

（卷90，册10，页394—页395）

## ○乾隆四年四月辛丑（二十五日）（1739-6-1）

○谕曰：大学士朱轼，向抚浙江，正躬率属，洁己爱民，浙人至今感颂之。大学士嵇曾筠管浙江督抚事，督修海塘，具有成效，生民受其利益。此二臣者，均应祀于浙省贤良祠，以旌劳绩，以慰舆情。该部即遵谕行。

（卷91，册10，页402）

## ○乾隆四年五月戊辰（二十三日）（1739-6-28）

○工部议准：浙江巡抚卢焯疏称，海宁县塘工向来潮水激塘，藉草盘头挑溜。今水势南迁，涨沙日远，似应改筑。除陈坟港已筑石堤外，其普儿兜、马牧港、戴家石桥、秧田庙、卖鱼桥、小坟前、郑九皋门前、白墙门、廿里亭九座，长一百六十丈余，应与后身土塘一律改筑石塘，动帑兴工。从之。

（卷93，册10，页426—页427）

## ○乾隆四年八月（1739-9-3—1739-10-2）

○浙江按察使完颜伟奏报到任日期。得旨：览。朕观汝才具，颇可造就，是以不次擢用。汝其实心任事，勉力做一贤员，以副朕望。至海塘一事，尤为紧要。汝向系河员，颇知水利，不可因有臬司专责而将此膜外视之，仍宜与抚臣不时留心，随机赞助者也。

（卷99，册10，页507）

## ○乾隆四年九月（1739 – 10 – 3—1739 – 10 – 31）

○浙江巡抚兼管盐政卢焯奏：海塘为七郡保障，皇上轸念民生，建筑鱼鳞大石塘工，向由海运石料直达工所。今涨沙一望无垠，石船不能拢塘，不得不熟筹挽运之法。看得尖山迤东海盐县境内，三涧寨高矮石塘之内旧有河形，可达海宁县。而宁邑之东西土备塘内外，从前取土筑塘已挖成河形，可达仁和。仁和县之范家木桥至殊胜桥，皆有旧河，若循故道一律深通，不独石料可运，一应柴草木植皆可转运，且不溉灌田畴，而盐艘巡行不滞。得旨：知道了。此系应行之事也。

（卷101，册10，页532）

## ○乾隆四年十一月癸丑（初十日）（1739 – 12 – 10）

○户部议覆：浙江巡抚卢焯疏称"浙省钱塘江两罾沙地，节年俱有坍废。今彻底清厘，所有减则升科以及新涨升科各地亩租银，逐一查明确数。请分别某地应升、某地应除，划定款项，切实办理"等语。查从前仁和、钱塘二县，所有应征赤脚光丁银两，久为无着虚额。每当征解之际，将隔属之山阴、海宁两处沙地租银抵补，款项原属未清，应如所请豁除。其沙地之界山阴、界海宁者各归所属，定址分办，以免牵混。至所称另立官租尽收尽解之处。查地亩租银，既归各县经征，若令尽收尽解，岁无定额，易致侵渔，应令照原定科则按额实征。除归还新升灶课银两外，余俱解司充饷，如有坍缺照例开除。其新涨之沙，在山阴界者，归钱清场，在海宁界者，归许村场。再前项沙地，乾隆三年续有坍没地租，业经题准豁免，应令照数扣除。从之。

（卷104，册10，页567）

## ○乾隆四年十一月辛酉（十八日）（1739 – 12 – 18）

○谕吏部：……朕闻河南布政使朱定元，由南河厅员出身，历任浙江海防兵备道，于河防事宜素所阅历。今任豫省藩司，所有河道地方皆其统属。而山东为河南下游，事属一体。着朱定元将疏浚保护之法，加意讲求，以备将来之任使。但不必协同办理，有妨本任职掌。浙江按察使完颜伟亦曾任海防道员，其浙江海塘事务，亦照朱定元之例，不时留心。该部可即行文，传谕朱定元、完颜伟知之。

（卷105，册10，页572）

## ○乾隆四年十二月（1739-12-30—1740-1-28）

○浙江巡抚卢焯奏：按察使完颜伟在海塘年久熟悉，今建筑尖山坝工，更资谙练大员催督。惟是完颜伟往来工所，盘费浩繁，臬司养廉不敷，议于公项内动拨银两，资其办理。得旨：着每年赏给五百，工完时奏闻。

（卷107，册10，页610）

## ○乾隆五年二月（1740-2-27—1740-3-27）

○浙江巡抚兼管盐政卢焯奏：江海塘工一切修筑事宜，将次告竣。目睹涨沙较前愈远，回溜比前更平。得旨：此实天恩浩荡，朕钦承之下，更深敬畏之心矣！

（卷111，册10，页646）

## ○乾隆五年闰六月壬戌（二十三日）（1740-8-15）

○谕：据浙江巡抚卢焯奏称"海宁尖山坝工实系全塘锁钥，臣率同兵备道相度指示。自开工以来，未及五阅月而全工已竣。此系跨海填筑，不比内地工程。所有承办合员弁俱能实心实力，克着勤劳，谨分别等次，缮折进呈，可否仰恳天恩，敕部议叙。至悉心赞勷，稽核钱粮工料之布政使张若震、往来督工之按察使完颜伟与督催运石船只之盐驿道赵侗敩，均系大员，未敢列入等次，相应声明"等语。尖山坝工办事人员俱着照卢焯所请，交部议叙。至卢焯董率有方，张若震、完颜伟、赵侗敩协办尽力，着一并议叙具奏。

（卷121，册10，页780—页781）

## ○乾隆五年七月丙子（初八日）（1740-8-29）

○免浙江仁和、海宁二县修筑海塘、挑废民田地荡无征额赋。

（卷122，册10，页796）

## ○乾隆五年七月丁丑（初九日）（1740-8-30）

○给浙江仁和、海宁二县修筑塘工、拆迁民房、挑废田地价银五万五千二百七十七两有奇。

（卷122，册10，页796）

## ○乾隆五年七月己丑（二十一日）（1740-9-11）

○给浙江海宁县塘工挑弃民田地荡价银一千四百二十五两有奇。

（卷123，册10，页805）

## ○乾隆五年十一月壬申（初五日）（1740-12-23）

○大学士等议覆：闽浙总督宗室德沛等奏"会勘仁和、海宁二县，自老盐仓以西至章家庵止一带俱系柴塘，易致坍塌，请改建石塘四千二百余丈"等语。查先经该抚卢焯以该处沿塘沙涨，奏停岁修，是此项工程实非急务，应俟内大臣海望前估各工修筑完竣后，再行勘度定议。从之。

（卷130，册10，页897）

## ○乾隆五年十一月癸酉（初六日）（1740-12-24）

○又谕军机大臣等：卢焯自调任浙江以来，其所设施未见有切要，于地方之事一味沽名邀誉，欲以取悦于人。如举报乡贤名宦络绎不绝，他省未有如此之多者。伊前任闽省过于刻薄，近日行事又多因循，前后迥异，判若两人。至于浙江海塘已涨沙数十里，草塘尚可不用，何况石塘？且请停草塘岁修即系卢焯之奏，今又会奏改建石塘，则其胸无定见，惟事揣摩，又彰明较著矣。尔等可传旨严行申饬。

（卷130，册10，页899）

## ○乾隆五年十二月丁酉朔（初一日）（1741－1－17）

○户部议准：浙江巡抚卢焯疏称，钱塘江两癣沙地九百三十顷五十一亩，前议界山阴、界海宁者，各归所属分办。现勘无山邑所辖，请将应征租银五千五百七十八两零悉归海宁县收解。从之。

（卷132，册10，页919）

## ○乾隆六年四月癸卯（初九日）（1741－5－23）

○大学士会同工部议覆：闽浙总督宗室德沛奏称，浙省海塘绵亘百余里，前因被潮冲刷用柴抢筑，原属保护一时，并非一劳永逸之计。恐风潮不测，水势由此直趋内地，关系七郡生民，为患匪浅。请自宁邑之老盐仓迤西至仁邑之章家庵一带堤塘，改建石工四千二百余丈，估需工料银九十余万两，在于盐务公费银内动支办理。应如所请。得旨：福森、依拉齐公同监造，余依议。寻据杭州将军福森、织造依拉齐覆奏：接准部咨后，即同至海塘查勘。此堤现在两面沙壅，既宽且固。江流海潮，渐向南移，居民甚为宁谧。今将草堤改建石工，诚万世永久之利。俟物料备齐，即动工修筑。得旨：所奏知道了。从前所降旨内之事，仍需留心。

（卷140，册10，页1022）

## ○乾隆六年四月丙辰（二十二日）（1741－6－5）

○工部议准：浙江巡抚卢焯奏称，仁和、钱塘、萧山三县江塘，经海沙北障，潮汐南趋，转北而西，多有顶冲坍塌之处，请拆修抢筑柴石各工。从之。

（卷141，册10，页1030）

## ○乾隆六年九月（1741-10-10—1741-11-7）

○（闽浙总督宗室德沛）又奏：老盐仓以西草塘改建石工，奉旨着傅森、伊拉齐公同监修。该将军、织造养廉有限，请照按察使完颜伟查察工程之例，每年各给银五百两以资往来盘费。得旨：此不过暂往，何得同完颜伟耶？

（卷151，册10，页1171）

## ○乾隆六年十一月戊辰（初七日）（1741-12-14）

○工部议准：闽浙总督兼浙江巡抚宗室德沛奏称，杭州府钱塘县小朱桥为潮水冲坍，应就水势湾曲移建平桥，加筑护塘石工。从之。

（卷154，册10，页1202）

## ○乾隆六年十二月戊戌（初七日）（1742-1-13）

○（户部）又议覆：左都御史刘统勋奏称"前据闽浙总督宗室德沛奏请，海宁之老盐仓迤西至仁和之章家庵一带柴塘，改建石塘四千二百余丈，约估工料银九十余万两，廷议准行。臣前在浙省学习工程，往来江北之仁和、钱塘、海宁、海盐以及江南岸之山阴、会稽、萧山、上虞等县，遍阅工程，于彼处地势水形渐为熟悉。诚见草塘之改建不必过急，而南北两岸之塘工有不宜缓者。盖海塘之在浙省，莫冲于海盐，莫要于仁和、钱塘。而今督臣奏改之四千二百余丈，则北岸塘工数大段中之一段也。前此南涨北坍，势甚危险。自建筑草塘及北岸沙淤之后，前抚臣卢焯奏停岁修，堤岸平稳，待水势北归再筹捍御，尚未为晚。至论通塘形势，海宁之潮犹属往来涤荡。而海盐之潮则对面直来，其大石塘建自明季，岁时既久，罅漏已成。若不及早补苴，将来费用不啻万计。仁、钱两县江塘逼近城垣，增修岁岁不免。臣在浙省备访前此情形，蠢役奸匠将塘身石料或拆旧为新，凿大成小，有增修之名而转有卑薄之实。又风潮之后水势南归，既由北而中，必将由中而南，山、会、萧、虞诸县南岸居民,将来必纷纷告急。请饬下浙省督抚会同查看各处塘工,其海盐之塘渐就残缺者如何修补?杭城之塘被水啮蚀者如何防护?山、会、萧、虞等处,其汊河支港为患田庐者如何堵筑?臣以大概计之,动发七十万金,而通塘有苞桑之固衽席之安矣。至于草塘工段,若以帑金二十万,买备大桩木收贮江干,复于塘后多积土方以待不虞,已为有备无患。不必尽此款项置之可缓之处,而于所急者反遗"等语。查兴建大工,必须斟酌尽善。今左都御史刘统勋奏与督臣德沛改建石工之议,意见各殊。请钦差大臣一员,前往会同署抚德沛、将军福森、关差伊拉齐,诣各塘逐一确勘酌议。得旨:依议。应差之大臣,该部开列具奏。

(卷156,册10,页1231—页1232)

## ○乾隆六年十二月辛亥(二十日)(1742-1-26)

○命都察院左都御史刘统勋往浙江,会同总督德沛、巡抚常安查勘海塘。

(卷157,册10,页1248)

## ○乾隆七年三月辛酉(初二日)(1742-4-6)

○工部议准:闽浙总督兼理两浙盐政宗室德沛奏报,横浦场,华亭、金山二县境内,下则场荡,因筑海塘,挖废二百三十一亩有奇,请予豁除。从之。

(卷162,册11,页37)

## ○乾隆七年四月丙申(初七日)(1742-5-11)

○户部议准:调任闽浙总督兼理浙江巡抚两浙盐政宗室德沛疏报,下砂场、下砂二三场自建筑备塘堵塞,窦道淹涸不常,产废粮存,难承原科重赋。请照钱塘仓潮淹荡地之例,减征额课银七千一百三十三两零。从之。

(卷164,册11,页69)

## ○乾隆七年四月甲寅（二十五日）（1742-5-29）

○谕军机大臣等：浙江海塘改建石工一事，据德沛等奏称"现在抢修柴塘，乃目前之急务。至改建石塘，系经久之图。请将料物豫期备办，俟水缓沙停，乘机兴筑。每年以三百丈为率，分年分限，实料实工，庶可与东西两塘并垂永久"等语。现交大学士九乡等议奏。朕思海塘捍御潮汐，保护田庐，攸系綦重。如果改建石工可垂永久，即多费帑金亦所不惜。但闻议请分年修筑次第兴工者，原为试验，并非切实之举。盖以沿海淤沙，虽云坚涩，究之是沙非土，难资巩固。其改建石塘有无利益，果否可垂久远，并现今海塘实在情形，未能深悉，可寄信与那苏图，令其详细查明，据实奏闻。寻奏：海宁老盐仓迤西至仁和章家庵一带，柴塘四千二百余丈，潮溜冲刷，坍涨靡常，每岁抢修糜费。但在工人员有称应改石塘，有称柴塘已足抵御，既无一定之议。且柴塘自观音堂迤东一带，春间沙坍无存。今塘外已有涨沙数丈及百丈不等，是情形随时不同，应俟汛过后再加确勘筹办。惟柴塘险要处所亟宜豫防，现在相机镶筑，大汛经临，可期保固。得旨：所奏俱悉。

（卷165，册11，页87）

## ○乾隆七年五月壬戌（初四日）（1742-6-6）

○工部等部议准：调任闽浙总督兼理浙江巡抚宗室德沛疏报，仁和县筑塘取土，挑掘民地九十八亩三分零，灶地二十四亩五分零。请自乾隆六年为始，将额征银粮豁除。从之。

（卷166，册11，页98）

## ○乾隆七年五月乙丑（初七日）（1742-6-9）

○吏部议覆：调任闽浙总督兼浙江巡抚宗室德沛疏称，浙省添设之杭嘉湖道、金衢严道、海防兵备道、温州玉环、衢州硋口、西塘海防各同知，海防水利通判，钱、仁两县主簿，玉环、沈家岙、全旺、前所、松门卫、大岜、蒲门、塘栖镇各巡检等缺，均有弹压稽查之责，应照旧设立。惟嘉兴府王江泾同知一员，事务本简，同府尚有通判一员，如今移驻，管辖嘉兴、秀水、嘉善、桐乡四县捕务，堪资兼顾，该同知即可议裁。又东西两塘，原设有同知并草塘通判办理一切塘工，其东西协办两同知，职司不过往来催攒，亦可议裁。又天台县之平头潭地方，虽界连三郡，市集每多分争。但离县不远，原设巡检即应裁去。均应如所请。从之。

（卷166，册11，页100）

## ○乾隆七年五月辛巳（二十三日）（1742-6-25）

○大学士等会同工部议覆：钦差左都御史刘统勋、调任闽浙总督宗室德沛、浙江巡抚常安奏称"亲勘仁、宁一带柴塘，自老盐仓迤西至观音堂止，护沙滩尽无存。又自观音堂迤西，涨沙仅存数丈或数十丈以至数百丈不等，较从前涨沙绵亘塘堤平稳之时，已迥不相同。相机抢护，实为目前急务"。又据杭州将军傅森奏称"观音堂迤西等处，复经沙坍里许，水抵塘根各"等语。应令该抚等作速办料抢修。至所称改建石塘，乃系经久之图。惟现在试桩艰涩，夫价必增，不免偷减。请豫备物料，俟水缓沙停，乘机兴筑，每年先以三百丈为率。查新任总督那苏图将次到浙，再令确勘。如意见果同即行改建，仍令该抚悉心筹画，务期工归实用，帑不虚縻。其开槽建石，即在柴塘后身，旧有柴工尚存，无须加筑坦水。请添马牙关石桩一道，以资巩固。惟签桩处所，较比鱼鳞石塘原估之数，量为加增，亦应令该抚转饬工员据实估报，不得浮冒。再北岸之盐、平、仁、钱等县及南岸之山、会、萧、上等县江海塘工，既称北坍南涨，形与昔殊，随时补苴，足资捍御。其有已估未修及檄议未估之处，应令该抚详慎分别办理。至称目今抢修需柴正殷，请照时价每百斤给银九分。应如所奏，免致误工，但不得着为成例。嗣后遇柴薪充裕之年，即严饬各员减价购买。从之。

（卷167，册11，页118—页119）

## ○乾隆七年五月丙戌（二十八日）（1742-6-30）

○又谕：两江总督德沛到宁，传谕那苏图，此次办理赈务，虽不甚妥协，但其心无他意，恐起百姓刁风之故。福建漳、泉二府，向有刁民聚众喧哗之风，更非江南可比，令其留心斟酌，妥协办理。浙江海塘所关紧要，务须留心查办。

（卷167，册11，页123）

## ○乾隆七年六月（1742-7-2—1742-7-31）

○浙江巡抚常安奏：老盐仓各塘工正值伏汛潮涌，未免汕刷。现饬工员分段积柴，随时修补。得旨：所奏俱悉，此奏殊属迟缓。更闻目今沙复涨而水南旋，何不奏明以慰朕怀耶？浙省颇有造作浮言之风，即如去年卢焯一案与夫李捷三一案，群言沸腾，甚至有罢市者。此皆风俗不淳之故耳，宜亟力整顿之。

（卷169，册11，页153）

## ○乾隆七年七月（1742-8-1—1742-8-29）

○浙江巡抚常安奏覆：潮势浩瀚，无若春初秋末。臣因老盐仓最险之处，涨沙无存。黄山以西虽有涨沙，时长时消，宽窄莫测。亦且未过秋汛，不敢遽谓可恃。六月间，臣以伏汛紧要，现修石工，亲身踏看，直至乍浦回省，是以多日未经奏事。所有奉旨询问塘工情形，理合奏闻。得旨：欣悦览之。

○（浙江巡抚常安）又奏：浙江麦秋既熟，早禾复稔，晚禾亦属有望。惟淳安县、分水县、安吉州等处山水骤漫，不无冲淹，已饬加意抚恤。至江塘海塘工程，现俱平稳。得旨：览奏曷胜欣慰。

（卷171，册11，页181）

39

## ○乾隆七年八月乙巳（十九日）（1742-9-17）

○工部议准：浙江巡抚常安疏称，钱塘、余杭二县交界之瓶窑镇溪河，为诸水汇归太湖之尾闾，水挟沙至，水去沙停。兼之窑户堆积废料，残沙渐以淤阻，上游无从宣泄，遂致泛溢，塘堤亦多冲刷，亟宜先为挑浚疏通，以利杭嘉湖三郡民生。并转饬该地方官，晓谕附近窑户，不许仍前堆积，致妨水道。从之。

（卷173，册11，页209）

## ○乾隆七年八月（1742-8-30—1742-9-28）

○浙江巡抚常安覆奏：江塘海塘为浙省要务，臣屡次亲勘，如逢大潮之期，洵属汹涌。及细为详察，自尖山堵塞以来，潮头不能北向，离塘根尚有数里，势虽大而无碍。惟塘根对过蜀山之北积有涨沙，潮头直冲此沙，以致回溜激射。此石塘加砌坦水，柴塘加镶柴薪，所不容已。然潮头实非直侵塘根，塘根实非正当顶冲。况石塘柴塘，工料齐备。因前抚臣卢焯意见别有所注，甚至请停岁修。督臣德沛意在改建石塘，遂似刻不容缓，所见既殊，措词遂致过当。至于塘根涨沙，固可藉护一时，而老盐仓去年旧沙渐已塌陷，今春竟刷去二千余丈。近虽云有嫩沙，而又消长不时，实未可恃。臣因未经伏秋二汛，未敢冒昧陈奏，所有浙塘现在情形据实奏闻。得旨：所奏俱悉。

（卷173，册11，页223）

## ○乾隆七年九月（1742-9-29—1742-10-27）

○闽浙总督那苏图奏：臣拟于十月初旬自福州起程，由温、台、绍等府阅看沿海形势、水陆营汛。俟到杭日，会同抚臣常安，将柴塘改建石工有无利益，确勘具奏。得旨：所奏俱悉。常安颇有见解，不似德沛违道干誉之流。卿到浙与彼和衷详酌为之，亦不可存惜费省事之心也。

（卷175，册11，页258—页259）

## ○乾隆七年十一月甲戌（十九日）（1742-12-15）

○工部议准：浙江巡抚常安奏称，山阴、会稽二县交界之宋家溇土塘，地处兜江，潮汐冲刷，以致护沙坍卸，土塘卑薄危险，急须修筑护塘埽工一百四十丈，以卫正塘。从之。

（卷179，册11，页307—页308）

## ○乾隆七年十一月（1742-11-27—1742-12-26）

○闽浙总督那苏图奏：浙江近海宁塘岸者为北大亹，近上虞塘岸者为南大亹，南北两山之间为中小亹，形势横截江海，实为浙省之关阑。若将中小亹乘势开通，使江海畅流，汕刷愈深，则受水益广，所费多不过数万金，北岸之水可以渐挚而南，海宁一带自无漫溢之虞。即使不建石塘，民生自共登衽席，但须从容相机开浚。臣是以先将柴塘添建石篓，为目前济险之急务，以中亹引河开道，为将来经久之要图。得旨：所奏俱悉。

（卷179，册11，页317）

## ○乾隆七年十二月乙巳（二十日）（1743-1-15）

○工部议准：闽浙总督那苏图奏称，臣等会同查勘海塘，华家衖迤东至蒲尔兜石塘交界，柴塘一千八百余丈，本年伏秋二汛，潮水临塘，俱经加镶坚固。而老盐仓汛至东石塘界四五百丈，尤为险要。若照原议，每年兴筑石工三百丈，无论沙性坚涩，签桩难下。其塘底之沙，潮水浸润，仍属虚松，即使成工，亦难经久。应于柴塘外面临水之处，间段用竹篓盛贮碎石，层层排筑，形同坦水。既可外捍潮汐，又可内护塘基。候石篓根脚坚实，水去沙停，渐涨淤滩，再照原议建筑石塘。从之。

（卷181，册11，页339）

## ○乾隆八年三月（1743-3-26—1743-4-23）

○浙江巡抚常安奏报：海塘之华岳庙至马牧港一带涨有新沙，东西计长四千二百八十丈，南北约宽九百余丈，足为石塘保护，士民无不欢忭。得旨：欣慰览之。折内又称，臣庆幸之中益用小心，仍谕在事各员倍常防范。得旨：朕所喜者此耳！若谓涨沙可恃，则二年三年间不曾涨沙乎？

（卷187，册11，页416—页417）

## ○乾隆八年九月（1743-10-17—1743-11-15）

○浙江巡抚常安奏：浙省海宁县鱼鳞塘工告成。查海塘自雍正十一年起至乾隆八年止，各案工程共用银二百三十余万两，支销各款，现在清查，其历年效力人七十五员，拟一并送部引见，听候部议。得旨：知道了。

（卷201，册11，页590—页591）

## ○乾隆八年十一月甲申（初五日）（1743-12-20）

○谕军机大臣等：据杭州将军傅森奏称"四五月间雨水稍多，老盐仓以东一带柴堤略有冲动"等语。从前巡抚常安六月内奏报《雨水塘工》一折，祗称"海塘工程经上旬霉雨并无冲溢。臣亲往工所细勘，观音堂汛应下石篓一百余丈，业已安置"等语。其老盐仓柴堤冲动之处并未指出，何以所奏与傅森不符？尔等可寄信询问常安，令其回奏。

（卷204，册11，页628—页629）

## ○乾隆九年正月（1744-2-13—1744-3-13）

○闽浙总督那苏图等奏：各省督抚提镇协营，每兵百名，扣守粮二分三分不等，名曰公粮，以为修理旗帜器械军装及营中公用。浙江所辖标兵，前因石塘工程紧要，添设召募，未经扣除。今工竣，应照例每百名扣守粮二名。得旨：着照所请行。

（卷209，册11，页694）

## ○乾隆九年三月癸巳（十五日）（1744-4-27）

○（工部）又议覆：浙江巡抚常安疏称，海宁县境内观音堂老盐仓柴塘，上年春伏秋各汛逼塘，有间段抽掣蹲锉之处，请拆筑加镶，并堵塞毛洞。应如所请。从之。

（卷212，册11，页730）

## ○乾隆九年五月丙午（二十九日）（1744－7－9）

○又谕：朕命尚书公讷亲前往河南等省，原系查验营伍并看河道海塘工程……今闻江南、浙江、河南数省，豫备公馆供应过于华盛，而江浙为尤甚，揣摩逢迎，无所不至。讷亲一概却避，并不延留，有司奔走不遑，辄言办理钦差大差。其余公事，半皆停阁。甚且有言讷亲此行，乃朕将来南巡之意，是以圣祖向曾驻跸胜概，无不整饰，以待讷亲观览。此语更属荒唐。该督抚等皆朕简用大臣，如是逢迎，是不但不知讷亲之为人，亦并不知朕心矣。为此降旨申饬，俾众知之，以解其惑。

（卷217，册11，页800—页801）

## ○乾隆九年六月戊午（十二日）（1744－7－21）

○工部议覆：钦差大臣尚书公讷亲奏称，勘视江南海塘，宝山县新筑石塘一千三百丈，俱仿松江海塘办理。细加量验，系用营造匠尺量建，较之浙江塘工营造部尺折算有减。但查浙江工价多于江省，原系照匠尺估计，尚无以少报多之弊，惟尺式参差易于滋弊。应如所奏。嗣后凡有工程，俱用部颁官尺画一。从之。

（卷218，册11，页811）

## ○乾隆九年七月癸卯（二十八日）（1744－9－4）

○谕军机大臣等：朕闻七月初三日起至七月初六日止，浙省连雨四日，杭州绕城江塘石条水冲一二层，相近居民房屋倾倒。杭州府、嘉兴府、严州府、绍兴府属钱塘、仁和、海宁等处十数县，江海石塘土堤稍有损坏，房田亦被水冲，官船民船伤损，人口亦有淹毙。再严州府属淳安县、绍兴府属山阴县，此二县被灾又稍重。此事常安并未奏闻，尔等可寄信询问，令其据实具奏。寻奏：七月初三四五等日风潮，杭州江塘眉土冲泼，当即填平，民屋并无倾倒，海盐、海宁石塘亦未损坏。惟老盐仓、观音堂等处柴塘间有蹲矬，随昼夜抢修，克期告竣。嘉属所辖乍浦城外天后宫一带，曾经进水，旋即消落。绍兴一属被水亦轻。独严州一属，山水陡发，人民田庐多有淹没，业经缮折具奏。报闻。

（卷221，册11，页851—页852）

## ○乾隆九年七月（1744-8-8—1744-9-5）

○（浙江巡抚常安）又奏：浙省于七月初三四五等日雨势连绵，东北风潮较大。海宁县老盐仓、观音堂等处柴塘间有蹲矬，现饬塘工各员昼夜抢修，将次告竣。又乍浦城外天后宫一带土塘，间有冲塌，石塘幸未损伤，亦饬一律修补。又因江南徽州府山水陡发，严州相距百余里，所属之淳安县溪水骤涨，居民庐舍多被淹没。现照乾隆七年赈恤玉环营、瑞安、平阳之例，按名散给，加意抚绥。得旨：此等奏报，惟应据实，不可存慰朕之念而有所粉饰，恐汝不能免此。近已有旨，向大学士处颁发矣。

（卷221，册11，页856）

## ○乾隆九年八月（1744-9-6—1744-10-5）

○浙江巡抚常安奏"浙省七月以来晴雨调匀，除被水处现在查勘外，其余中晚二禾可望丰稔，海塘大汛将过，亦俱稳固"等语。得旨：所奏俱悉。浙省此数年尚属有收，即今被水之处加意抚恤，自不至失所，亦属易办。但汝意颇以此为讳，而必欲为丰亨豫大之说，甚非朕所取也。

（卷223，册11，页883—页884）

## ○乾隆九年九月丙戌（十二日）（1744-10-17）

○（大学士等）又议覆：尚书公讷亲勘视浙省海塘情形，奏称"浙省江海水潮，向由蜀山之南中小亹出入，其近海宁之北大亹，近萧山之南大亹，悉皆涨沙宽阔，是以杭绍二郡，共庆安澜。迨后中小亹渐就淹塞，江海大溜，悉由蜀山之北，故北岸冲刷漫溢为患。若将中小亹故道开浚深通，俾潮水江流循轨出入，分减北大亹之溜势，则上下塘工皆可安堵，无庸多费工筑。即使中小亹不能遽行开通，潮汐衰旺，有期长落亦易。倘乘甫退时，将险要处所多建坦坡木石戗坝，俾得挡浪挂沙，实为捷要之法。盖有高沙，则塘根即资巩固，有新沙则高沙不致坍塌。若得沙益坚，积水不通流，即老盐仓一带柴塘险工亦可无忧冲溃"等语。查蜀山之南中小亹，雍正十二年随浚随淤，迄无成效。但原有故道可通，不可因淤塞已久竟行停止，亦不可因淤出之地悉成桑田场灶，地方官为征输起见，遂致因循迁就。即使所挑之处逼近山根，土性沙礓艰于挑挖，亦可渐次疏通，每年可省抢修数万两之费。应如所议，饬该抚设法疏浚。再称，老盐仓至华家衖迤西一带江面狭窄，一日之间潮汐再至。况南有河庄、葛岙等山逼临江岸，若再于北岸建筑石塘，两相夹峙，益多激荡之虞。惟柴塘其性柔软，不致与水相激。且北岸既建坝挂沙，即有冲损，临时抢护亦自无难。再，现在抚臣议用竹篓盛贮石块间段排筑，以资抵御，如有成效不必必建石工，徒滋縻费。亦应如所议，饬该抚遵照办理。从之。

（卷224，册11，页899—页900）

## 〇乾隆九年九月甲午（二十日）（1744-10-25）

〇工部议覆：浙江巡抚常安疏称，浙省仁、宁一带观音堂、老盐仓等处险工，前经督臣那苏图及尚书公讷亲等议，沙土虚松，毋庸建筑石塘。请于柴塘外临水处，间段用竹篓盛贮块石，层层排筑，俟根脚坚实，水去沙停，渐长淤滩，然后再议建筑石塘。应如所请。筑竹篓石坝四段，饬该抚委员赶办。从之。

（卷225，册11，页906）

## ○乾隆九年九月（1744-10-6—1744-11-3）

　　○江苏巡抚陈大受奏：江南松江、太仓二府州属沿海塘工，每年伏秋二汛抢修，碎石、桩木、柴草在所必需。前经常镇道张传烺请发塘工平余银两，采办碎石一千方备用。除柴草易办外，惟桩木一项须赴浙省乍浦等处采买。兹据宝山县详请，于平余项内豫买木植万根，设厂备贮等因。得旨：知道了。此等事不可令其掣肘，以致贻误工程。又不可无所稽察，任其浮冒也。

　　（卷225，册11，页914）

## ○乾隆九年十一月（1744-12-4—1745-1-2）

　　○浙江巡抚常安奏：海宁县南门外，镇海庙迤西至老盐仓一带塘工，近因护沙坍卸，水临塘根，甚属险要。现于北岸存水刷卸之处先行兴工，多建木石戗坝。其南岸引水工程，容亲往察验具奏。得旨：知道了。海塘工程，详慎为之。

　　（卷229，册11，页960）

## ○乾隆十年正月（1745-2-1—1745-3-2）

　　○浙江巡抚常安奏：海宁南门镇海庙起迤西至老盐仓一带，现有涨沙，严饬文武汛守各员分段保护桃汛。至北岸存水处，自宜遵照原议，各建木石土戗为挡浪挂沙之计。查秧田庙石塘正迎大溜，普儿兜石塘又与老盐仓迤西柴塘相近，潮汐冲激，均关紧要，各拟添建盘头一座。其南岸故道，自蜀山迤北旧有沙淤，以致大溜趋逼北岸，拟就沙嘴开沟引潮，可减南岸之沙以益北岸。得旨：惟应相其机宜以尽人事，涨沙不足恃也。

　　（卷233，册12，页16）

## ○乾隆十年五月（1745-5-31—1745-6-29）

　　○浙江巡抚常安奏：柴塘修筑日久，间有朽败。切谕工员：凡剉陷处，即抽换加镶。虽从前新涨之沙，已日就坚实，究应多购柴薪，以备不虞。得旨：备柴为要，涨沙竟不足恃，从前亦屡谕之矣。

（卷241，册12，页112）

## ○乾隆十年十一月癸酉（初六日）（1745－11－28）

○工部议准：浙江巡抚常安疏称，海宁县观音堂、老盐仓二汛柴塘，上年秋雨连绵，塘身间段冲陷，请分别修理。从之。

（卷252，册12，页255）

## ○乾隆十年十一月（1745－11－23—1745－12－22）

○浙江巡抚常安奏覆：赈济一事，地方偶值旱涝，灾黎待哺仓皇。奸民挟饥民为护符，从中鼓惑，遂不免有哄堂闹市之事。上年办理浙省赈务，亲厘冒滥，访拿百有余案，奸党敛迹，实在灾民，并无遗漏，自始至终亦皆安帖。至工程一项，浙省大者海塘，其余城垣堤堰，议修议筑，俱系实验给赴工者，并无领帑潜逃等弊。得旨：所奏已得大体，但尚须以忠厚恻怛之心，实力行之而已。

（卷253，册12，页277—页278）

## ○乾隆十一年六月（1746－7－18—1746－8－16）

○浙江巡抚常安奏：查江海水潮出入之所，凡有三处，近萧山者为南大亹，近海宁者为北大亹，蜀山之南，有中小亹一道。向来江海汇流，由此出入。南北两亹，涨沙宽阔，杭、绍俱庆安澜。自中小亹湮塞，南大亹淤出之地已成平陆，于是溜势直趋北大亹，而海宁始虞泛溢，议修议筑，岁费帑金无算。乾隆九年，尚书公讷亲勘视海塘情形，拟将中小亹故道开浚深通，分减北大亹溜势，令臣相机办理。臣查蜀山迤北向有积沙，宽至四五百丈，横亘中间。先就沙嘴开沟四道均成坎形，以引潮水攻刷。嗣后不时疏通，节经大汛攻刷积沙。上年冬间，渐觉坍卸，溜缓潮平，开沟已有明验。臣思趁此水势顺利，正宜及时疏浚深通，即不能全溜直达中亹，而水势南分，北岸塘工不致受患，节次专派员弁督率兵目挑挖。本年春汛伏汛已过，南沙坍卸殆尽，蜀山已在水中。倘秋汛不复涌沙，则大溜竟行中小亹矣。得旨：此言安可轻出？亦再看三五年后何如耳。如果全行中小亹，固可喜之事也。

（卷269，册12，页508—页509）

## ○乾隆十二年九月甲寅（二十七日）（1747-10-30）

○闽浙总督喀尔吉善参奏：浙江巡抚常安贪劣各款：一、收受前任海盐县知县周宣馈金三百两，保升嘉松分司。一、收受候补分司陈柱银二千两，许补周宣馈题升遗缺，又收受周宣馈每年养廉盐规之半。一、信任东塘同知刘晏、诸暨县丞张治屡委署府县各缺。一、克扣心红纸札及书吏饭银二千余两。一、各所掣盐并不亲行掣验。一、勒索盐政衙门承差规礼。一、克扣兑盐及秋审跟役饭钱。一、扣存净慈寺工银。一、勒索海关书吏规礼。一、收受墅河米牙规银，许增卖价。一、纵容家人赊取各铺人参金珠等物，不给价值。一、海塘效力人员朦混咨部得官。得旨：据闽浙总督喀尔吉善参奏，浙江巡抚常安贪婪种种，常安着解任，命大学士高斌会同顾琮前往浙江查审具奏，折款并发。浙江巡抚员缺，即着顾琮补授。总漕员缺，着蕴着补授。

（卷299，册12，页915—页916）

## ○乾隆十三年二月丁巳（初三日）（1748-3-1）

○大学士议准：钦差大学士高斌等奏称，会勘仁和、海宁二县，自章家庵起至尖山脚止，新旧大石块石柴草土塘，并皆巩固。塘外新涨淤滩，绵亘四五十里，中小亹引河导引江溜，畅流直下，全塘得保无虞。但得后边土堰挡护周匝，则塘后坡土不伤。除八仙石起至章家庵老土塘四千七百余丈，另有外护土堰无须加筑外，应将前项塘工顶上后边一律加筑土堰，底宽一丈二尺，顶宽八尺，高四尺，共长一万四千数百余丈。再自仁和县江塘迤东至章家庵民筑土堰六千二百余丈，原为八仙石迤东老土塘之外护，高下厚薄不齐，应通体加高培厚。从之。

（卷308，册13，页31）

## ○乾隆十三年二月壬午（二十八日）（1748-3-26）

○（工部）又议准：浙江巡抚顾琮奏称，余姚县之鸣鹤、石堰二场逼近海滨，大塘外复有榆柳、利津二塘外御海潮，内卫田庐，实为紧要。原应民间自行修筑，但上秋偶被风潮，民力未逮，请照以工代赈例兴修。得旨：依议速行。

（卷309，册13，页56）

## ○乾隆十三年三月壬子（二十八日）（1748-4-25）

○谕军机大臣等：爱必达调任黔省，朕因浙江地方紧要，其巡抚员缺，特令方观承补授。方观承系行在时常召对，屡经训谕之人，着速赴新任，不必来京请训。伊办事才具颇优，于整饬地方、厘剔积弊及海塘工程、清查钱粮，诸皆力所能胜。但事事须尽实心，设诚致行，不可存丝毫粉饰之见，方不负封疆重任，于民生裨益。其常安任所赀财，着详悉清查，勿令隐匿遗漏，一并传方观承知之。

（卷311，册13，页95）

## ○乾隆十三年四月（1748-4-27—1748-5-26）

○钦差大学士公讷亲奏：阅看海塘，现大溜悉归中小亹，北大亹、南大亹涨沙绵亘，亦无险虑。至中小亹引沙，上年冲开二十余丈，现至四百余丈。若至大汛，北岸不能无临塘之水。南岸文堂山之脚现已落水，势已向南。文堂禅机山以南应相机利导，使两山全落水中则中亹宽展，大汛庶可分北岸之潮水。至于钱江大溜，虽行葛岙山以南而逼近山脚之水，仍复从山后一带漫流。现在刷有堰沟，长五六里，深五六尺不等。江溜初向南行，当防仍复故道，此处应设一竹篓碎石滚坝，使江水仍由坝漫流。其蜀山至尖山一带，中有堰沟数道，应酌看情形，或于水口，或于中段沟尾稍加堵御。又南岸会稽县属宋家溇地方，东有曹娥江，西有三江闸，水归北流入海。今江水改由中亹，与该处甚近，遇潮水长发遏抑曹娥江水，二水益涨，亦应加意防护。再南岸一带海塘因安澜已久，未设专司塘汛弁兵。请令该抚于海防两营内拨官兵在南岸塘工及附近临河一带住宿，随时查看。再拨兵弁于中亹北之河庄山居住，就近在葛岙山、蜀山一带，上下巡视江海水势，以便豫防。仍令海防道不时前往查阅，俟大汛过后水势全定，于南塘工所酌建营房，以为官兵驻宿之所。报闻。

（卷313，册13，页142—页143）

## ○乾隆十三年闰七月己未（初七日）（1748-8-30）

○又谕：据方观承奏称"海盐、平湖二邑海塘俱属平工，自上年七月风潮后，乍浦等处石工多有蹲矬，塘内裹土半被冲刷。又于本年伏汛内风掀潮涌，由石缝搜澈致成坑窝。七月望前后风潮俱大，所有冲刷眉土边坡自数丈至百余丈不等"等语。浙江海潮，近年正溜已由中小亹，乃向来求之而不可得者。且北岸俱淤沙渐远，工程自应平稳，何以尚须动工修整？果若石塘里土仍被潮汛搜刷，则沙淤又不足恃矣。或近日情形又觉稍改，抑所奏非向日顶冲之处，不足为大害欤？奏中尚未明晰，令其详悉绘图呈览。寻奏：本年风潮汕刷海塘，在海盐、平湖二县境内，自大尖山以东至江南金山交界一带，工长百里，海水近在塘根，外无护沙。因此处潮汛系暗长而非顶冲，故工程较平。但潮时兼遇东南风大即不免漫溢冲刷，平工亦有时而险，如被刷工段无多，即可随时修整。其节年矬蛰残缺之石土各工，因非向日顶冲处，尚在未办。臣前奏冲刷情形，即在未经筹办各处，缘未将中小亹、北大亹一带平稳工程分别陈奏，致未明晰。得旨：览奏始悉。

（卷320，册13，页265—页266）

## ○乾隆十三年十一月己未（初九日）（1748-12-28）

○大学士等议准：浙江巡抚方观承奏称"酌议原任大学士公讷亲所奏

海塘善后事宜。一、据讷亲原奏称,葛岙山逼近山脚之水仍从山后漫流,当防其仍复故道,应设竹篓碎石滚坝"等语。查北塘外涨沙绵亘,其葛岙山后回流之处系因潮长落,正溜由引河直下已深五尺余,似可不虞改溜,但江海之冲靡定。应如所奏,设竹篓碎石滚坝以杀汛势。至尖山一带堰沟六道,其马界塘等四处堰沟不能到塘,无庸堵御。其三里桥掇转庙塘外堰沟二道,应筑竹篓碎石滚坝,并加筑土坝镶垫等工。至大山圩、小山圩二处有民筑土堤一道,秋潮大汛,辄多漫溢,应请改建碎石塘。现在民力不敷,应给半价兴建,残损令民灶各户修补。一、据讷亲原奏称"会稽县属宋家溇地方,遏抑曹娥江水,应加意防护"等语。查江海全溜改归中亹,东南掠近雷山,诚恐潮遏江流漫溢。应请将石土各工之在山阴、会稽境内者,一律加高培厚。一、江水南趋,北塘工程稳固,紧要正在南塘。所有北塘左营之念里亭、石营之八仙石、章家庵、观音堂、靖海五汛,原防千总二员、把总三员、外委六员、马步战守兵共三百五十名,应请彻拨南塘安汛五处,分拨巡防。令右营守备移驻三江城管辖,于南塘建衙署官房,铸给海防道标右营守备关防。其南岸海塘江塘各工,专令绍兴府水利通判管理。又,北塘各汛除调拨外,念里亭汛尚余外委把总一员,并养廉守饷一名,应归入尖山汛,所有原管之北塘柴石山工程,均归左营守备管辖。从之。

(卷328,册13,页434—页435)

○**乾隆十四年二月**(1749-3-18—1749-4-16)

○浙江巡抚方观承奏称:杭、嘉、绍、宁、台、温六郡襟江环海,田庐专恃堤塘。顺治五年,修创两塘,一劳永逸。动发太府金钱,何止千百余万?化险工为平土,易巨浸为新畬,非省志所能详,谨与吏民筹议,编纂为两浙海塘通志。得旨:知道了。

(卷335,册13,页612)

○**乾隆十四年四月**(1749-5-16—1749-6-14)

○浙江巡抚方观承奏:仁和县江塘迤东至章家庵一带土堰,并自章家庵至尖山一带石柴草塘加筑土堰工程，经臣等奏准给发半价兴修。今据土堰内外认垦各户呈称"情愿不领帑银，合力修整，分作三年完工"等语。似应如其所请。至原估给发半价之处，应请停止。报闻。

○（浙江巡抚方观承）又奏：查浙省杭、嘉二属各县官塘即系驿路，界于田荡间，已多坍塌。现有仁和县章家庵土堰工程，经部覆准于留工备用引费内动给半价银六千四百余两，如将此项改拨修塘，不须另议筹款。得旨：如所请行。

（卷339，册13，页695）

## ○乾隆十四年十月癸巳（十八日）（1749－11－27）

○谕：闽浙总督喀尔吉善、署浙江巡抚永贵奏《请临幸浙省，阅视海塘》一折。前因江南督抚等奏请南巡，特命大学士九卿会议，询谋佥同，业经降旨俞允。江浙邻封接壤，均系圣祖屡经临幸之地，且海塘亦重务也。今既据该省士民感恩望幸，群情踊跃，合词代奏，宜允所请，于辛未春南巡，便道前至浙省临视塘工，慰黎庶瞻依之意。所至不烦供亿，勿事兴修，勿尚华靡，已详前旨，其共谕焉。

（卷351，册13，页839—页840）

## ○乾隆十四年十一月（1749－12－10—1750－1－7）

○署浙江巡抚永贵奏：浙江海塘各处工程，西自萧山县起东至镇海县招宝山止，逐加勘视，无亟需兴举之工。惟镇海县城年久倾圮，经前抚臣常安请修。又经方观承奏准，先修北城一面，与塘工并力兼修。旧城即在塘上，势重难撼，工程愈固。今塘工告竣，城可随办，面饬乘此冬余兴修。得旨：览奏俱悉。

（卷353，册13，页879）

## ○乾隆十五年正月己巳（二十五日）（1750－3－3）

○军机大臣会同浙江巡抚永贵议奏：明岁南巡浙省，所有杭州织造署中行宫，有圣祖仁皇帝龙牌供奉行宫西首殿内，殊非敬谨之意。今议将织造移驻裁存盐政衙署，就现在行宫量加修葺，敬于宫后建楼供奉龙牌似协体制。至西湖行宫，已奏改佛寺，内供奉圣祖仁皇帝龙牌亦在西偏，应请敬移于旧寝宫内供奉。其迤西一带屋基甚宽，应并寺后山园，酌量划出另建行宫。但就现在房屋，相度形势，从俭办理。至由杭城前往海塘，止塘路一条，塘外系涨沙洼地，塘内即村舍桑园，中小亹一带亦窄狭纡曲，均难相度驻跸之处，是以海塘引河，圣祖均未临幸。今堤工巩固，引河顺轨，此次似无庸亲临阅视。惟候潮门外，旧有观潮楼，即中小亹引河等处亦可远眺。从前圣祖曾经临幸，今应略为修饰以备巡览。又绍兴府之南镇、兰亭二处近接禹陵，从前圣祖未经临幸。该处俱有房屋并略修理，应否临观，恭候幸浙时钦定。得旨：是。

（卷357，册13，页925—页926）

## ○乾隆十五年十二月庚辰（十一日）（1751-1-8）

○谕：浙江海塘为捍卫民生要务，朕明春巡幸浙省，意欲亲临阅视。着尚书舒赫德于江南审讯事毕之日即赴浙江，会同该督抚等查看，豫备奏闻。

（卷378，册13，页1197）

## ○乾隆十六年正月（1751-1-27—1751-2-25）

○兵部尚书舒赫德、闽浙总督喀尔吉善等奏：会看浙江海塘，工程稳固，中小亹畅行无滞，江海安澜，民灶乐业。现在情形，可无亲临阅视。且杭城候潮门外观潮楼，地临江海上游，潮汐往来，塘工捍御，及沿江滨海情形，皆可得大概。若自杭省过海宁至尖山，往返路长，中途又无立大营处，一切应豫备处，未经举行。报闻。

（卷381，册14，页20）

## ○乾隆十六年五月己亥（初三日）（1751-5-27）

○工部议准：署浙江巡抚永贵疏称，绍兴府属山阴县宋家溇地方旧有土塘，近年水性南趋屡遭冲刷，宜改建石塘，加筑坦水。从之。

（卷388，册14，页93）

## ○乾隆十七年六月（1752-7-11—1752-8-8）

○浙江巡抚觉罗雅尔哈善奏：今年春夏雨多，海潮汹涌。海宁县石塘外积沙间被冲卸，将军殿之柴盘头亦有坍矬，幸蜀山一带涨有新沙，塘工无碍。臣查浙江海塘情形，若溜趋南大亹，则绍属山、会、上虞被其患。或溜趋北大亹，则杭属海宁、仁和受其侵。惟由中小亹出入，则两岸田庐俱受安澜之庆。而中亹山势仅宽六里，潮汐往来浮沙易淤。且南岸文堂山脚涨有沙嘴百三十余丈，挑溜北趋，北岸河庄山外亦有沙嘴五十余丈，颇碍中亹大溜。现酌将此两处涨沙挑切疏通，俾免偏碍阻滞之患。再将军殿之柴盘头系顶冲要工，坍矬处速应补葺，以护塘根。得旨：所见颇得领要。

（卷417，册14，页469—页470）

## ○乾隆十八年四月甲寅（二十九日）（1753-5-31）

○谕军机大臣等：内阁学士钱维城奏《浙省萧山等县之江海塘等工，请复民间岁输修理之例》一折。所见颇是。塘工关系民生，从前悉令改归官修，原属轸念民劳之意。但事经动帑官办，即未免辗转迁延。其工费稍巨者，固不便取足闾阎。如遇小有坍损应行培补之处，需费本属无多，自不若酌从民便，听其自为修补，俾得随时办理，较为有益。若将此通行各省，恐启轻用民力之渐，且滋物议。其浙省既有旧例可循，着将原折钞寄雅尔哈善，令其仿照斟酌行之。寻奏：绍兴所属山阴、会稽、萧山、上虞、余姚等五县沿海一带土塘，旧系民间按亩捐输修补。乾隆元年，准部行文，遇应修段落，官于存公项下动支办理。臣体察民情，所有五县土塘，除工大费繁另行酌办外，其每岁小有坍损之处，仍听民修为便。报闻。

（卷437，册14，页700—页701）

## ○乾隆十八年八月戊子（初六日）（1753－9－2）

○工部议准：浙江巡抚雅尔哈善疏报，山阴县宋家溇塘工，潮汐交汇冲坍蛰裂，亟宜修复，其先行抢堵柴埽工程并请动项支给。从之。

（卷444，册14，页785）

## ○乾隆十九年闰四月丁卯（十八日）（1754－6－8）

○议政大臣来保等议覆：闽浙总督喀尔吉善等奏称"浙省海塘现在沙涨，每日两潮，并不到塘，与塘工无碍，无需道员专管"等语。应如所请。将海防道裁汰，仁和、海宁、海盐、平湖四县塘工归并杭嘉湖道兼管，萧山、山阴、会稽三县塘工归并宁绍台道兼管，各加养廉银五百两，即在裁去海防道养廉内动给。从之。

（卷463，册14，页1005）

## ○乾隆二十年三月（1755－4－11—1755－5－10）

○浙江巡抚周人骥奏：海塘险要处，拟仿河工，豫备物料。得旨：莫若仍旧贯，何必开此冒销之端？如数年不用，岂不虚糜？且向亦未因不备料而误事也。

（卷485，册15，页80）

## ○乾隆二十年八月甲子（二十三日）（1755－9－28）

○闽浙总督喀尔吉善、浙江巡抚周人骥奏：七月十四五等日，大风骤雨，潮势湍急，海盐、山阴、会稽、萧山、上虞等县塘工坍卸抢筑情形。得旨：所奏不甚明晰，速行绘图贴说，详悉奏来。寻奏：南塘山阴县宋家溇一带，当江海交会之冲，七月大潮将旧塘刷去，新筑子塘不足抵御。拟帮宽八尺，加厚二尺，接连各工，加筑柴塘。北塘海盐县塘工，居秦驻山独山之中，蛰卸石塘六十五丈，须拆底重修。九里寨修石塘五十丈，塘外土堰刷去，潮逼塘脚，应加筑坦水五十丈，塘后土备塘一百丈，官字等号石塘四十九丈八尺，潮刷桩露，应加筑坦水一道。得旨：览奏俱悉。

(卷495，册15，页218)

## ○乾隆二十年十二月戊午（十九日）（1756-1-20）

○工部议准：浙江巡抚周人骥奏称，本年七月风潮较大，海盐、平湖、山阴三县石土塘堤间有冲损，应请修葺。从之。

(卷503，册15，页346)

## ○乾隆二十一年三月甲戌（初六日）（1756-4-5）

○闽浙总督喀尔吉善奏：近年海塘，因水势南趋，北塘稳固。而险工在绍兴一带连被风潮，老塘全塌，子塘新工更不足恃。岁修既费帑金，且恐水势骤至，堤薄沙浮为害甚大。拟于宋家溇杨树下一带，自大池后真武殿东首，田由坚土处所起跨河以南直至陈金声盐舍后止，照海宁鱼鳞大条石塘，排桩建四百丈。其西平稳处，接筑土塘二十丈，筑土戗于后以护塘身。其旧土塘柴塘可为外护，即坍损亦与新增无碍，无庸再修。山、会等县，永资捍卫，估计筑费，较岁修土塘为省，且于偏灾穷民代赈有裨。得旨：如所请行。

(卷508，册15，页416)

## ○乾隆二十一年六月丁酉朔（初一日）（1756-6-27）

○工部议准：闽浙总督喀尔吉善疏称，山阴县之宋家溇杨树下一带旧土塘三面被水，汕刷殆尽，应于南岸改建石塘四百丈。从之。

(卷514，册15，页492)

## ○乾隆二十二年三月辛亥（二十日）（1757-5-7）

○谕：浙海之神自雍正八年海塘告成时，特加褒封，于敕海宁县地方建庙崇祀。迩年以来，海波不扬，塘工巩固。朕省方浙中，亲临踏阅，见大溜直趋中小亹，两岸沙滩自为捍御，滨海诸邑得庆安澜，利及生民，实资神明显佑。应于杭州省城之观潮楼敬建海神之庙，以昭朕崇德答佑至意。应行事宜，该部查例具奏。

（卷535，册15，页744）

## ○乾隆二十三年三月（1758－4－8—1758－5－6）

○浙江巡抚杨廷璋奏：仁和、钱塘、萧山三县江塘向未明分工段，遇坍矬报修，新旧牵混。请照海塘例，二十丈为一段，编号立石。至驻工防守，海塘每里设堡夫一名，随时黏补缺损，江塘请二里设堡夫一名。得旨：自可如议，但二里一夫，宁免有名无实之毙。

（卷559，册16，页90）

## ○乾隆二十三年四月（1758－5－26）

○浙江巡抚杨廷璋奏覆：前奏于不近民居及非依山傍麓之江塘二十余里，请添设堡夫十二名，以资巡防看管。以二十余里之塘堤设夫十二名牵算，约计二里一夫。实非每夫派定管塘二里，致工长力薄难以周顾也。且江塘俱系石工，均有护沙，非若海塘节节需人防范。今因地设堡，责令常行巡防，稍有坍卸即为修补，似可无有名无实之弊。得旨：如所议行。多募夫而不实力稽查，亦属虚糜也。

（卷561，册16，页121）

## ○乾隆二十三年五月辛亥（二十六日）（1758－7－1）

○工部议准：浙江巡抚杨廷璋疏称，镇海县海塘，请一律增高，遵照成规兴筑。从之。

（卷563，册16，页142）

## ○乾隆二十三年九月（1758－10－2—1758－10－31）

○浙江巡抚杨廷璋奏：宁波府属镇海县，临海险要。旧设单层石塘捍卫，嗣被潮冲塌，改建夹层。其迤西一带因涨沙绵远，尚仍其旧，日就摧卸，业经题请一律改建外，查旧塘漫石单层又不凿榫，龙骨亦无槽口，石多离缝易致冲坍。现饬将漫石上下凿榫，龙骨开槽镶嵌，漫石下概用块石填实。报闻。

（卷571，册16，页260）

## ○乾隆二十三年十二月甲子（十二日）（1759－1－10）

○吏部议准：浙江巡抚杨廷璋奏称，绍兴府属南岸塘工，最为紧要。应令该府通判兼管海防，换给关防，改为在外拣调。从之。

（卷576，册16，页346—页347）

## ○乾隆二十四年三月（1759－3－28—1759－4－26）

○浙江巡抚杨廷璋奏：台州府属太平县黄岩场一带，滨海涨出沙涂数万亩。认垦之户半系衿豪胥猾，托名诡禀，空呈存案，以图占地。各民灶又因县场界址错综，甲甫率认，乙即混争。现酌定章程，委员履勘。据报八九万亩，通丈定数，于南北适中地立界列号。近场者归灶，近县者归民。查明前认垦户，实系民灶按界分地。责令筑塘蓄淡，照例试种，每户以百亩为率，各给执照，将前呈注销，复分别涂地等次。有将次成熟者，当年报科；高阜易垦者，照垦复田地例三年报科；潮汐浸漾，俗名子沙者，照水田例六年报科。得旨：嘉奖。

（卷583，册16，页465）

## ○乾隆二十四年四月己巳（十九日）（1759－5－15）

○谕军机大臣等：浙江巡抚已降旨令庄有恭调补，现在总督杨廷璋应赴闽省，而布政使明山甫经莅任。顷杨应琚来京陛见，询知浙省海塘，渐又有改趋北大亹之势，一切均须豫筹妥办。庄有恭向在江南，曾究心水利。着即传谕，令其将任内经手事件交与硕色经理，速赴浙江新任。所有杨应琚奏现在海塘情形略节一并钞寄阅看。

（卷585，册16，页486—页487）

## ○乾隆二十四年四月壬申（二十二日）（1759-5-18）

○兵部议准：闽浙总督杨应琚奏称，浙江海塘，向设守备、千、把、马、步、守、兵防护。于乾隆十九年，经前督臣喀尔吉善以中亹引河畅流，塘工平稳，奏请裁改，设堡夫一百八十三名。今中小亹之下口门，因雷、蜀二山涨沙连接，水势仍致北趋。海宁一带为全塘要区，抢修防护在在需人。请酌复千总一员、把总二员、外委三员、马兵二十名、步兵六十名、守兵一百三名，自海宁分设二汛，每汛派拨把总一员专防，外委一员协防。尚余千总外委各一员，驻扎宁城北岸，裁堡夫以抵酌复兵丁之数。所需兵饷及千、把等养廉工费，即于原裁俸饷内支给。得旨：依议速行。

（卷585，册16，页487—页488）

## ○乾隆二十四年闰六月己亥（二十一日）（1759-8-15）

○工部议准：浙江巡抚庄有恭疏称，浙省老盐仓迤西之华家街等处江溜海潮，现俱北趋。虽塘外老沙尚未坍动，一经盛涨，水风相击，不无冲夺之虞。请发帑给富、建、桐、分四县采办柴觔运贮，俟秋汛后将应行拆修之处分别办理。又海宁石塘近城一带，护沙日见冲卸，倘遇异常风汛，泼塘之水亦复堪虞。该处起止共长二千三百十一丈有奇，请于现存矬蛰土上加高三尺，帮宽二尺，所需银两并前应用款项，统于节省引费内动支。得旨：依议速行。

（卷591，册16，页570—页571）

## ○乾隆二十四年八月（1759-9-21—1759-10-20）

○浙江巡抚庄有恭奏：海宁县自曹殿盘头由城南迤东至九里桥一带，塘外护沙刷去无存，潮水近逼塘脚，坦基半露，或间段残缺，或成片泼卸。其大石塘外，或塘根蛰陷，或并无旧塘基址。计应修应建坦水共一千一百四十余丈，分别缓急，攒料兴工。下部知之。

（卷595，册16，页634）

## ○乾隆二十四年九月（1759-10-21—1759-11-19）

○浙江巡抚庄有恭奏：海宁县塘坦最要工程，业经奏明办理。兹查海宁绕城一带，桩石残缺之六十五丈，应行议修。曹殿以西，向未建坦之八十二丈，应行议建。请归前案，一并乘时赶修，以防春汛。翁家埠至老盐仓一带柴塘，当此江海全趋北大亹之时，诚为紧要。但老沙尚宽二千余丈，似可无虞，应否拆修，俟明春酌议。又东防同知所属之韩家池，有柴塘四百六十一丈，附近外沙日见汕刷，渐为回溜浸逼，酌拨柴薪六十万斤分贮该处，以备不虞。得旨：诸凡甚妥，如所议行。

（卷597，册16，页670—页671）

○（浙江巡抚庄有恭）又奏：御史吴鹏南条奏《责成大吏兴修水土之政》一折。准部行令各督抚，经画酌议。查水之大利有五，曰江、海、湖、渠、泉，他省得其二三，而浙省实兼数利。沿江滨海临湖之地，欲收水之利，必先去水之害。于是塘以御风潮，圩以遏淫潦，闸以蓄淡御咸，斗以引灌宣泄。金、衢、严三郡又各有山泉溪涧灌注成渠，堰坝塘荡无不具备。其塘堤各工，任之在官，圩岸斗门，任之在民。章程井然，长相遵守，经理之规，至纤至悉，更有详于该御史之所奏者。至于古迹可循，宜加修复，非所语于江海之变迁。新流可引，宜与疏通，非所论于湖渠之交错。此又各有情形，难相附会者也。惟如仁和、钱塘之上中市、三河垱、区塘、苕溪塘，海盐之白洋河、汤家铺、庙泾河，长兴之东西南溇港，永嘉之七都新洲陡门、九都水湫、三十四都黄田浦陡门，实应修举，以收已然之利。再杭州之临平湖，绍兴之夏盖湖，有关田畴大利。数十年来积渐就湮，以致湖身日窄，概行划复恐难施工。应如何设法疏挑，或实不能浚复，另议召佃垦种，容再体勘办理。得旨：如所议行。

（卷597，册16，页671）

## ○乾隆二十五年三月（1760-4-16—1760-5-14）

○闽浙总督杨廷璋奏：浙省太平县黄岩场一带滨海地方，向有准民认垦新旧沙涂，多为豪猾诡托认占、出租渔利，并不报垦升科。现在委员查勘，实丈有一十万五十亩零，于适中地方立定界限，分别号甲。迤南近场者归灶，迤北近县者归民。一切空呈冒认各户均经厘剔删除。现归民垦田地六万八千六百一十四亩零，灶垦田地三万一千四百三十六亩零，匀给实在贫穷民灶，不许数过百亩。其已经试垦成熟者，例于当年升科。现饬县场分别征解，归入地丁盐课应征册内。其已经蓄淡、沙性坚实、易垦田地及甫经筑塘蓄淡之民业，仍照例分三年六年后起科。得旨：好。

（卷609，册16，页851—页852）

## ○乾隆二十五年四月己亥（二十五日）（1760-6-8）

○浙江巡抚庄有恭奏：海宁东南有大小尖山横踞海口，向建石坝一道，掣溜南趋，北岸塘堤藉无冲突之患。近因贴坝老沙，南面刷去五十余丈，北面刷去二十丈，应用竹篓填贮块石兼用篾缆联络，以挡潮势并护塘根。得旨：好。

（卷611，册16，页868）

## ○乾隆二十五年五月（1760-6-13—1760-7-11）

○浙江巡抚庄有恭奏：据海宁县报称，胡家兜迤东海塘外，于三月初至四月涨沙渐盛。自胡家兜至南门外计长十八里，南北宽一千二百丈，其势长狭，向东亦约有九百余丈、五六十丈不等。臣于五月亲往查勘，较之四月涨沙丈尺更有加增，水底之沙亦俱凝实，东塘一带塘脚，得有外沙拥护，自可长资巩固。得旨：此实佳兆也，应虔诚往观潮楼海神祠致祭并绘图奏来。

（卷613，册16，页899—页900）

## ○乾隆二十六年二月（1761-3-7—1761-4-4）

○浙江巡抚庄有恭奏：杭州府属之东西两防塘工，自上年霜降后江流弱小，不能冲刷南沙，以致逼溜北趋，将北岸涨沙刷卸。现在西塘境内之翁家埠、老盐仓、马牧港一带刷去老沙自三十丈至一百三十余丈不等，东塘境内自胡家兜以下新涨沙涂，被刷无存。其南岸涨沙，自蜀山西至文堂山脚，河宽五百丈至九百七十丈不等。又岩峰山脚涨沙之外，复起中河一道，宽二百余丈。其文堂山西脚中河一道，宽长丈尺，较上冬又有加增，逼溜日益向北。幸本月上游各属连得透雨，江水迅驶，足抵潮头。将来江流旺发，南沙日渐冲刷，仍可期掣溜向南。惟是北岸与岩峰斜对之老盐仓为柴石两塘交接之区，虽直出老沙，尚有一千八百余丈。而自柴塘头斜向东南抵潮溜塌湾处所，仅宽二百七十四丈，细察情形，大潮由海宁城外逼于蜀山脚外溵沟，东北新涨阴沙，潮头由曹殿盘头折向西北，则老盐仓实为潮溜顶冲，该处柴塘停修十有六年，今去塌湾处所不及三百丈，自应先事豫防。现饬属采运柴薪，并购办桩木器具豫解工所，以资抢护。得旨：览奏俱悉。

（卷631，册17，页46—页47）

## ○乾隆二十六年三月乙巳（初六日）（1761-4-10）

○兵部等部议准：浙江巡抚庄有恭奏称，海塘营伍原以修护堤防。现在江海正溜，全由北大亹出入，额设千总一员、把总二员、外委三员、兵一百八十三名，不敷调遣。请将原拨杭协中营守备一员、千总一员、把总二员、外委四员、兵二百名均行彻回，再添设外委一员，内以千总二员各带外委二员，分驻最要之尖山。翁家埠二处，其该处前设把总二员、外委二员，移驻次要之念里亭。戴家石桥二处各设一汛,再拨把总一员、外委一员,一驻海盐之澉浦,一驻平湖之乍浦。守备一员带同把总一员、外委一员,驻海宁城,专责修防。各汛员弁,均听杭防道统率。从之。

(卷632,册17,页53)

## ○乾隆二十六年十月丙子(十一日)(1761-11-7)

○铸给浙江海塘兵备道及复设守备等关防,从巡抚庄有恭请也。

(卷646,册17,页234)

## ○乾隆二十六年十一月 (1761-11-26—1761-12-25)

○浙江巡抚庄有恭奏:海宁柴石二塘交接处水已临塘,迤西老沙仍多坍卸。本月朔汛,仅存护沙二十九丈,亟应续镶。得旨:览奏俱悉。

(卷649,册17,页276)

## ○乾隆二十六年十二月壬午(初八日)(1762-1-2)

○谕军机大臣等:朕前者载举南巡,问俗省方,无非民事,而河工海塘尤为捍卫民生之重计,是以淮徐一带临视不惮再三。惟尖山塘工跸路稍纡,未经亲勘。比年以来,中亹潮势渐次北移,殊萦宵旰。已拟于明春赴浙时详阅情形,与地方大吏讲求规画。适览庄有恭奏《现在攒办工程,俟来年临阅请训》一折,意似待朕巡浙已届回銮,始于该处豫备者。然果尔则是朕于西湖左右游览既毕,乃旋跸及之,于勤民之义谓何?在该抚昕夕侍朕,断断不设是想。即江浙士庶,亦不皆好生议论者。然此既非朕心所能安,即非巡典所宜有。今定于初抵杭州行宫次日,朕即前往阅塘。圣母皇太后留憩省城,先可近览吴山仰承慈豫。不越三昔,朕即回奉安舆,幸西湖行宫,则于典礼人情,均为允惬。而自杭城之海宁,水陆皆通行之路,较之原议由石门何家桥过坝取途周折尤为近便。着传谕庄有恭知之。

(卷651,册17,页290—页291)

## ○乾隆二十七年正月丙申（初二日）（1762-1-26）

○谕：今春朕恭奉皇太后銮舆，巡省江浙，取道阅视河工海塘，与封疆大臣讲求吏治民生诸要务。念昨冬恭遇慈恩覃被之余，正东南士民望幸情殷之候，翠华所过，宜沛隆施，益光庆典。着将江苏、安徽、浙江三省自乾隆二十二年起至二十六年止，所有节年灾田缓征及未完地丁各欠项，照二十二年例概予蠲免。该督抚等其严饬所属悉心核实奉行，俾闾阎膏泽均沾。毋致吏胥中饱，副朕锡类推恩至意。该部遵谕速行。

（卷652，册17，页300）

## ○乾隆二十七年三月乙未（初二日）（1762-3-26）

○上至海宁，阅海塘。

（卷656，册17，页339）

## ○乾隆二十七年三月丙申（初三日）（1762-3-27）

○上阅海塘石堤。

○谕：朕稽典时巡，念海塘为越中第一保障。比岁潮势渐趋北大亹，实关海宁、钱塘诸邑利害。计于老盐仓一带柴塘改建石工，即多费帑金，为民间永永御灾捍患良所弗惜。而议者率以施工难易，彼此所见纷歧。昨于行在，先命大学士刘统勋、河道总督高晋、巡抚庄有恭前往工所，签试桩木。朕抵浙次日，简从临勘，则柴塘沙性涩汕，一桩甫下始多捍格，卒复动摇，石工断难措手。若旧塘迤内数十丈许土即宜桩，而地皆田庐聚落，将移规石工毁斥必多，欲卫民而先殃民，其病甚于医创剜肉矣。朕心不忍，且并外塘弃之乎？抑两存而赘疣可乎？以兹蒿目熟筹，所可为吾民善后者，惟有力缮柴塘得补偏救弊之一策耳。地方大吏，其明体朕意，悉心经理，定岁修以固塘根，增坦水石篓以资拥护，庶几尽人事而荷神庥，是朕所宵旰廑怀不能刻置者。至缮工欲固，购料不得不周。现在采办柴薪，非河工秫苇之比，向为额定官价所限,未免拮据。应酌量议加,俾民乐运售,而官易集事,其令行在户部会同该督抚详悉定议以闻。朕为浙省往复咨度之苦心,其详具见志事一诗。督抚等可并将此旨于工次勒石一通,永志遵守,毋忽。

(卷656,册17,页339)

## ○乾隆二十七年三月丁酉(初四日)(1762-3-28)

○谕:尖山塔山之间旧有石坝,朕今亲临阅视,见其横截海中,直逼大溜,犹河工之挑水大坝,实海塘扼要关键,波涛冲激,保护匪易。但就目下形势而论,或多用竹篓加镶,或改用木柜排砌,固宜随时经理,加意防修。如将来涨沙渐远,宜即改筑条石坝工,俾屹然成砥柱之势,庶于北岸海塘永资保障。该督抚等其善体朕意,于可兴工时,一面奏请,一面动帑攒办,并勒石塔山以志永久。

(卷656,册17,页340)

## ○乾隆二十七年三月辛丑(初八日)(1762-4-1)

○大学士公傅恒等议奏:查海宁柴塘工程,从前柴价,每百斤部定则例准销六分。乾隆七年,复因不敷购办,奏请加增银三分。今酌于原定九分之数再加一分,每百斤统以一钱报销,将来柴价渐平,该督抚随时酌减。报闻。

(卷656,册17,页342)

## ○乾隆二十七年三月壬寅(初九日)(1762-4-2)

○谕:朕奉皇太后安舆,莅兹南服,所以省方观民,勤求治理。其各处旧有行宫,清跸所驻,为期不过数日,但须扫除洁净,以供憩宿足矣,固无取乎靡丽适观也。而名山胜迹尤以存其旧规,为得自然之趣。从前屡降谕旨,至为明晰。乃今自渡淮而南,凡所经过,悉多重加修建,意存竞胜。即如浙江之龙井,山水自佳,又何必更兴土木?虽成事不说,而似此踵事增华,伊于何底?转非朕稽古时巡本意。且河工海塘为东南民生攸系,朕廑怀

65

宵旰，时切纾筹。地方大吏果加意修防，永资捍御，则兹之亲临阅视，其欣慰当何如者？而田畴丰润，井里熙恬，即所以博朕惬览，不在彼而在此也。嗣后每届巡幸之年，江浙各处行宫及名胜处所，均无庸再事增葺，徒滋縻费。即圬墁褙饰，不至年久剥落，亦可悉仍其旧，此实不仅为爱惜物力起见也。该督抚等其各善体朕谕，敬相遵守。

（卷656，册17，页343—页344）

## ○乾隆二十七年四月（1762-4-24—1762-5-23）

○闽浙总督杨廷璋奏：臣送驾后即驰赴海宁，至塔山查勘坝外涨沙，标记三处均有增涨。至老盐仓一带柴塘，工长九百四十五丈，已修过二百七十丈。其未修者，现面谕海防道赶办，务于秋汛前一律修固。塘外遵旨安设竹篓以护塘根，可无虞蛰。再前修竣之柴工，近日蹲挫一二三尺不等，因少用腰底面桩，不能签钉。现在拆修之柴工俱加增桩木，修筑坚实，以免渗漏。至旧大石塘未筑坦水之处，俱遵旨增建条石坦水，以期塘方巩固。报闻。

（卷659，册17，页383）

## ○乾隆二十七年五月丙午（十三日）（1762-6-5）

○又谕：据庄有恭奏《三官堂迤西一带老沙，每汛仍多坍刷，而尖塔二山坝外涨沙，现在日益高宽》一折。新涨之沙日见增长，尖山坝工虽足资巩固，但迤西老沙更有坍刷。通计彼此长落分数，不知孰多孰少。其势是否相当，抑或有所得不偿所失之处，该抚未经详悉声明。着将原图寄庄有恭，此时两处涨落实在丈尺多少，各自分晰补贴细注，即行奏闻。寻奏：石坝为篓工外卫，三官堂老沙为柴工外卫，以丈尺计，石坝所涨不敌柴塘所坍。以得失计，则石坝为海宁城东扼要，横截海口，必沙涨而后坝固柴塘。则增修篓坦可为内固之谋，且不受顶冲，其坍亦将有止。谨将两处涨落丈尺，绘图签注具奏。报闻。

（卷660，册17，页392）

## ○乾隆二十七年八月辛丑（十一日）（1762-9-28）

○谕军机大臣等：庄有恭奏"七月初七日风大潮涌，致将海宁县缓修抢修石塘内有揭落面石，并间段坍卸之处"等语。虽经该抚驰赴查勘，俱各平稳，并无妨碍。但现届秋潮大汛，从前冲卸堤岸有无接续加坍，其抢修处所是否足资抵御，并现在秋汛情形若何，着传谕庄有恭速即据实驰奏，以慰廑念。寻奏：各塘抢修处所镶筑坚实，足资抵御，此外并无接续加坍之处。得旨：览奏稍慰。

（卷668，册17，页469—页470）

## ○乾隆二十七年八月（1762-9-18—1762-10-16）

○浙江巡抚庄有恭奏：七月初七日，东西两塘猝被风潮，石塘坍卸，盘头泼损。查勘海宁县城东自四里桥至郑家衖一带塘工，外用条石包砌，内填块石，本非坚实，应改建大石塘一百四十三丈七寸，每丈建筑一十八层。又陈文港东抢修石塘在内，缓修石塘在外，其工头两不相接之处计宽三丈五尺，应仿照条块石塘，另建裹头一道。至陈文港、秧田庙、泼卸盘头三座柴土工程难御潮汐，请一律改建三层石坦，以省频年镶办之烦。得旨：如所议行，但期工固毋致浮冒可也。

（卷669，册17，页481）

## ○乾隆二十七年九月己丑（三十日）（1762-11-15）

○又谕：浙江海宁一带塘工最关紧要，今春巡幸抵杭之次日，即赴老盐仓、尖山等处相度指示，饬令修筑柴塘，并建设竹篓坦水各工用资保护。今据庄有恭奏"查勘工程俱已陆续完竣，余工并皆稳固"等语。该抚督率各员攒办崴工甚属尽心，深可嘉予。庄有恭着交部议叙，所有在工勤事各员，并着查明，分别咨部议叙，以示奖励。

（卷671，册17，页503）

○谕军机大臣等：庄有恭奏《查勘海塘情形》一折。已于折内批谕矣。至所称江溜日益向南，观音堂东西一带阴沙起积，渐有涨复情形，自属吉兆。而塘脚老沙仍日渐向西坍刷，此盖为回溜所逼。若于念股头用木龙挑溜，使正溜通向南趋葛岙，此或因势利导之一法。此处能用木龙如法疏浚，尤觉易为见功。其制用之宜，高晋素所熟悉。南河现届冬季，亦无紧要修防事务。着将图内朱批之处一并传谕高晋，令其详细筹酌，一面即行赴浙，会同该抚酌量妥办。并谕庄有恭接到此旨于高晋未到之先，如以为可行，即将用木龙处一切应需物料工匠，豫为储备。俟高晋一到，即可克日兴工，并不致稽延时日也。若彼二人相视，以为势不可行，亦不必勉强。

（卷671，册17，页504）

## ○乾隆二十七年十月辛卯（初二日）（1762-11-17）

○谕军机大臣等：熊学鹏已有旨调补浙江巡抚，浙省现有督办海塘各工事关紧要，该抚若俟部文到后始行起程，未免有稽时日。着传谕熊学鹏，接奉此旨，即将本任印篆及一应事务交与布政使顾济美护理接办，星速赶赴新任，兼可与调任巡抚庄有恭面商一切也。

○又谕曰：庄有恭已有旨调补江苏巡抚，其海塘工程，庄有恭筹办甚属尽心。且浙省现有查办灾赈事务亦为紧要，庄有恭奉到调任之旨，可将巡抚印务暂交索琳护理，其日行事件照常接办，惟塘工赈务仍听庄有恭专司其事。苏杭一水之地，案牍往还本可无虞稽误。至熊学鹏到浙，其赈务自可妥办。至海塘工程，自不如庄有恭之轻车熟路，邻封伊迩。应令两抚彼此始终会办，在庄有恭亦断不因既经调任稍分畛域也。将此一并详谕知之。

（卷672，册17，页508）

## ○乾隆二十七年十月（1762-11-16—1762-12-14）

○调任广西巡抚熊学鹏疏报雨水情形。得旨：欣慰览之。今用汝为浙江巡抚，宜速赴新任，一切实心经理，毋为过当之事，模棱固不可也。至海塘一事，汝与庄有恭和衷共理，彼甚留心，汝应取济，一切勉之。

（卷673，册17，页532）

## ○乾隆二十八年二月丁酉（初九日）（1763-3-23）

○江苏巡抚庄有恭、浙江巡抚熊学鹏奏：海潮入尖山，斜趋西北而来。海宁城东至念里亭，向有土堰以抵潮而遏泼塘之水。现勘明接筑篓工，酌加新土。乍塘之独山东至茆竹寨东，向有石塘，岁久水啮，根石外游，塘面内矬，应摘段及时拆筑。从之。

（卷680，册17，页613）

## ○乾隆二十八年二月乙巳（十七日）（1763-3-31）

○兵部议准：浙江巡抚熊学鹏奏称，浙江海盐、平湖二县石塘，一线危堤，风潮冲激。请将盐、平二汛堡夫改复守饷塘兵，令澉、乍二汛把总督率修填，仁、宁二汛遇要工仍拨赴帮修，粮于原裁兵米按支。从之。

（卷681，册17，页620）

## ○乾隆二十八年二月（1763-3-15—1763-4-12）

○江苏巡抚庄有恭奏：江南松太海堰土性善坍，华亭、宝山等县向筑坦水、坦坡，皆不足恃，应仿浙老盐仓改建块石篓塘。现届春汛，宜速办。得旨：如所议行。

（卷681，册17，页630）

## ○乾隆二十八年九月（1763-10-7—1763-11-4）

○浙江巡抚熊学鹏奏：查南岸各工现俱平稳，欲防来年春伏二汛，有堆积土牛一法，现饬及时挑成。又浙省草薪中有干柯一种最易延蔓，并令督率民夫，于沿塘内外广为栽植，一交春夏即可生发，根底联结，塘工既资坚固，来冬民人更可采薪获利。得旨：诸凡留心。

（卷695，册17，页797）

## ○乾隆二十八年十二月己亥（十七日）（1764-1-19）

○谕曰：两江总督尹继善等合辞具奏《请于乾隆乙酉年再举南巡之典，以慰臣民仰望》一折。朕惟江浙地广民殷，一切吏治农功均关要计。且襟江带河，滨湖近海之区筹画泽国，田庐无一不重紫宵旰。前以壬午岁恭奉安舆，时巡周览。凡淮河水志节宣，闸坝启闭，以及杭属塘工勘建柴石料段诸事宜，曾与封疆大吏目击手画，以期利济群生。年来叠经督抚等疏报，下河郡邑汛水恬流，并无漫溢。惟是浙中海潮涨沙，虽有起机大溜，尚未趋赴中亹，是深所廑念。而新修柴石诸塘亦当亲阅其工，以便随时指示。又近日特遣大臣督修水利，如溧河、荆山桥等处，亦为数省灌输吃紧关键，所以验前功而程后效，正惟其时。矧东南岁事频告，丰登洪惟，圣母皇太后福履康宁，弥臻纯嘏，于是承欢行庆，答士民望幸之忱，稽典实为允协。着照所请，准于乙酉之春诹吉南巡，其河工海塘应亲临省视者，即行先期豫备。至前次灯彩繁文，暨扈从人员雇觅巨舟并签占公馆诸禁，已屡颁谕旨。即朕所过行宫道路，距上届为日匪遥，只须洒扫洁蠲，足供顿憩，不得稍事增华劳费，副朕仰承慈豫、俯顺舆情之至意。将此通谕各该衙门知之。

（卷701，册17，页837—页838）

## ○乾隆二十九年正月（1764-2-2—1764-3-2）

○江苏巡抚庄有恭、浙江巡抚熊学鹏会奏：查海塘情形，如海宁城东之念里亭、城西之戴家桥，大石塘外向未建有坦水处所，地当冲要，应估筑坦水共长一百七十七丈七尺，令一律完整，春汛前分段赶筑。报闻。

（卷703，册17，页859）

## ○乾隆二十九年二月癸卯（二十一日）（1764-3-23）

○工部议覆：浙江巡抚熊学鹏疏称，萧山县境内孔家埠、渔浦街二处，当上游山水顶冲兼遇海潮逆流湍激，塘外涨沙日坍，水逼塘根。请照海宁塘工，用竹篓贮石堆叠。应如所请。从之。

（卷705，册17，页873）

## ○乾隆二十九年八月（1764-8-27—1764-9-25）

○江苏巡抚庄有恭、浙江巡抚熊学鹏会奏：臣等会勘西塘之老盐仓一带、东塘之韩家池一带及各处盘头等工，本于沙上水边叠土镶柴而成，年久不无剥蛰。请动支海塘经费银五千两，行令产柴各县陆续运至工所，查明应修镶各工，核实动用。又查戴家塘、镇海、念里亭等汛之各段工内，有系大石塘而未建坦水。今护沙渐刷，塘身已露十余层，应建坦水捍卫塘脚者，有旧建坦水年久木石朽缺应添桩加料者，有本系盘头旧基今应改建坦水者，均应于霜降水落后及时修建。臣等相度情形，分别多寡丈尺，令该厅、弁确估题咨办理。报闻。

（卷717，册17，页1000）

## ○乾隆二十九年九月丙寅（十七日）（1764-10-12）

○又谕：刑部尚书员缺，着庄有恭补授。朕于明春南巡，庄有恭办理一切事宜，及浙江海塘关系紧要，届期均需面为咨度，可暂留江苏巡抚之任，俟回銮后，候旨来京供职。现在刑部尚书事务仍着刘纶兼署。

（卷719，册17，页1014）

## ○乾隆三十年二月壬寅（二十六日）（1765-3-17）

○工部议准：浙江巡抚熊学鹏疏称，会稽县桑盆一带旧石塘堤，近因护沙坍尽水逼塘根，塘石抽剉，桩脚搜空。请于贴连旧塘后戗另建斗砌石塘一道，令两头盘接旧塘。其石塘以西自瑞字号至爱字号面土低矬，加高四尺。从之。

（卷729，册18，页30）

## ○乾隆三十年闰二月庚戌（初五日）（1765－3－25）

○又谕：海宁石塘工程民生攸系，深廑朕怀，连年潮汛安澜，各工俱属稳固。兹入疆伊始，即日就近亲临相度，先行阅视绕城石塘五百三十余丈，实为全城保障，而塘下坦水尤所以捍卫石塘。但向来止建两层，今潮势似觉顶冲，外沙渐有汕刷，三层之外应须豫筹保护。该抚等上年所奏加建三层坦水六十余丈，止就尤险要处而言，于全城形势尚未通盘筹画。若一律普筑三层石坦，则于护城保塘尤资裨益。着将应建之四百六十余丈，均即一例添建。其二层旧坦内有桩残石缺者，亦着查明补换。该督抚等其董率所属悉心筹办，动帑兴修，务期工坚料足，无滥无浮，以收实济，副朕为民先事豫筹之至意。

（卷730，册18，页35）

## ○乾隆三十年闰二月戊午（十三日）（1765－4－2）

○工部议准：浙江巡抚熊学鹏疏称，会稽县境沥海所一带旧石塘因久未加修，现俱坍矬，请普加高四丈。从之。

（卷730，册18，页40）

## ○乾隆三十年三月（1765－4－20—1765－5－19）

○浙江巡抚熊学鹏奏：仁、宁二县境海塘，西塘翁家埠海中新涨嫩沙，较前刷低，间有竹篓边篾破损及石块卸落者，业经修筑完整。东塘陈家坞外海中涨沙，较前缩短，北岸无虞冲激。其余通塘一切柴土石工俱各平稳。再宁海县绕城石塘外添建三层坦水四百六十五丈七尺，现于三月初旬开工，四月望前可竣。得旨：览奏俱悉。

（卷733，册18，页78—页79）

## ○乾隆三十年八月（1765-9-15—1765-10-14）

○浙江巡抚熊学鹏奏：仁、宁二县海塘本年雨旸时若，并无风潮。八月大汛，北岸工程均获平稳，翁家埠塘外及陈家坞迤东相近塔山处，增涨新沙，较前更为绵亘。其尖山坝外沙形日高，坝工益资巩固。至老盐仓、铁牛盘头等处竹篓工间有损卸，而涨沙漫盖，均足保护塘根，无庸拆换，致滋糜费。惟林茂舍迤东至石塘头止三百二十余丈，日久竹朽石卸，势当冲要，急应修整，以御来年春汛。除将旧石抵用外，业添料趱办，九月内可完竣。今春蒙皇上阅视海塘，指示训诲，阅霉伏秋三汛正溜南趋，一切柴土石工无不稳固，北岸沙势自开北亹以来未有增涨至此者。得旨：欣慰览之。

（卷743，册18，页182）

## ○乾隆三十年九月戊戌（二十五日）（1765-11-8）

○吏部等部议准：浙江巡抚熊学鹏奏称，仁和、宁波二邑塘工设东西两海防同知分管，其西防同知管仁邑八仙石起至宁邑戴家石桥止八十五里工程，向未设署，伏秋在工赁屋防护。查该同知所管之翁家埠，为八仙石、戴家石桥适中之区，与老盐仓要工亦近。请于该处建设衙署，俾得驻工防汛。从之。

（卷745，册18，页201）

## ○乾隆三十二年二月（1767-2-28—1767-3-29）

○浙江布政使觉罗永德奏：浙省仁、宁二邑塘工，向系每二十丈按千字文编为一号。嗣因海宁县东西鱼鳞石塘陆续修筑改建，委员分段承办，一切估报文册，遂指为某员原修之某段。现查每段或数丈、数十丈及百余丈不等，多寡悬殊。且先后派修员名屡易，又或年久之员，节次委修多段，遇有保固限内坍损应赔工程，难免朦混支饰。请仍照旧编号立碣，造具字号清册送部。凡有应修工程文册，均令指明某号塘工，并将某号原修系何人及完工日期，报部存案。得旨：如所议行。

（卷779，册18，页572—页573）

## ○乾隆三十二年七月辛巳（初七日）（1767-8-1）

○浙江巡抚熊学鹏奏：乾隆十九年，前督臣喀尔吉善奏准，将凡有塘工各县之巡检典史，皆令分管地段查点堡夫。但江海塘工，当伏秋大汛之期，必须专员驻守。典史有监狱之责，非巡检可比，以之兼护塘工，必有顾此失彼之虑。查山阴、会稽、萧山、余姚、上虞五县俱设有县丞，并无别项专责。应请改派各该县县丞驻工管理，而典史亦得专心监狱；其巡检分管地段，仍照原议遵行。报闻。

（卷789，册18，页692）

## ○乾隆三十四年三月戊戌（十五日）（1769-4-21）

○工部议覆：闽浙总督署浙江巡抚崔府阶疏称，海宁县城西石塘工程，经前抚臣永德奏明饬估具题。今勘海宁境内曹将军殿西首鱼鳞石塘十一丈，应行复筑。镇念二汛内鱼鳞缓修塘外坦水一百一十八丈八尺，应修二坦一层。又五十九丈五尺，向无坦水，应添建坦水二层。戴念镇三汛内应补钉桩木一千六百余根，又西塘曹殿东应镶柴塘四百七十五丈，估需银请于司库塘工经费款内动给。应如所题。从之。

（卷830，册19，页74—页75）

## ○乾隆三十四年十月辛亥（初三日）（1769-10-31）

○又谕：据曹秀先奏《浙江余杭县南湖久经淤塞占垦民田，以致山水发时，杭、嘉、湖诸郡易被淹浸。请敕地方官查勘疏浚，永杜水患》一折。所奏甚为近理……着传谕永德，即亲往履勘，悉心筹画……永德务须实力承办，毋得稍涉粉饰及为迁就调停之计，即将实在情形据实奏闻。如或草率了事，将来或尚有滋害之处，惟于永德是问。所有曹秀先折并着钞寄阅看。寻奏：南湖开自汉熹平间，旧有上下两湖。上南湖地势本高，前明淤涨成田，势难浚复。下南湖承余杭上游之水，西南一带，有开垦升科田亩占据湖身，应行清厘。至苕溪诸水，本不与南湖合，无关杭、嘉、湖三府水利。惟湖东设有滚坝，坝内皂荚塘关系余杭民田，应加培补。请照绍兴修筑南塘例，按亩出钱，官收民办。得旨：如所议行。

（卷844，册19，页274—页275）

## ○乾隆三十五年六月壬午（初八日）（1770-7-29）

○谕：据熊学鹏奏"浙江海防道宁舞立，既不谙练塘工，遇有差委又不肯认真查办，一味模棱，委靡成习，请旨交部严加议处。其海防道一缺最为紧要，请以宁绍台道潘恂调补"等语。宁舞立着交部严加议处，海防道员缺即着潘恂调补，所遗宁绍台道员缺，着张玟补授。

（卷862，册19，页566）

## ○乾隆三十五年九月（1770-10-19—1770-11-16）

○署浙江巡抚熊学鹏奏：仁和、海宁二县一带海塘，时届九月，水落潮平。查得北岸河势日渐涨宽，南岸蜀山外之沙，日渐坍卸。似于中亹有渐开之势，其通塘柴土石各工悉皆平稳。得旨：好消息，知道了。

（卷869，册19，页656）

## ○乾隆三十五年十月丁丑（初五日）（1770-11-21）

○又谕曰：熊学鹏奏，请于萧山、山阴、会稽一带改建鱼鳞大石塘及条块石塘坦水之处。所奏非是。浙省海塘情形，朕南巡时屡经亲临阅视，知之最悉。海潮大势趋北亹之时居多，是以北岸塘工不得不加修护，其趋中小亹已属仅见。数十年来，惟乾隆十六年一至中亹，彼时南塘并不闻有碍。目今潮势正趋北亹，即中小亹潮尚未到，与南岸渺不相涉，何必如此鳃鳃过计乎？况现在潮势常趋北塘，已不得不时加培护。若于潮势未到之南塘亦创议兴筑，殊属无谓。且南北两塘同时并修，于理既觉非宜，于事更为无益。而国家经费亦岂可不悉心筹画，无端糜耗乎？若因今岁萧山等处偶被风潮起见，其事本不常有。但当视旧时塘工间被冲塌者量为修复，何必援照海宁之例？与举大工，总由本朝工作与前代不同。前代遇有力役，一切派自里下，小民自皆闻风裹足，即有司亦多视为畏途。至于本朝办工物件，照时值购买，口食并按日支给，间阎多藉以赡其身家。即地方官经手承办，亦不无资其余润，且有不肖官吏借端浮冒者，皆所不免，是以利于兴工并有从而怂恿亦未可定。而封疆大臣则宜持以慎重，不应遽为浮论所惑也。朕勤求民隐，凡关系民生必应修举之事，即工费浩繁亦所不靳。似此无裨实济，妄费工作，徒使墨吏奸胥藉为开销地步，则断不能为所朦混。熊学鹏尚属晓事之人，何竟未筹度及此？所奏不准行。将此传谕知之。

（卷870，册19，页663）

## ○乾隆三十五年十一月庚戌（初八日）（1770－12－24）

○谕军机大臣等：前据永德奏，请将华亭、宝山二县土塘酌改条石塘工，外加坦水，以期一劳永逸。朕以永德在浙江经办海塘年久，塘务乃其熟悉，所奏自不无所见。因其时已将伊调任河南，遂谕令萨载亲历查勘，详悉覆奏。今据萨载奏到"勘得华亭等五县沿海境内均系土塘，塘外海滩宽广，潮汐向所不到，是以并无石工。其华亭、宝山二县顶冲处所，历年加筑单坝坦坡坦水，层层保护，土塘足资捍卫，非如浙省专藉石塘为保障，永德所奏实属势所难行"等语。萨载既经亲历查勘，自属该处实在情形，已如所议行矣。永德前次既未亲往相度，又不广为咨询，率凭臆度，冒昧陈奏。设竟如所言遽兴工作，不惟虚费帑金，且恐工力难施，于塘务仍无实济。封疆大臣筹办地方事务，岂宜孟浪若此？永德着传旨申饬，萨载原折并着钞寄阅看。

（卷872，册19，页699）

○乾隆三十六年正月（1771-2-15—1771-3-15）

　　○浙江巡抚富勒浑奏：仁和、海宁二县海塘于本年正月分望汛后，自西塘老盐仓起至海宁县城东四里桥一带，塘外涨沙较前增高。至蜀山南面之沙，因冬月潮水甚微，坍势稍缓，经相机挑切，共坍七百四十余丈。若再向岩峰山西南坍宽三百余丈，则中亹可有复开之机。因饬海防道督兵尽力挑切，乘此春潮之期冀有成效。得旨：好应致祭海神，以祈显佑。

　　（卷877，册19，页751）

○乾隆三十六年五月（1771-6-13—1771-7-11）

　　○浙江巡抚富勒浑奏：仁和、海宁二县海塘工程，小文前西起至尖山脚下一带，涨沙渐高，其蜀山南面沙坝日渐坍宽。今五月朔望两汛，大溜直抵蜀山南面第一段沙尖，与中亹东口相近。臣饬令将中亹内挖水滠一道，近得大雨，冲成引河，宽有十丈至十二三丈不等，深有四五尺至六七尺不等。惟海沙坍涨原非人力能施，今机有可乘，人事宜尽，将冲开之引河不致再有淤垫，可冀复还故道。得旨：知道了。又批：八月大汛，或可望喜信也。

　　（卷885，册19，页863—页864）

○乾隆三十七年二月己丑（二十四日）（1772-3-27）

　　○谕军机大臣等：据富勒浑奏"海塘潮水大势，自正月望汛以后，分溜渐逼，北面涨沙而行，现在饬属于西口门内外加紧开沟挖宽，俾经中亹引河畅行无滞"等语。浙省海潮溜水趋向靡常，朕两次亲临阅视，令将海宁一带柴塘坦水加意培修，用资防护。至尖山等处涨沙形势，惟令较原勘篓志按月报闻，验其消长，深知潮汛迁移。乃其嘘吸自然之势，非可以人力相争，施工于无用之地也。迩年渐欲循赴中亹固为可喜，今复改趋向北，亦其溜逼使然。惟当于北岸塘工勤加相度修缮，俾无冲啮之虞。濒海田庐，藉其保障，方为切实要务。若开挖引河，虽亦寻常补苴之策，而当溜趋沙激，岂能力挽回澜？正恐挑港凿沙徒劳无益。况浙潮灵奇非他处可比，必有神默司其契，岂宜强施人事妄与争衡？富勒浑止当实力保卫堤塘，以待潮汐之自循旧轨，不必执意急为开沟引溜之计，必欲以人力胜海潮也。将此传谕知之，仍将此后潮势情形逐月详晰具奏。

（卷903，册20，页59—页60）

## ○乾隆三十七年三月丁未（十二日）（1772－4－14）

○谕军机大臣等：《富勒浑奏报海塘沙水情形》一折。以新旧两图比较，上月南门外有涨沙一片，此次全行刷去。且相距不过一月，而形势不同若此。可见海潮来往靡定，非人力所能争。前此富勒浑欲开引河一道，冀图分导，其徒劳无益，曾为明白切谕。今潮势既已趋北亹，则北岸堤防自关紧要。随时加意查勘葺护，勿使稍有疏虞，此则所当尽力者。至南岸萧山一带，前岁熊学鹏奏请改建石塘，朕以自古南岸无塘，且该处偶被风潮，事非常有，不应仿北岸鱼鳞坦水之规，恐于事无济，徒为奸胥墨吏中饱开销，因不允所请。昨召见侍郎周煌，偶询及海塘之事。据奏，南塘自井亭至芦蒛河，又自芦蒛河至富家池，两工沙地去海甚近，为最险。自富家池至长山头土塘为次险。其意亦以为宜建石塘，朕以浙海向本无塘，自吴越王钱镠因建都临安始筑钱塘捍卫，其后遂相沿修缮，甃石日增，藉为北岸保障。亦因海潮大势趋北时多，不得不倍加防护耳。至南岸向系土塘，自古及今未闻其时有冲啮。且水势所趋贵于因势顺导，若亦束以石塘，使其势不能游衍，自非所宜。即如直隶之永定河两岸筑堤，议者尚有筑墙遏水之论，况海涛鼓荡嘘吸不可端倪者乎？朕于关系民生之事，虽数百万帑金亦所不惜。正恐徒事更张，行之无益而有损，不得不加慎重耳。若以为塘身距海渐近，不可不豫为筹备，亦正未必尽然。盖潮趋南亹，则萧山一带必当其冲。然数百年来，岂无一趋南岸之时？未闻萧山一带受其害也。或潮由中亹，虑与南岸尚近。则乾隆十六年，朕南巡时，海潮正由中小亹，彼时南岸之塘去海远近若何？现在海潮趋北亹，中亹尚未至，何虑及萧山乎？着富勒浑即行查明据实具奏。周煌又称石塘之说非倡自地方官，乃该处民人自愿捐修，赴省具呈。果尔，又不当过于拘泥。小民如果灼见利弊所在，欲图自卫，原可听从其便，亦如民间堤堰陂塘，随宜筑治。果属舆情利便，有司自不当抑遏不从，朕亦断不因有前旨稍存成见也。着富勒浑一并确查，据实覆奏。

（卷904，册20，页81—页82）

## ○乾隆三十七年四月（1772 - 5 - 3—1772 - 5 - 31）

○浙江巡抚富勒浑覆奏：绍兴府属山阴、会稽、萧山、上虞、余姚等县石土塘工，遇有残缺即当修筑。上年秋汛后，经臣分饬各道府相机筹办。向系民修者督令民修，官修者确勘估修。其萧山县应修塘工，该处士民等因本年麦禾丰收，又轮应蠲免，情愿合力增改捐修。兹查得萧山县井亭徐至芦蓘河、富家池、长山头一带土塘外所存老沙，自二三百丈至一百五六十丈不等。虽去海稍近，但坚土板沙较海宁北塘浮沙不同。复将土塘丈量，共长八百六十丈。现据该处士民加高培厚者四百一十丈，镶砌条块石工者二百五十余丈，其余接续趱办，可冀克期竣工。此段工程，非实在险要，似可毋庸更张。得旨：览奏俱悉。

（卷907，册20，页148）

## ○乾隆三十八年八月辛丑（十五日）（1773 - 9 - 30）

○吏部议准：浙江巡抚三宝奏称，杭州府属海宁县系海疆要地，赋重差繁，兼有塘工修筑，应升为州。其事简之湖州府属安吉州应降为县，并各改铸印信。从之。

（卷940，册20，页709）

## ○乾隆三十八年九月己未（初三日）（1773 - 10 - 18）

○浙江巡抚三宝疏报：永丰、永安、龙尾等塘，乾隆三十八年天涨沙涂田六百三十六亩有奇。

（卷942，册20，页736）

### ○乾隆三十九年六月戊戌（十六日）（1774－7－24）

○吏部等部议覆：浙江巡抚三宝奏称，杭州府属之翁家埠坐落仁和、海宁两州县适中交界，距省城五十余里，人民稠杂，必需专员弹压。查杭州府西海防同知于乾隆三十年将衙署移建该处，专司塘务。请嗣后一切地方事件，责令该同知管理。其人命、盗案、户婚、田土、词讼，仍令行知地方官查办。应如所请。从之。

（卷961，册20，页1021）

### ○乾隆三十九年七月癸丑（初二日）（1774－8－8）

○谕：浙江布政使员缺，现令徐恕暂署。其按察使印务经三宝奏，暂令孔毓文递署。但杭嘉湖道有海塘专责，孔毓文未便久令在省城署事。郑大进历任道府运使，尚能办事，现因服阕来至热河。着即前往浙江，署理按察使事务。

（卷962，册20，页1039）

### ○乾隆四十一年七月癸未（十四日）（1776－8－27）

○谕曰：三宝奏"杭州东防同知陈虞盛现在告病，所遗之缺，请以秀水县知县张图南升署"等语。近年海塘情形颇有可虑，西塘一带回溜顶冲，镶垫等事均须办理。该同知系专管塘务之员，工程正资熟手，何以急急告病？安知非见近年潮溜北趋，惟恐有事干碍，先为规避之计乎？该抚理应委员勘验并亲加覆勘，不应遽尔准行。即使其病属实，亦当留于工所，未便即准回籍。三宝何竟见不及此？着查明据实覆奏。至向来道府遇有告病之事，督抚具题到日，该部以应否准其回籍两请，内阁俱票拟双签请旨。朕视其本任无急需承办事务及原缺无关紧要，又非规避上司者，多准其回籍调理。其丞倅以下俱不由部核请，旧例尚未允协。嗣后同知、通判及知州、知县遇有告病乞休等事应作何核议两请之处，着该部另行定例具奏。至该抚所请以秀水县知县张图南升署杭州东防同知之处，并着该部议奏。

（卷1012，册21，页590）

## ○乾隆四十一年七月癸巳（二十四日）（1776－9－6）

○又谕：前据三宝奏《杭州东防同知陈虞盛现在告病，所遗之缺，请以秀水县知县张图南升署》一折。朕因该同知系专管塘务之员，工程正资熟手，何以急急告病，安知非心存规避，降旨该抚查明具奏。并令吏部将丞倅以下告病乞休等事作何核议两请之处另定条例具奏。今据吏部奏称"该同知陈虞盛已于本年三月分签掣贵州思州府知府，行文调取引见，该抚于五月内具题告病。其中有无规避升缺，行令该抚查明覆奏"等语。陈虞盛三月内已签升知府，乃于五月间具呈告病。自因贵州边缺，惮于远行，心存规避。三宝何以不察明情伪，率行转请？抑或如部中所疑，该抚因该员病废，恐接到部文始行奏请，转干平日不行甄别之咎，亦未可定，二者必居一于此。着三宝即行明白回奏，毋稍支饰干咎。将此由五百里传谕知之。

（卷1013，册21，页599）

## ○乾隆四十一年七月（1776－8－14—1776－9－12）

○浙江巡抚三宝奏：杭州府海防同知捐升知府陈虞盛患病情真，并无捏饰。该员经管工程均系石塘，本属平稳，非现需镶做紧要可比，是以五月十九日具题开缺。而铨选思州府部咨，于五月二十六日准到，并无规避。报闻。

（卷1013，册21，页607）

## ○乾隆四十一年八月辛亥（十二日）（1776－9－24）

○谕军机大臣等：据三宝奏报《仁和、海宁二州县海塘工程沙水情形》

一折，并照例绘图贴说进呈。据称"时值秋汛，潮水稍旺，南岸河庄、岩峰两山之北，阴沙逐渐袤延涨起，以致水势直向北趋"等语。潮势既向北趋，则老盐仓一带塘工最关紧要。潮信迁移无定，固非人力所能强为。而塘岸抵御潮头，不可不尽人事以为防卫。其华家衖及镇海塔各处俱值回溜顶冲，尤为险要。所有一切塘工，务须上紧镶筑坚固，以资保障。仍着将何时修补完竣及现在沙水情形迅速覆奏，将此传谕三宝知之。寻奏：遵勘本年潮汛坍卸各工，自华家衖东白字号起至华家衖西伏字号止，镶修柴工三百丈，业于七月二十六日完工。嗣因华家衖之西护沙又经潮刷低七十余丈，所有新修柴塘，其未经水临塘脚者尚有六十余丈。惟恐溜势上提，应再豫为镶修。随于伏字号起至道字号止，又接修二百丈，业经开工，不日完竣。其东塘镇海塔至四里桥现在涨沙仍长九百余丈。又四里桥至陈文港一带现在阴沙已露，计长一千九百余丈，与镇海塔迤东陈文港迤西老沙俱已联络，保护塘工大为有益。报闻。

（卷1014，册21，页613）

## ○乾隆四十二年六月（1777-7-5—1777-8-2）

○升任浙江巡抚三宝奏：曹殿迤南柴塘外添建竹篓工七百五丈，续修伏字等号篓工已竣。得旨：当亦渐次南行矣。寻奏：查勘老盐仓，望汛潮不猛激，其溜势由尖山西北，至陈文港一带折向西南，渐次南行，百灵效顺。批：不宜如此。朕不过察其消息盈虚之理，默为祈祷。至海神庙，仍当虔祭。又奏：华家衖迤西柴塘桩朽，应镶筑高厚，俟水临塘脚察勘办理。得旨：览奏俱悉。

（卷1035，册21，页874）

## ○乾隆四十三年四月戊戌（初八日）（1778-5-4）

○谕军机大臣曰：王亶望奏《三月分海塘沙水情形》一折，并绘图同进，朕细加披阅。现在潮势逼近北岸，塘外已不复有涨沙。其自普儿兜以东俱系石塘，断不能下桩砌石。朕南巡时屡经亲临阅视，实非石塘所宜，不得已筑建柴塘保护。然柴塘究不及石塘坚巩，倘有疏虞，所系匪细，不可不早为筹画。但潮信久不经由中亹，其阴沙积久坚硬，恐非急切所能冲刷。阅图中相近蜀山一带阴沙潮退始见，似其处涨沙尚嫩，因用朱笔点志两处。若照朱点起讫，自东南至西北宽开引河一道，似可令潮势改趋，久之或可冀渐刷老沙。虽不能复中亹之旧，而令潮渐南趋冀可北涨，亦未可知，自属补偏救弊之一法。但系就图指示难于悬定，着传谕高晋速赴浙江，会同该抚王亶望亲往相度，若果可行，即一面奏闻，一面施工赶办，以待秋时大潮通行。即或工程稍大需费较多，朕亦断不靳惜。况柴塘终不足恃，倘有冲损，必致侵碍田庐，所费当更不止此。且民生利病所关，其轻重尤较然可见。又岂得不为权度乎？此旨着由五百里发往，谕令高晋及王亶望知之，仍即将查勘可否办理情形迅速由驿覆奏。寻奏：钦奉朱笔点志处所，自东南至西北计长三千四百二十丈，挑挖试验，涨沙嫩软浮腻难以施工。且海潮大溜趋向西北，南边涨沙形势不定，并无河头可以吸流导引。纵使开宽，潮过即淤，虽多费帑金亦难见功效。批：既无法，只可尽力保护柴塘耳。又奏：章家庵一带老沙，海潮至此，为江流绕激回溜逼刷，老沙日就刷低。今于章字号至号字号，已新筑柴工五百丈，尚未建篓。又潮神庙前，自号字号至腾字号长三百丈，渐次临水，应赶筑柴塘以御大汛。此八百丈均应一律添建竹篓，并于柴塘西首接盘柴裹头一座，挑溜南趋。至安设竹篓，向以石块摆砌，并无桩木关栏。承办之员有捐添桩木者，甚为有益。但桩木不能深钉，难望坚实。请于竹篓外排列两层桩木，签钉到底，则篓不动摇，可保不致塌卸。得旨：此议是，应速行。

（卷1054，册22，页84—页85）

〇乾隆四十三年五月庚申朔（初一日）（1778－5－26）

〇又谕曰：……今高晋现往浙江会看海塘，萨载又有督办挑浚河淤等事，均难分身兼顾。

（卷1056，册22，页108）

## ○乾隆四十三年五月辛酉（初二日）（1778-5-27）

○又谕：……高晋前往浙省查勘海塘，如已竣事回程，亦着到该处一并入议。

（卷1056，册22，页110—页111）

## ○乾隆四十三年六月己亥（十一日）（1778-7-4）

○谕军机大臣等：王亶望奏《海塘工程沙水情形》一折。据称"镇海汛篾、规二字号内，鱼鳞石工塘外，请建筑坦水二层"等语。坦水保护塘工最为有益，从前塔山等处坦水俱用竹篓，颇觉得力。此处添筑坦水，似应亦用竹篓，自更足资捍卫。着该抚妥协办理，仍一面据实奏闻。至又据称岔口外面阴沙渐见刷塌，而七里庙一带新涨阴沙。此系极好机会，从此日渐南趋，亦未可定。向来海塘情形每两月奏报一次，现当紧要转关之时，朕心甚为廑念。着该抚于下月绘图再奏一次，以慰悬注。又披阅该抚进到之图未为清晰，该抚从前节次进呈之图，塘内用深绿，中泓用深蓝，阴沙用水墨，各色绘画分明。今此次所进之图仅用淡色勾描，不分深浅，未能一目了然。着并谕该抚，嗣后进图，仍照旧式分别颜色绘画。将此由四百里传谕知之。

（卷1058，册22，页145）

## ○乾隆四十三年闰六月（1778-7-24—1778-8-21）

○浙江巡抚王亶望奏：柴塘竹篓工程，向未定有保固年限。请嗣后承修柴塘竹篓，应以勘验收工日算起，经春、伏、秋三大汛方准限满。如三汛内有矬陷泼损，即着赔修。得旨：是。知道了。

（卷1061，册22，页189）

## ○乾隆四十三年九月辛亥（二十五日）（1778-11-15）

○工部议准：浙江巡抚王亶望疏称，海宁境内鱼鳞石塘被潮冲刷，请筑坦水二层。从之。

（卷1067，册22，页282）

## ○乾隆四十三年十月己未（初三日）（1778-11-21）

○谕曰：大学士管两江总督高晋、闽浙总督杨景素等合词陈奏《以江浙臣民望幸甚殷，且河工海塘皆冀亲临指示，恳请于庚子春再举南巡盛典，以惬舆情》一折。朕于乙酉南巡回銮时，因耆孺攀恋情殷，曾许以翠华再莅。然敬念圣母皇太后春秋已高，难以再奉安舆长途远涉，遂谕江浙大吏，不必更以南巡为请。而江乡士庶爱戴依恋之情状，未尝不往来于怀。距今已十有四年，其颙望悃忱自益肫切。且自前巡阅定五坝水志，以为展拓清口之准，下河从此遂免水灾。嗣闻黄河倒漾，所系甚重。因酌定挑浚陶庄引河，面谕萨载筹办。河成而清黄交汇处移远清口，不复有倒灌之患。但下游尚有停淤，亦不可不除其流弊。而一切善后事宜，若非临莅阅视，究不能悉其实在情形。至浙省海塘，近来潮势渐趋北岸，深为廑念，亦不可不亲为相度机宜。今高晋等既有此奏，着照所请，于乾隆四十五年正月，诹吉启銮，巡幸江浙，便道亲阅河工海塘。所有各处行宫坐落，俱就旧有规模略加葺治，毋得踵事增华，致滋烦费。至该督等以庚子年适逢朕七旬万寿，欲就近举行庆典，则断不可。朕本意以庚子年为朕七旬庆辰，越岁辛丑，即恭逢圣母九旬万寿。斯则敷天同庆，自当胪欢祝嘏，以抒万姓悃忱。今既不能遂朕初愿，尚复何心为己称庆？况朕跸途所经老幼欢迎，扶携恐后，未尝不顾而乐之。若经棚戏台，侈陈灯彩，点缀纷华，饰为衢歌巷舞深所不取，且非所以深体朕意也。不特江浙臣民不当为祝厘之举，即凡内外大小臣工，于朕七旬万寿时，亦不得请行庆典以及进贡献诗。若伊等谓欲藉以申其尊敬之诚，是转增朕心之不悦，尚得谓之忠爱乎？但天下士民遇朕七旬万寿，皆不免望恩幸泽，此则情理之常。朕亦何肯因不举行庆典并靳恩施乎？着于己亥年八月举行恩科乡试，庚子年三月举行恩科会试，以彰寿考作人之盛。至各省漕粮，于乾隆三十一年普免一次。兹蒙昊苍眷佑，累洽重熙。敬体天心，爱养亿兆。用是再沛恩膏，着于庚子年为始，复行普免天下漕粮一次。俾藏富于民，共享盈宁之福。所谓敛福锡民，庆莫大焉。其开科事宜，着交礼部查例办理。其各省漕粮应如何分年轮免之处，着交户部详悉妥议具奏。将此通谕中外知之。

（卷1068，册22，页294—页295）

## ○乾隆四十三年十一月丁酉（十一日）（1778-12-29）

○谕军机大臣等：据王亶望奏"浙江巡抚衙门额设养廉银一万两，诸事已敷用度。向因兼管盐政，于引费项下添有养廉银四千八百两及掣盐路费、赏赉等项公费银五千两，请一并裁减，拨充海塘经费"等语。自应如此办理，已批交该部知道矣。但历任浙江巡抚，因兼管盐政，养廉优厚。每将金珠镶嵌之如意陈设等项附贡呈进，耗物力而适形其俗，朕所不喜，向来多不赏收。今该抚既奏裁盐政养廉等项，更不必复为此无益之费。着传谕该抚，嗣后务须遵旨妥办，不得复以金珠镶嵌器玩呈献。

（卷1070，册22，页357）

## ○乾隆四十四年三月壬辰（初八日）（1779-4-23）

○谕军机大臣等：本日国栋奏海塘沙水情形折内，据称"西塘章家庵至潮神庙，老沙现长五百八十余丈，东塘韩家池迤西至陈文港之东，阴沙现长三千九百六十余丈，岩峰山东口门外，阴沙前有岔口之处，今已连成一片"等语。较之前次王亶望所奏折内，西塘则减至二十余丈，东塘竟减至七百余丈，其余各处情形又大略相同。因思王亶望所奏之折系正月二十八日拜发，而国栋之折则系二月二十一日拜发，相距已将一月，或海塘沙水偶有长落，亦未可定。着传谕王亶望，将二月内海塘沙水是否有长落之处，即行查明，据实具奏。将此由四百里传谕知之。寻奏：海塘沙水长落无常，逢大汛多冲刷。二月情形较正月不同，三月望汛后，东塘韩家池一带阴沙较二月又低刷数百丈。得旨：览。又批：此可虑也，一切应留心。

（卷1078，册22，页483）

## ○乾隆四十四年五月丙午（二十三日）（1779-7-6）

○谕军机大臣等：前据三宝奏称"俟新任巡抚到任后，前往浙江查勘海塘地方情形，并将一切应修桥座工程次第妥办，即兼程驰赴阙廷陛见"一折。彼时以该督补授大学士后尚未来京，是以允其所请。兹因增福患病甚剧，一时难以骤痊，已降旨将富纲补授福建巡抚。富纲初任巡抚，一切尚未谙练。海疆重地，未便令其即署督篆。若令王亶望兼署总督，而在浙亦难于遥制，三宝竟无庸进京陛见。至浙省应行查办事件，固应前往。但现在诸事俱已办有端绪，即有应行商办之处。浙省情形乃三宝所素悉，王亶望原可往返扎商，三宝到浙后即须候至明春迎銮，不能又回闽省，此时并不必急于到浙。且俟富纲到任办理数月，于地方情形稍熟，三宝再行赴浙，即至秋冬之间亦未为晚。至伊欲来京到大学士任，竟俟南巡回銮后。三宝将闽省应办之事稍为经理，再为陈请，朕当允行也。此旨着由四百里发往，并谕王亶望知之。

（卷1083，册22，页551—页552）

## ○乾隆四十四年五月（1779-6-14—1779-7-12）

○浙江巡抚王亶望奏：宁绍、嘉松两分司，每员额设养廉八百两。又因其经管永济、大有两仓，积贮米谷，诸多费用，于引费项下各给公费银四千二百两。查两分司公务无多，所得过优。况仓内米谷现已归地方官管理，事更简少。请每年每员酌给银二千两，尽敷公私用度。余银六千两，请裁归海塘经费项下报部充公。报闻。

（卷1083，册22，页558—页559）

## ○乾隆四十四年八月己巳（十八日）（1779-9-27）

○谕：前因江浙督抚等以两省臣民望幸，奏请巡阅河工海塘。已降旨，允于庚子春正月诹吉南巡。

（卷1089，册22，页624）

## ○乾隆四十四年八月（1779-9-10—1779-10-9）

○浙江巡抚王亶望奏：仁和、海宁一带海塘大汛已过，均属稳固。惟尖山石坝东南面老沙，现刷低二十余丈，底层中层竹篓俱系阴沙拥护，而上层已经显露。查此项竹篓坝工，外逼潮势，内护塘根，最关紧要。年久朽坏，须加砌面篓一层，拟乘冬令水涸时赶筑。至坝工向备块石一千余方，陆续动用亦应购足，庶几有备无患。得旨：甚是。即将来沙涨亦属有益，不可惜费。

（卷1089，册22，页636—页637）

## ○乾隆四十四年九月（1779-10-10—1779-11-7）

○浙江巡抚王亶望奏：仁和、海宁一带海塘内，东塘韩家池逍字号至莽字号共长二百八十丈，年久柴桩朽坏。本年夏秋，塘外护沙被刷，柴埽抽卸。请动项修整。报闻。

（卷1091，册22，页657）

## ○乾隆四十五年正月（1780-2-5—1780-3-5）

○浙江巡抚王亶望奏：仁和、海宁二州县一带海塘，时届孟春，潮汐尚属平缓。西塘章家庵至潮神庙之西一带老沙现长五百四十余丈，东塘韩家池塘外阴沙现长八十余丈，尖山石坝东南面老沙现宽十五丈，外接阴沙，宽二十余丈，计斜长一百余丈。底层、中层竹篓各二百，俱系阴沙拥护，上层竹篓显露二百。再塔山口从前起有中沙一道，约长三千四百余丈。今春水稍旺，逐渐刷低九百余丈。现在水势，南北两路分行，一切柴土石塘工皆稳固。报闻。

（卷1099，册22，页728）

## ○乾隆四十五年三月壬午（初三日）（1780-4-7）

○谕：海宁州石塘工程，所以保卫沿海城郭田庐，民生攸系。从前四次亲临，指授机宜，筑塘保护，连年潮汛安澜，各工俱为稳固。今朕巡幸浙江，入疆伊始即亲往阅视，石塘工程尚多完好。惟绕海宁城之鱼鳞石塘，内有工二十余丈，外系条石作墙，内填块石。历年久远，为潮汐冲刷，底桩霉朽，兼有裂缝蹲矬之处。又城东八里之将字号至陈文港密字号，止有石塘工七段，约共长一百五六十丈。地当险要，塘身单薄，亦微有裂缝。此塘为全城保障，塘下坦水所以捍护塘工，皆不可不豫为筹办。着将两处塘工均改建鱼鳞石工，俾一律坚稳，并添建坦水以垂永久，该督抚即派妥员确勘估计具奏。又石塘迤上，前经筑有柴塘四千二百余丈，现尚完整，究不如石塘之巩固。虽老盐仓有不可下桩为石塘之处，经朕亲见，然不可下桩处未必四千余丈皆然。朕于民瘼所系，从不惜帑省工，俾资保护。着该督抚，即将该工内柴塘可以改建石塘之处，一并派委诚妥大员据实逐段勘估，奏闻办理。如计今岁秋前可以办竣，即拨帑赶紧兴修。若秋间不能完竣，则竟俟秋后办理。该督抚其董率所属悉心经画，以期工坚料实，无滥无浮。务期濒海群黎，永享安恬之福，以副朕先事豫筹至意。

（卷1102，册22，页749）

## ○乾隆四十五年三月丁亥（初八日）（1780－4－12）

○又谕：朕清跸时巡，临莅江浙。原因廑念河工海塘，亲临阅视。兼以省方问俗，顺时行庆，非为游观计也。前屡经降旨，所有经过地方，止须扫除跸路，一切供顿，毋庸踵事增华。今浙省仍有添建屋宇点缀灯彩之事，兼多华缛，未免徒滋繁费，朕心实所不取。三宝、王亶望均着传旨申饬。嗣后如再有似此过费者，朕必加以严谴不能宽贷也。

（卷1102，册22，页752）

## ○乾隆四十五年三月壬辰（十三日）（1780－4－17）

○又谕曰：本日据军机大臣代王亶望奏称"海塘工程紧要，奉旨督办。今已丁母忧，自应解任回籍。但世受国恩，荷蒙重任。恳恩于治丧百日后，自备资斧，在塘专办工程，稍尽犬马之忱"等语。所奏甚属可嘉。着加恩驰驿回籍料理葬事，百日后即赴浙江办理塘工。朕念切民生，不惜数十万帑金建筑石塘，以资捍卫。必得工程巩固，以垂永久，庶浙民得沾实惠。今王亶望恳请在工专心督办，于工程更为有益。此非王亶望有恋缺之心，亦非朕开在任守制之例。实属伊具有天良，能以公事为急，大臣居心自应如此，君臣之间均可以令天下人共晓。至李质颖到任后专理一切巡抚应办之事，所有海塘工程，伊初到浙江，未能深悉，不必办理，庶彼此不致掣肘也。

（卷1102，册22，页757）

### ○乾隆四十五年三月癸巳（十四日）（1780-4-18）

○又谕：朕自三十年南巡以后，迄今十有五年。东南土俗民风易趋华靡，每勖督抚大吏谆谆化导，务期返朴还淳以臻郅治。而江南之陶庄清口、浙江之海宁塘工，其修举尤关民瘼。因允两省督抚吁请，于今春再举时巡之典。乃自启跸以来，所过直隶、江南一切行营供顿，不过就旧有规模略加修葺，办理尚为妥协。而从事浮华，山东已开其端，至浙江为尤甚，朕心深所不取。现在陶庄及海塘各工，经朕亲临指示，所有应行修理工程，特命颁发帑金，交该督抚等悉心妥办。将来工程完竣后，朕自当再亲莅阅视。恐后任督抚见此次所办差务已多粉饰，未免踵事增华从而加甚，势将伊于何底？朕临御四十五年，无日不廑念民依。乃以省方问俗之殷怀转贻口实，是诚督抚大吏之不能善体朕心，而朕亦将引以为愧矣。着再通饬各督抚，以后务宜黜奢崇俭，于地方诸大政实心经理。毋得徒事繁华，致滋浮费，以称朕惠爱东南黎庶之至意。

（卷1102，册22，页757—页758）

### ○乾隆四十五年四月乙卯（初七日）（1780-5-10）

○谕：朕此次巡幸浙江，由海宁阅视塘工，至杭州老盐仓一带，有柴塘四千二百余丈。虽因其处不可下桩为石塘，然柴塘究不如石塘之坚固。业经降旨,将可以建筑石塘之处一律改建石塘,以资永久保障。兹忽忆及该地方官及沿塘居民见该处欲建石塘,或视柴塘为可废之工,不但不加防护,甚或任听居民折毁窃用,致有损坏。则石塘未蒇工之前,于该处城郭田庐甚有关系。且改建石塘原为保卫地方之计,若留此柴塘以为重关保障,俾石塘愈资巩固,岂不更为有益?况当石工未竣以前,设使潮水大至,而柴塘损坏无可抵御,不几为开门揖盗乎?着该督抚即严饬地方文武官,将现有柴塘仍照前加意保固,勿任居民拆损窃用。将来石工告竣,迟之数年,朕或亲临阅视。尔时柴工倘有损坏,惟该督抚是问。

(卷1104,册22,页777)

## ○乾隆四十五年五月甲申(初六日)(1780-6-8)

○谕军机大臣等:前因浙江海塘改建石工,恐该处居民或视柴塘为可废,任意拆毁窃用,致有损坏城郭田庐,甚有关系。曾明降谕旨,令该督抚严饬地方文武官,将现有柴塘照前加意防护,以为重关保障。将来石工告竣之时,柴塘亦可留为外卫。此旨尚未据三宝覆奏。兹据三宝奏到折内,乃称"与司道等面加筹酌,紧靠柴塘之内下桩,筑砌石工。既可以柴塘为外护,则捍卫更为得力"等语。三宝此折,与朕前降谕旨大意适相符合。其是否业经接奉前旨,何以折内又无遵旨筹办字样?着传谕三宝,即将前旨曾否接到之处据实覆奏。

(卷1106,册22,页799)

## ○乾隆四十五年七月(1780-7-31—1780-8-29)

○浙江巡抚李质颖奏:仁和、海宁二州县海塘,当大雨时行之后,上游山水旺发,潮溜湍激,逼近范家埠一带,所有暑字号柴工之尾护沙日渐刷卸,请自暑字号至宿字号接筑柴塘一百丈。又藏字号篓工迤西柴塘之外,护沙亦多刷卸,请自藏字号至往字号接筑竹篓六十五丈。得旨:知道了。妥固为之。又奏:调字号起至藏字号止,柴塘长一百五十三丈零。前经总督三宝请建竹篓，以为外护。嗣因水大溜急不能施工，柴塘亦有塌折。臣屡勘情形，须用大桩签钉入土，方有关键。即饬员赶办，每根约长三丈内外不等，于柴塘边口内密排深钉，将底柴压实。随于上面加镶柴薪，不致塌折，俟秋汛一过，再为镶砌竹篓。得旨：好。知道了。

（卷1111，册22，页862）

## ○乾隆四十五年八月（1780-8-30—1780-9-27）

○（浙江巡抚李质颖）又奏：仁和、海宁二州县一带海塘，目下大汛已过，工程稳固。查西塘调字等号柴塘，前因潮溜湍激，间有塌蛰。现饬备贮料物，俟霜降后将竹篓赶砌。又前请接建暑字等号柴塘，所有底柴腰柴已经镶砌签桩，现在加镶面柴。其藏字等号接建竹篓工程，该处底沙尚高，亦陆续下篓签钉关桩，八月内俱可完竣。得旨：览。三宝所称涨沙之法汝等试行否？何总未奏及？

（卷1113，册22，页885）

## ○乾隆四十五年九月（1780-9-28—1780-10-27）

○原任浙江巡抚留办海塘工程王亶望奏：海塘需用木石购办敷用，择于八月二十八日开工。臣督同监工各员，按照分定界址，自辰字号起递行建筑。但大工经始，惟底桩为最重，亦惟打桩为最难。查潮神庙、翁家埠一带多系沙土，下桩微觉涩滞，必须加工签钉。倘稍有苟简，则虽筑砌紧严，钩灌整密，而根底松浮，塘身总难坚固。批：此断不可，慎之！若实有浮沙，不能下桩，亦不可回护前旨，将实情奏来。又称，现在到工桩木，虽必照原估径围尺寸方准量收，而钉桩之时，或匠役希图省力，或工员防范稍疏，致有私行削截之弊。臣严加查察，谆饬监委各员亲身量记，点验入槽，目睹如式签钉，俾寸未必皆入土，百密总无一疏。实料实工，在在坚好，庶塘身永远巩固。得旨：总以亲身往来查看为要，莫图安逸，且汝今更有何别事耶？

（卷1115，册22，页909—页910）

## ○乾隆四十五年十月（1780-10-28—1780-11-25）

○（原任浙江巡抚王亶望等）又奏：浙省商人呈称，现在办理塘工，情愿捐银二十万两，稍佐工用。得旨：知道了。此系有益彼桑梓之事，可行耳。

（卷1117，册22，页930）

## ○乾隆四十五年十一月癸未（初九日）（1780-12-4）

○谕军机大臣等：据王亶望奏"海塘下桩之后，即须砌石。浙省产石之山阴等四县，先后据报，采就石料二万余丈，运抵工所者止三千余丈，仅敷二千丈塘工之用。若先行尽力开槽，石料未能应手。浙省阴雨较多，倘槽底积水泥泞，转多未便"等语。石料为塘工所急需，自应上紧购办，克期趱运，以济要工。何以运抵工所者止三千余丈，以致未能应手？王亶望并非现任巡抚，不过令其在工督办，是以呼应不灵。李质颖现任巡抚，所有一切购料趱运皆其专责，岂可稍存诿卸之见？着传谕李质颖，即严催各属，将采就石料迅速运工，以备急需。李质颖如已起程来京陛见，即着富勒浑遵照速办。其在江苏洞庭等山分办太湖石料十一万三千七百余丈，并着传谕闵鹗元，速饬各属，毋分畛域，赶紧办运浙省备用，俾石料充裕，以济巨工。将此谕令李质颖等并谕王亶望知之。

（卷1118，册22，页935—页936）

○又谕：据王亶望、李质颖奏"将三宝录交涨沙之法择日配药，钉桩试办，总未见有涨沙，或系河流顺溜之处可以试行有验。若浙省沿海潮汛往来冲激，试行并无效验"等语。不知此法前因三宝面奏，得自王显绪，随令军机大臣传询。据称"曾听伊父王柔说，前任浙江海防道时，随总督嵇曾筠办理海塘，试过也曾有效"等语。果尔，此法正用于海塘，并非用之内河顺溜处所也。何以现在并无效验？大抵此等如治病偏方，必信为有用，虔诚配试，或可奏效。若疑信参半，先有一未必然之见。则配试时，自必不

93

能尽诚如法，更何以望其灵验？看来此事，伊等未免豫存成见矣。至现在办理塘工，原以督率员役购采石料，多集人夫，上紧修筑为正办。其配药系桩之法，亦可并行不悖。总在伊等尽诚试配，冀其于公事有济。安见偏方不可以治病乎？将此传谕王亶望、李质颖并谕富勒浑知之。

（卷1118，册22，页936）

## ○乾隆四十五年十一月癸巳（十九日）（1780－12－14）

○谕军机大臣等：据王亶望奏"十月下旬潮势渐减，各工稳固。惟章家庵一带，对面新涨阴沙，日渐宽阔，距塘仅二里有余。迤西头围地方又新涨阴沙一块，以致潮水转成湾势，直射塘身，回溜搜刷根脚。所有黄宇等字号竟属顶冲，水深二丈有余，木柜恐难稳固。现拟先从天字号柴塘以内先行赶办石工，并于天字号以西酌量添建石塘数十丈，以备险工"等语。所办甚是。海塘工程，从前该抚等原奏请辰字号办起。今章家庵一带既成顶冲，则自应先从天字号一带起。所谓急则治标之法，该抚等务须迅集石料昼夜赶筑，以防春汛将临。至阅图内章家庵对面新涨阴沙离塘仅二里有余，则或竟可望其再向北长与塘相连，逼溜南行，诚为不幸中之幸。此则全赖海神嘉佑，非人力所能勉强。若果阴沙北涨，则溜势可望改趋。朕意或从南岸港边一带涨沙施工，概行切去沙头，使溜势得从此南泻，未始非引溜之一法。但其事是否能行，朕亦不能悬定，已于图内点出。着传谕富勒浑、王亶望，即公同悉心筹画，据实迅速覆奏。亦不必因奉此旨，有心迁就也。仍具图贴说奏来。寻奏：现在勘定天字号迤西筑石工一百丈，迤东二百丈，以作柴塘后护，务于春汛前报竣。至新涨阴沙嫩软浮腻，既难施工，兼之潮挟沙行随切随淤，即多费帑金恐难取效。此时惟有内筑石工，外护柴塘，于顶冲处所添作柴工盘头一座，以挑水势，使大溜稍远塘根，防护较为周密。得旨：勉力坚筑石塘，目今要务也。妥为之。

（卷1119，册22，页942—页943）

## ○乾隆四十五年十一月丙申（二十二日）（1780-12-17）

○谕军机大臣等：本日据富勒浑、王亶望、李质颖会奏《海塘工程情形》一折。与本月十四日由驿递到之折相同。现在海塘水势，既较前又深丈余，且成顶冲形势，关系甚为紧要。自应上紧趱筑条块石塘，以期迅速完竣。至道员王燧、蒋全迪及工员等，现既委令督办工程，如果实心出力，工竣后自可加恩鼓励。倘因意存急功之见，止图草率完事，以致日后不能巩固，则惟富勒浑、王亶望、李质颖是问，恐伊等不能当此重咎也。再海塘工程，所关甚大，该督抚等自应协力同心，不宜稍存成见。乃前阅十一月初二日王亶望拜发折内，止称与富勒浑会同履勘，意见相同，而不及李质颖。朕尚意李质颖必已启程陛见来京，是以未经叙及。乃今日奏到之折系十一月初四日拜发，在前折之后又系三人一同列衔。是李质颖尚未起身，何以前折并不会奏？可见王亶望与李质颖竟有意见不和之处。封疆大吏同为国家督办大工，原当和衷共济，况又际险要之候。若如此各存畛域，又将何以集事？着传旨严行申饬。嗣后倘再不知悛改，亦不能稍为曲贷也。将此由六百里传谕该督抚等知之，并令迅速覆奏。寻奏：现在赶办石塘，率员随时查勘，不敢丝毫草率。至筹办章程，均与臣李质颖会同妥商，俱不敢稍存歧视，自取重谴。得旨：览。有则改之，无则加勉可也。

（卷1119，册22，页945）

## ○乾隆四十五年十一月壬寅（二十八日）（1780-12-23）

○又谕：据闵鹗元奏，江苏省分办浙省海塘石料十一万三千七百五十丈，先经太湖厅吴县禀报，按日计算，一年止可出石五万余丈，不及办数之半。当同陈辉祖商酌，于江省凡有产石之区，委员博采广收。今太湖石料已经凿成，运至水次者七千余丈。此后源源济运，不致有误。至"常州府属之宜兴、荆溪二县山石，石质松脆，线纹碎裂，难以见方成丈，未能适用"等语。所奏未见实心，不过虚应故事，已于折内批示矣。海塘工程，自朕南巡降旨修筑后，在江苏分办石料已有成议。彼时接准浙省来文，即当豫为筹办。乃直至九月内，陈辉祖接署督篆始行奏明催办。可见萨载等在任时已不免于迟缓，闵鹗元又复虚文塞责，殊属非是。至宜兴、荆溪石质虽松脆不能供用，而此外附近产石地方尚多。即如朕南巡经临无锡时，望见惠山北首一带俱有采石旧窝。则其余朕所未见者，正不知凡几。何以并未筹及一处？可见外省于承办隔省事件，总不肯实心实力。闵鹗元着传旨申饬。海塘关系民生甚巨，倘再不上紧办运，致误要工，恐不能当其咎也。将此传谕闵鹗元并令陈辉祖知之。

（卷1119，册22，页950—页951）

## ○乾隆四十五年十一月（1780-11-26—1780-12-25）

○原任浙江巡抚王亶望等奏：海塘黄字字字号等处已成顶冲，议于柴塘以后赶办抢险条块石塘三百丈，以备春汛，奏闻在案。兹将石塘图说，并赶办抢险情形缮折进呈。得旨：诸凡用心，为之以实可也。

（卷1119，册22，页952）

## ○乾隆四十五年十二月丁未（初三日）（1780-12-28）

○谕军机大臣等：前据闵鹗元奏"宜兴、荆溪二县山石石质松脆，难以见方成丈，未能适用"等语。所奏未见实心，已传旨申饬并面谕萨载，回任实力督办矣。海塘工程所用石料，原有里外层之分，所谓背后石料也。若不能多购坚细石料，原可酌量于顶冲处所，用坚细石料以御潮汐冲激。其潮平水缓之处，将里层酌量间用宜兴、荆溪石料未始不可。且即闵鹗元在吴县、太湖所采及王亶望在浙所购石料，亦岂无一二石性松脆者？乃闵鹗元竟以宜兴、荆溪石质线文碎裂未能适用，一奏塞责。此总因邻省事务漠不关心，如越人视秦人之肥瘠，实属非是。着再传谕闵鹗元，务须痛改积习，实力督率属员认真采办，迅速赶运浙江，以备海塘要工之用。至王亶望等接收石料时亦当酌量情形，搀搭配用，使要工速竣而办理不致掣肘。将此由五百里发往，并令富勒浑、王亶望知之。

（卷1120，册22，页954）

## ○乾隆四十五年十二月己酉（初五日）（1780－12－30）

○谕军机大臣等：据富勒浑等奏"现在赶办海塘，将黄宇字号顶冲处所于柴土塘后趱砌石土，外用条石，内填石块，加高培厚。每丈用桩木八十根，可减鱼鳞石塘之半。一面严饬于杭、嘉、湖、宁、绍五府委派员役，多雇人夫添安桩架，上紧赶办以防春汛，并严催承办石料各县分头赶办，勒限运工备用"等语。自应如此办理。至需用石料，屡经降旨，传谕闵鹗元督率属员认真采办，迅速赶运赴浙。并因石料有里层外层之分，其顶冲处所自应用坚细石料，以御潮汐。至潮平水缓之处，不妨以宜兴、荆溪等处山石间用。已谕知闵鹗元实力采办，并谕王亶望等于接收石料时酌量情形，挽搭配用。但浙省亦须就近设法采办，不可专恃江苏一省购运。着传谕富勒浑、王亶望等，务须通盘筹画，实心经理，以期要工速竣，不可稍存观望之见。

（卷1120，册22，页954—页955）

## ○乾隆四十五年十二月丁巳（十三日）（1781－1－7）

○谕军机大臣等：据闵鹗元奏《办理浙江海塘石料情形》一折。所奏辞支而费，已于折内批示矣。其所称移匠鸠工，费省事速之处，办理尚是。至称"现在飞饬藩司璿龄驰赴惠山北首一带察看旧采石塘，并就近各处是否有石可采堪供塘工之用，一律筹办"等语。海塘工料关系巨工，需用甚急。闵鹗元到任后，即当豫为筹办，多方试采。江苏等处产石地方尚多，即如惠山北首一带俱有采石旧塘。朕南巡经临无锡时，尚然望见。闵鹗元身任地方，岂竟毫无见闻？乃必待朕降旨饬谕，始饬璿龄前往察看，以为塞责之地，则其从前未经实心办理可知。若其石不可用，即当据实奏闻。乃闵鹗元并不切实引咎，徒以文笔支辞，掩饰其过，以当覆奏。此等虚文，岂能于朕前尝试乎？闵鹗元平日办事尚属认真，不应若此，着传旨申饬。至宜兴、荆溪石料可备里层塘工之用，不妨酌量搭配。屡经传谕闵鹗元，应遵照前旨速行筹画覆奏，此后务须督率属员采办，迅速赶运，以济巨工。将此谕令知之。寻奏：无锡惠山北首，勘明沙石零星，无可采用。只因土色带黄，居民挖土以培工作，是以遥望似系旧开石塘。查该县之西洋山石与荆宜二处相仿，亦可采为里石之用，并令一体开采。报闻。

（卷1120，册22，页961—页962）

## ○乾隆四十五年十二月丁卯（二十三日）（1781－1－17）

○谕：浙江海宁改建石塘，以王亶望曾为浙抚，且肯担当其事，因命在工督办。但伊在服中，不令与地方之务，此朕用人不得已之苦心，屡经降旨，中外共知。近因王亶望与李质颖有意见不合之处，兹李质颖来京召对时，奏及"改建石塘后柴塘土塘仍须岁修，以资保护"等语。朕从前亲阅塘工老盐仓一带难以下桩，素所深悉。但思难以下桩处所，其长不过数里，非数十里之柴塘皆不可下桩改石也。其余可以下桩处所若一律改石塘，岂不为一劳永逸之计？乃李质颖今有是奏，此事关系重大，朕亦不能悬断。着大学士阿桂同李质颖驰驿前往，会同富勒浑，将李质颖、王亶望所见不同之处秉公确勘，据实覆奏。至王亶望实丁忧之人，朕因一时不得其人，是以令其驰驿回籍治丧，事毕即至浙办理塘工。原为公务起见，其家属自应即回本籍守制，以尽私情。乃据李质颖奏，伊家属仍住杭州，安然聚处，朕闻之为之心动。王亶望并非无力令眷属回籍之人，似此忘亲越礼，实于大节有亏。为大臣者如此，何以表率属员维持风教？从前伊父王师，品行甚正，无负读书，不应有此等忘亲越礼之子。养心殿暖阁，恭悬皇祖圣训，有孝为百行之首，不孝之人断不可用。朕每日敬仰天语煌煌，实为万世准则。王亶望着革职，仍留塘工，自备资斧，效力赎罪。若再不知自咎，心怀怨望，不肯实心自效，图赎前愆，朕必重治其罪矣。至三宝以大学士管理总督为维持风化之首，今日当面问彼，乃称实知其事亦不以为怪。富勒浑现为总督，于此等有乖名义之事，何不据实参奏？均着交部严加议处。李质颖到浙已久亦并未奏及，直待降旨询问，始据实具陈，亦着一并交部议处。至科道于寻常细故往往撺拾具奏，似此为大臣之人，于名教攸关者转更缄默不言。设如有贪酷擅权者，亦将寒蝉矣！国家又何藉此言官为乎？其籍隶浙省之科道尤不应毫无见闻，何以并无一人入告？斯岂风闻所弗闻乎？着令该省科道等明白回奏。

（卷1121，册22，页966—页968）

## ○乾隆四十五年十二月戊辰（二十四日）（1781-1-18）

○谕：海塘工程，关系重大，必得广集众思，以期经理妥善。陈辉祖于此等事务尚能留心讲习，现在萨载已回两江总督之任，所有南河总河印信暂交萨载兼署。陈辉祖俟大学士公阿桂经过清江浦时，即会同前往海塘，与富勒浑等公同履勘筹酌，详悉妥议具奏。

○谕军机大臣等：浙江办理海塘石工，朕因王亶望与李质颖有意见不合之处，节经降旨申饬，令其和衷办理。今李质颖来京，面加询问。据奏，王亶望有家眷不回原籍等事，已明降谕旨，将王亶望革职留工效力。并着大学士阿桂前赴海塘，详勘奏办矣。海塘工程紧要，富勒浑现在兼署巡抚，自宜加意督办，不可意存歧视，致有贻误。所有《李质颖具奏王亶望欲将留工各员派署地方印务及欲令商人造办海船二事》一折，并明发谕旨一道、阿桂等议折一件，一并钞寄富勒浑阅看。富勒浑接奉此旨，于阿桂未到以前，务须留心严密查察。毋致有掩饰弥缝诸弊，俟阿桂到浙会同办理。若彼时阿桂查出有掩饰弥缝之弊，富勒浑之罪不可问矣。慎之！将此由六百里谕令知之。

（卷1121，册22，页968）

## ○乾隆四十五年十二月辛未（二十七日）（1781-1-21）

○谕军机大臣等：据富勒浑等奏"范家埠对面水底阴沙渐阔，大溜日逐移西。由天字号以上数十丈刷成兜湾，逼塘而下。所有添筑柴塘，业已数十丈临水沿塘溜势俱属湍激，现将柴塘加意保护。其赶筑之抢险石塘，于拟筑三百丈外，东西各添筑一百丈，方与塘外水势情形，足备捍御"等语。该处既成兜湾形势，大溜湍激西趋，所有抢险石工自应酌量添筑。富勒浑务须督率在工各员上紧赶办，毋稍弛懈草率。至目下刷溜光景颇为险要，何不以此实在情形绘图贴说呈览？着传谕富勒浑，即行详悉绘图贴说具奏。至所称"石塘，必须豫留坦水地步，庶缓急有备。现筑石工塘脚，离柴塘土戗二三丈不等。该处即偶有民居，不过板屋土房，亦可给费迁移。其纳粮民地，俟工竣照例分别办理"等语。朕思现在柴塘比坦水更为得力，何必又多留地步转将柴塘置之无用？况该处民居虽称仅系板屋土房，但小民安土重迁，即量给移费，亦未必尽皆乐从。此事尚非刻不可缓，俟阿桂等到彼后，与富勒浑详悉覆勘，公同酌议，再行办理。将此由六百里传谕知之，并令将现在情形绘图贴说，迅速由驿覆奏。

（卷1121，册22，页971）

## ○乾隆四十五年十二月壬申（二十八日）（1781－1－22）

○谕：前以王亶望留办浙江海塘工程，不令家眷回籍守制。而籍隶浙省之科道并无一人入告，因传旨令其明白回奏。今据该科道等奏称，王亶望于制中眷属聚处一事，实无所闻，殊属巧辩。巡抚家属留住省城，本属人所共知。本省科道何至毫无闻见？昨以三宝、李质颖知有此事，经朕面询，即据实具奏。但其不知大义，视为故常，不以为怪，已非情理。若似该科道等于传旨询问时犹复托词巧辩，并不各自引咎，其不是更大？该科道等俱着交部严加议处。

（卷1121，册22，页972）

## ○乾隆四十六年正月丙戌（十三日）（1781－2－5）

○谕军机大臣等：本日据富勒浑覆奏，接奉王亶望革职留工效力谕旨，折内止称俟阿桂等到工履勘，公同酌议办理，并无惶悚引咎之语。殊属非是。前以富勒浑现任闽浙总督，而于王亶望留眷在杭一事并不据实参奏，是以降旨同三宝等交部严加议处。该督接奉此旨，自当切实引咎，何乃竟无一语提及？至王亶望如此有亏大义，朕并未重治其罪，尚令留办海塘，尤应自知感悔。即伊扪心自问，无颜对人，亦岂容隐饰？于君父之前竟如无此事者，岂尚屈抑伊乎？至革职之后不敢具折，亦当呈请富勒浑转奏谢恩。王亶望曾任巡抚，何竟昧昧若此恬不为事耶？至富勒浑折内称"因各府县本任俱有应办事件，不能驻工经理。酌委丞倅佐杂人员在工，管束人夫经手钱粮，俾各有专责，不致诿卸"等语。自应如此办理。前据李质颖奏，王亶望欲将留工各员派署地方印务，朕彼时即以王亶望为非是。今富勒浑所称现任之员不能在工分理，可见前此王亶望所见甚为纰缪。然此尚其过之小者，是以姑置勿论。但富勒浑于此事何以从前亦未奏及？是伊竟是一糊涂无能为之人，于事理全未明晓，岂身任总督者应若是乎？富勒浑着传旨申饬。至折内称"石塘之外必须另筑坦水，若即以柴塘作坦水，每年必须岁修"等语。前以李质颖面奏，改筑石塘后，柴塘仍须岁修。是以降旨，莫若即以柴塘作坦水更为得力。据富勒浑所言，是石塘外必须另筑坦水，将来柴塘可以不必岁修，与李质颖前奏互异，殊不可解。着传谕阿桂等，于到工时，即公同详悉履勘。将富勒浑、李质颖所言，孰是孰非，确按情形妥慎筹画，据实具奏。将此由六百里传谕知之，富勒浑折并钞寄阿桂等阅看。

（卷1122，册23，页7—页8）

## ○乾隆四十六年正月戊子（十五日）（1781－2－7）

○谕军机大臣等：据富勒浑奏"报销办差经费钱粮实用银十九万八千七百余两，均系实用实销，并无浮冒"等语……着传谕阿桂，于查勘海塘时，就近将差费报销之事确实查核。即李质颖所奏通融办理，亦不过含浑之词。其实在如何办理之处，阿桂务须秉公查办，并将差费确数核实奏销，富勒浑折着钞寄阅看。将此由六百里传谕知之。

（卷1122，册23，页10—页11）

## ○乾隆四十六年正月己亥（二十六日）（1781-2-18）

　　○又谕：据富勒浑奏《抢修石塘工段暨现在沙水情形》一折。内称"范家埠塘外阴沙一块中冲水沟，大溜逼近塘根。因于顶冲处所添筑柴工盘头一座，随按筑护沙埽牛三十丈，并添筑挑水坝，察看潮势，仍逼近章家庵一带遄行。至新建盘头挑水坝处所，大溜挑开老沙，藉以无坍，随复拟于万嘉庙塘外添筑盘头一座，俾上下帮助，以挑来回大溜，使之回向南趋。余俟阿桂等到工，再行公同履勘情形，筹议具奏"等语。已于折内批示矣。至详阅图内所筑上下盘头二座，其顶冲形势，较之章家庵尚为稍减。该处施工筑做盘头，似未十分得力。朕意莫若竟于天字号章家庵处所赶筑盘头一座，使溜势向外挑开，不致复逼塘根，已于图内用朱笔圈识。着发交阿桂等阅看，将是否应如此办理之处，公同察看情形，详酌妥议具奏。将此由六百里发往，令将如何筹办缘由，即速由驿覆奏。

　　（卷1123，册23，页16）

## ○乾隆四十六年正月壬寅（二十九日）（1781-2-21）

　　○谕军机大臣等：据阿桂等参奏杭嘉湖道王燧贪纵不职各款，现已明降谕旨，交阿桂严审定拟具奏矣……非此次阿桂等前赴海塘勘工，将伊款迹访查确实专折奏闻，则朕何由得洞悉？富勒浑等平日所司何事耶？若论失察之咎，将来定案时，该督抚等自当量予处分。然亦不过革职留任而止，伊等亦未必畏惧。除大学士三宝就近令军机大臣等传询外，着传谕富勒浑、李质颖，令其扪心自问应得何罪，即行具奏。

　　（卷1123，册23，页17—页18）

　　○又谕曰：阿桂等奏《勘海塘工程情形》一折。据称"现在赶筑之抢险条块石塘五百丈，所谓急则治标之计，实为刻不容缓。至察看工程，钉桩三万四千余根，砌石二百五十余丈。一切做法尚为紧密，惟有严饬各员上紧筑砌"等语。此时亦只得如此办理。惟折内所称"李质颖前在工所，目击钉桩甚难，每日打桩止二三根，而自十一二两月以来打桩至数万根。何以难易迥殊？询之监督等官，据云先将尖竹签试，再钉桩木，施工较易。犹恐夫匠有削锯桩木、偷减尺寸情弊，再俟赴工刨验各"等语。阿桂等既恐有此等弊端，自当立行刨验，岂可俟再赴工所始行刨验？已于折内批示。此时阿桂等谅已验明，应即据实速奏。又奏称：富勒浑欲豫留坦水地步，李质颖仍欲岁修柴塘。俟李质颖到工一并勘实，另行具奏一节。看来富勒浑与李质颖于海塘一事，均不能确有定见切中机宜，而李质颖尤不肯用心出力。即如商捐银二十万两，李质颖因与王亶望意见龃龉，即称王亶望欲令商人造船。今据阿桂等查案，系在王亶望未到浙省之先，灶户等呈请令商人造办，经李质颖批饬盐道办理，今何以转将造船一事专诿之王亶望？此处应问李质颖，从前因何如此陈奏，自蹈面欺之罪，令其明白回奏。看来李质颖竟属全无天良，即在广东正署督抚任内甚久，于茭塘沙湾盗薮肆劫一案，因循贻患。幸得李湖接任后上紧设法办理，始行彻底拿获，净绝根株。可见李湖能以公事为事，具有天良。李质颖则惟恐剿捕群盗，致烦兵力，遂尔姑息养奸，任其滋蔓，贻害地方，竟属全无良心。此案李质颖不过交部照例议处。乃近日广东学政道员等来京，朕询以此案原委，俱称实由李湖立意办理，始能为地方除害，即李天培亦不欲用兵剿捕。曾面经李湖诃斥，并云若差往捕缉兵丁设为盗贼所伤，伊巡抚即当亲身前往，万一亦为所伤，国家自能为之复雠，以彰国宪。为大臣者居心如此，始为不负任用之恩。若如李质颖之幸免无事，罔顾天良，国家又安赖此督抚为耶？朕临御四十六年以来，兢兢业业，无时无事不以敬天爱民为念。仰蒙上天眷佑，宁谧顺成。然朕总不敢自恃，稍弛敬畏之念。若为大臣者，不知敬畏存心奉公守法，则天理亦必不容，断难逃朕洞见。内外大臣等皆当共知警惕，各自凛守。毋谓命运恩眷，可恃无恐，遂尔恣肆无忌。如李侍尧岂非目前榜样耶？将此传谕阿桂等知之。

（卷1123，册23，页18—页19）

## ○乾隆四十六年正月癸卯（三十日）（1781－2－22）

○又谕：昨据阿桂等参奏杭嘉湖道王燧骄纵不法行同市侩，民怨沸腾，已降旨革职拿问，交阿桂等严审矣。至富勒浑、李质颖身为督抚，岂竟毫无见闻？乃并未据实劾奏，所谓整饬吏治者安在？且伊等于现办海塘事务茫无确见，在彼谅亦无用。富勒浑、李质颖俱着来京候旨。陈辉祖向于河工事务尚能留心讲习，海塘修筑机宜大略相同，着授为闽浙总督。至福建现有富纲在彼，已历年余。陈辉祖即在浙省督办塘工，并兼管浙江巡抚，俟海塘工竣再往福建。其浙江巡抚员缺，届期另行简放。所有江南河道总督员缺，着李奉翰调补。河东河道总督员缺，着韩鑅补授，即速赴任，俟过伏秋汛再来京请训。李奉翰俟韩鑅到任交代后，即赴南河之任，亦不必来京请训。其江南淮徐河道员缺，着何裕城调补。河库道员缺，着刘锡嘏补授。

（卷1123，册23，页20）

○谕军机大臣等：昨据阿桂等参奏，杭嘉湖道王燧买部民之女为妾，并于省城置买房屋花园，开设银铺，种种劣迹，同城督抚岂得毫无见闻？所谓察吏者安在？已明降谕旨，令富勒浑、李质颖来京候旨。伊二人于海塘工务皆不能确有主见认真留心，尚非王亶望、王燧之可以分段派办塘工使过者比。伊二人应留塘工，或留一人，或俱不必留工之处，着阿桂等酌定，据实具奏。

（卷1123，册23，页20—页21）

## ○乾隆四十六年正月（1781－1－24—1781－2－22）

○江苏巡抚闵鹗元奏：据吴县、太湖厅禀报，办解浙塘石料，除十二月底已起运三千丈外，现于正月再运一千丈。惟太湖厅工匠不敷开采，随将江宁镇江等处工匠调到三百余名。又委员赴安徽宁池等处添雇三四百名，此后按工计料，即可加倍起运。其宜兴、荆溪遵旨取用里石，现已集工开宕，均可接济。报闻。

（卷1123，册23，页21）

## ○乾隆四十六年二月壬子（初九日）(1781-3-3)

○谕军机大臣等：据阿桂等筹议"海塘工程，除老盐仓一带一千七百丈沙性涩汕，难以下桩砌石外，所有应建石塘共二千二百丈，若一律改建鱼鳞石塘，所用夫役木石及运送船只甚多。若做条块石塘，比鱼鳞不过三分之一，施工易而成事速，约计四十七年内可以蒇工。从前嵇曾筠所办东塘抢险石工尚属巩固，则酌增工料加添丈尺，亦仍可垂诸远久"等语。所奏是，已于折内详悉批示矣。老盐仓一带沙性涩汕，难以下桩，从前朕本亲经试验。所有该处塘工一千七百余丈，只可仍存其旧。王亶望欲一律建筑，自属固执己见。然其意出于要好，尚其过之小者。至此外应建之二千二百丈，既可仿照条块石塘做法，较鱼鳞塘工易而成速。则现在办法，亦大约不出于此。着传谕阿桂等，一俟履勘确实，众议佥同，即速上紧兴工办理。将此由六百里传谕阿桂等知之。

（卷1124，册23，页28）

## ○乾隆四十六年二月丙辰（十三日）(1781-3-7)

○谕军机大臣等：据阿桂等奏"海塘沙水形势。旬日以来，北岸范公塘一带老沙已不复坍卸，水势稍为南趋，对面近北阴沙日见刷低逼塘大溜亦少平缓，此实转机佳兆。因往来察看，除从前所筑上下盘头二座外，现于黄字号赶筑盘头一座，章家庵盘头迤西七十丈再添筑盘头一座，俾上下帮助，以挑来回大溜，使潮势日向南趋，阴沙大加刷汕"等语。所办甚好，应速为之，已于折内批示矣。涨沙原无一定，今水势既渐已南趋，北岸老沙不复坍卸，此诚潮神显佑，大有旋转之机，朕心深为欣慰。此时所筑盘头既甚得力，自应督率在工各员上紧趱办，使大溜日渐开远。其赶筑护沙柴埽二百丈，亦应照办，以为保护之计。至所称刨验桩木，缘沙啮桩牢，用尽人力，终不能拔动。若刨验又恐伤动过多，是以不复刨验等语。所奏是，亦于折内详悉批示。从前所钉桩木，现既不能刨起，则其结实可知，转不必复行刨掘，致多损折也。将此由六百里发往,并将现在筹办塘工情形,迅速由驿驰奏。

(卷1124,册23,页31—页32)

○又谕曰:阿桂等覆奏《富勒浑、李质颖俱不必留工》一折。据称"李质颖血气已衰,不能有所担任。富勒浑于塘工一事,就其才力尚属奋勉,并未心存膜视。但恐离任之后呼应不灵,于工程究属无益"等语。所奏自属公论。李质颖于海塘工程全不能有所担任,自不必留工协办。即富勒浑于工务虽较为认真,但既接任有人,且伊虚衔留工转致掣肘,仍是有名无实,自应俱令其来京候旨。将此传谕阿桂、陈辉祖知之。

(卷1124,册23,页32)

## 〇乾隆四十六年二月甲子(二十一日)(1781–3–15)

○谕曰:工部侍郎杨魁着驰驿前往浙江,专驻海塘工所,帮同闽浙总督陈辉祖办理塘工事务。

(卷1125,册23,页40)

○谕军机大臣等:据阿桂等奏《勘办浙省改建石塘》一折。内称"前奏请仿照条块石塘酌增工料,加添丈尺,以期施工易而成事速。今遵旨悉心履勘,通盘筹酌,条块石塘究不如鱼鳞石塘之坚固。按工计料,办理鱼鳞石塘二千二百四十丈,工料脚价约估银三十余万两。督率工员上紧赶办,计四十七年冬间可以完工。应如所奏办理。惟在实力妥为,以期久安黎庶,已于折内批示。至所称老盐仓立字号至积字号二百余丈不能钉桩处所,应请仍留柴塘。其余一千五百丈用桩夯打,至四个半时辰打下一丈四五尺,即不能再打,沙嚙桩牢,力能擎石。或可一律筑砌,或应仍存其旧"等语。俟阿桂到京时面奏,亦于折内批示。又据另折奏称"桩架一副用夫十三名,每日钉桩二根,按例每桩一根销银五分,承办各员需帮贴银七八钱不等。查有浙省商捐银二十万两一项,除造船用银约一万两,尚余银十九万两,恳请赏给海塘以为钉桩夫役额外贴费,毋庸造入报销"等语。自应如此办理。不然,此项何用?至所请毋庸报销之处,不报部可也。总不奏明则不可,亦于折内详晰批示。此项商捐银两,着即赏给该处塘工,交与陈辉祖严饬工员实力妥办,不许丝毫累民,俾称其值而民乐于从事。敷其用而功易于告成,方为妥善。且不特商捐一项,即王亶望等前请认罚银两及王燧、陈虞盛等查抄之项,均应归入塘工项下,实用实销。如有余存,届期陈辉祖另行请旨。再陈辉祖以总督兼巡抚,事务繁多,自不能常驻工所。王亶望又系革职之人,呼应不灵。署工部侍郎杨魁久任江南,于江浙情形熟悉。着派往浙江,专驻海塘工所,帮同陈辉祖办理海塘事务,于公务较为有益。除明降谕旨外,将此由六百里传谕阿桂、陈辉祖知之。

(卷1125,册23,页40—页41)

○乾隆四十六年二月己巳(二十六日)(1781-3-20)

○钦差大学士公阿桂等条奏修筑海塘事宜。一、改建鱼鳞石塘二千二百四十丈,原设东西两防同知,责任綦重。请于现任丞倅内选干练数员,各认段落经手办理,即以两防厅及委令协办者为承办之员。其查收物料稽察工作,即以奏留及拣发来浙之丞倅知县分段派委,定为监办之员。至杭嘉湖、宁绍台二道,为督办大员集料鸠工,稽查派委,皆其专责。王亶望本系总办,应令常川督催。其工程做法,臣仍与公同筹酌。如各有所见,许令具折陈奏。一、应用条石二十五万四千八百丈,应照原议,浙江、江苏二省分办。查鱼鳞塘逐层收分需厚一尺、宽一尺八寸条石方能间砌压缝,现飞咨江省,按照尺寸趱办。至浙省运石船,绍属现有三百六十只,由外海济运,每月饬运五千余丈。湖属由内河运工,每月饬运三千余丈。加以江省按月济运,自足敷用。一、应用排桩木及梅花桩,原派金、衢、严三府属承办。每月约办塘一百丈,应用桩木一万五千根。分于各该县余银内勒限采运,责成各该府催解,并饬州县雇觅钉桩人夫到工。至塘工首重底层,现派佐杂各员,分段按照桩木围圆长短尺寸,亲身量记,点检入土如式。一、各处采办木石应先出示,将给发采购装运各价晓谕,如有短价勒派情弊,严行参处。其运解到工时即令解役,一面报明总理道员,一面持印票批文,自投管收专员处立为验收，并用该员印信给与回照。一、本年应办塘工一千二百丈，拟分三次，每次开槽四百丈，俟钉桩已竣即挨次开挖。其附塘民居给银迁移，务令丰裕支给，并饬承办各员，每五日将签桩若干、砌石若干，开具清册，申送查考。王亶望率同杭嘉湖、宁绍台道往来稽察，臣仍随时赴工，携带原册查验。一、原请留浙十五员，续留四员。又续请拣发十二员，内丞倅知县十六员。每次办四百丈，每员监办五十丈，止需八员敷用。应分两班替换，其佐杂十五员亦分两次派委，统俟工竣补缺。如有怠玩者即行参处。得旨：诸条皆妥，依议行。

（卷1125，册23，页43—页44）

## ○乾隆四十六年二月庚午（二十七日）（1781-3-21）

○又谕：据阿桂等覆奏，到浙后，留心密访王燧、陈虞盛积存赀财何以有数十万之多。查上年办差侵肥情弊，不特陈虞盛业经身故无人首举，即王燧为众所忿怨，亦无首告之事。其所侵肥，总不出于商办及各官捐廉两项。又据王亶望称"伊二人办差侵冒亦所不免。但上年办差从未派及地方，可以查讯"等语。商办官捐，岂王燧、陈虞盛所应得者乎？已于折内批示。此案既经查有侵冒实据，其罪即无可逭。使陈虞盛尚在，亦当一并治罪。至阿桂等定拟王燧罪名，仅予发往伊犁，实属失之轻纵，今已交刑部另行定拟绞候，此案亦即可就此完结，朕意亦不欲再有株蔓。但王亶望系聪明之人，看来阿桂到浙后，王亶望自知罪重，自必过为曲谨。阿桂见其情状可悯，未免面重见怜之意。即如阿桂等具奏海塘工程事宜折内，尚有王亶望如果各有所见许令具折陈奏之语，可知阿桂之查办此案不能不为王亶望存留地步。此等处，岂能出朕之洞鉴？特朕亦不肯为已甚耳。将此由六百里传谕阿桂知之。

（卷1125，册23，页45）

## ○乾隆四十六年三月戊戌（二十五日）（1781-4-18）

○又谕曰：陈辉祖奏，福宁镇总兵范宜恒、福宁府知府王若常因训导林肇煌诬兵拐衣肇衅，致镇府互相禀揭一案……今陈辉祖既在浙江督办海塘要工，此案证据又全在闽省，不当复拘抚参督审之例，着即交富纲就近提审，将此案务须彻底根究……将此由四百里传谕富纲，并令陈辉祖知之。

（卷1127，册23，页63—页64）

## ○乾隆四十六年五月癸巳（二十一日）（1781－6－12）

○又谕：本年二月间，据阿桂奏"勘办石塘工程二千二百余丈，督率工员上紧赶办，务于四十七年冬初完工。至老盐仓立字号至积字号二百余丈不能钉桩处所应仍留柴塘外，其余一千五百丈，安桩一丈八尺，用碱夯打至四个半时辰，打下一丈四五尺，周围沙土即合拢平桩，不能再打。查桩木不能深入，其底沙坚硬可知。沙嘴桩牢力能擎石，或可一律筑砌，或应仍存其旧。恭候临幸指示机宜，再行多分年限，接续办理"等语。已批令俟到京时面奏。彼时原以老盐仓一带沙性涩汕，难以下桩。且改建要工尚多，是以可缓。昨询据富勒浑面奏"老盐仓一带仍有可以施工之说，即阿桂所奏沙嘴桩牢力能擎石，或可一律筑砌"等语。是亦似谓此段工程可以办理。朕思现办二千余丈之石塘，既于明岁可以完工，且届四十九年南巡之期尚远。此段要工既有益于民生，即可及时接办，何必复待南巡亲为相度？前此令阿桂到京面奏，原因此段工程应否办理未能明晰，是以欲面询明确，再降谕旨。现在阿桂督剿逆回，到京尚须时日。着传谕阿桂，即将老盐仓一带实在情形详悉具奏。如果有工费浩繁，不能拘定开销成例之处，亦不妨据实奏明，交陈辉祖接办。朕不惜多费帑金，为民生谋一劳永逸之计也。

（卷1131，册23，页119—页120）

## ○乾隆四十六年五月丙申（二十四日）（1781－6－15）

○谕军机大臣：……若云有营私贪黩之事，何以王廷赞在任多年并无声名不好之处？即从前王亶望在甘省藩司任内，亦未必竟敢勒索属员以肥己橐。但王亶望于捐办浙省海塘工程案内，竟捐银至五十万两之多。伊在浙未久，其坐拥厚赀，当即在甘省任内所得。

（卷1131，册23，页123）

## ○乾隆四十六年闰五月戊申（初六日）（1781－6－27）

○谕军机大臣：前以浙省老盐仓一带塘工是否可以及时接办，降旨询问阿桂。兹据覆奏称"此段工程一千五百丈，可以接续办理。前在工时，陈辉祖所见亦同。于添用帮费，现办二千二百余丈塘工，除恩赏银外，尚有另筹添补之项。若接办一千五百丈，钉桩较难，所需帮费亦约略相等。请敕下杨魁，会同陈辉祖，将此段工程共应开销正项若干、帮费若干之外，熟商妥酌"等语。浙省办理石塘二千二百余丈，计明岁冬间始可蒇工。其老盐仓一带塘工若一律筑砌，自应俟现办工程完竣后再行次第筹办。昨经降旨，令杨魁赴闽省暂署抚篆，换令富纲来京陛见。所有老盐仓工程如何接办并应如何开销正项及帮费之处，俟杨魁回至工所后，再与陈辉祖妥议熟商具奏亦不为迟。

（卷1132，册23，页131）

## ○乾隆四十六年七月癸丑（十三日）（1781－8－31）

○谕军机大臣等：据陈辉祖奏《六月十八九日风势狂猛，沿海一带被浪冲损堤工》一折。已于折内详悉批示矣。折内所称"现办西塘鱼鳞新石工，均一律整齐，并无损动。其石工之外一带柴塘，有间段低矬一二尺至八九尺不等，老盐仓迤东各柴塘亦间有矬损七八尺至丈余"等语。是日风势猛厉，该处新建鱼鳞石工最关紧要。乃据奏并无损动，实堪庆幸。其所称东塘石工，自薛家坝迤东有塘身裂缝面上蹲矬者，有面石塌卸三层至十余层不等。又韩家池柴工及尖山石坝，亦有泼卸塌损之处。此段工程，亟应赶集料物，加紧镶筑抢护，以期迅速完固为要。至平湖、海盐沿海各工，有被潮浪冲激塌卸者，亦着该督饬属赶修，妥为办理。若有成灾者，不可讳饰，亟宜抚恤，毋致失所。至另折内所奏，是日风狂浪涌，沿海阴沙多有消长变动之处。如章家庵对向新涨阴沙一块逐渐移近，约长四里，阔数十丈"等语。新涨阴沙，因风潮变动，渐行移近，塘工因此或转可逐渐增长。南坍北涨，于保护新建石塘工程较为有益。着将此传谕陈辉祖，仍将如何抢筑补修完固情形迅速覆奏。寻奏：是日风势虽猛，禾苗人口无损，实不成灾。薛家坝迤东塘身并韩家池柴工尖山石坝，现已抢修完固。此外平湖、海盐暨老盐仓各工，俱饬令分别缓急赶修。得旨：览奏俱悉。

（卷1136，册23，页187—页188）

○闽浙总督陈辉祖、署福建巡抚杨魁奏：老盐仓一带海塘，自场字号至名字号一千五百丈改建石工，其立字号至因字号二百丈，相传沙性汕涩不能钉桩。臣等驻工签试，经打桩一丈二三尺不复摇动，请一律改筑鳞塘石工。得旨：如所议行。

（卷1136，册23，页190—页191）

## ○乾隆四十六年八月癸巳（二十三日）（1781-10-10）

○闽浙总督陈辉祖奏：海塘改建鱼鳞石工，钉桩分限办理，每限石四百丈、桩六万根。现在四限工程将竣，五限业经开槽赶办。得旨：好。勉为之。

（卷1139，册23，页250）

## ○乾隆四十六年十一月甲辰（初六日）（1781-12-20）

○又谕：……至陈辉祖到闽浙总督之任已届一年，虽在浙省办理塘工，而闽省事务该督亦应查办。此时必因巡台御史到彼，恐其查出，始行会衔具奏，亦属不是。陈辉祖并着交部议处。

（卷1144，册23，页335—页336）

## ○乾隆四十七年二月癸未（十六日）（1782-3-29）

○户部尚书和珅、兵部左侍郎曹文埴奏：臣等承办一统志，查自乾隆二十九年开馆以来，已阅十九年，陆续进过十五省，共二百八十余卷。尚有江苏、安徽、江西、浙江四省及外藩一门现在趱办……但一统志卷帙既繁，门类亦多，请办完一省即缮写正本进呈。至盛京为丰镐始基，直隶、山东、江苏、浙江等省各有河工海塘。皆蒙圣心眷注，清跸时巡。应于成书时再办书一卷，庶免挂漏……得旨：允行。

（卷1151，册23，页418—页419）

## ○乾隆四十七年二月甲申（十七日）（1782－3－30）

○谕军机大臣等：……陈辉祖现办海塘工务，不能亲赴该省提犯研讯。此案着交杨魁即行提集案内人证，悉心研鞠，据实具奏，仍即回奏。将此由五百里传谕杨魁并谕陈辉祖知之。

（卷1151，册23，页420）

## ○乾隆四十七年五月甲寅（十八日）（1782－6－28）

○闽浙总督兼管浙江巡抚陈辉祖奏：仁和西塘头围为江海交接处，向无工程。北岸接连嘉湖二府，水道递相贯输。每遇江水挟潮而来，或汐期盛大山水陡发，该地被汕啮为尤甚。因思头围挺出海滩甚涨，若顺江海往来之势，于溜行直往处开切通流，则沙淤自无停积。当即遴选干员，开挖引河七百五十丈，宽二十丈，深七尺。适值山水涨发，大溜直趋引河，两岸冲激，原宽二十丈者，今宽九十余丈；原深七尺者，今已深二三丈以外，绝无停淤。至南岸萧山县之英家湾，该处形势背湾，渐有停淤，臣已委员查勘，另由萧山县之义桥转运赴工。此系由内河经行，较海道更为平稳。得旨：可嘉之至，有旨交部议叙。

（卷1157，册23，页498—页499）

## ○乾隆四十七年五月乙卯（十九日）（1782－6－29）

○谕：据陈辉祖奏《海塘头围开浚引河，江潮畅顺》一折。所办甚合机宜，可嘉之至。海塘南岸淤沙绵亘，从前历办引河迄无成效。陈辉祖能督率司道等悉心讲论，办理此段工程，于南坍北涨之机切中窾要。将来鱼鳞石工告竣，可以永期巩固。此事陈辉祖所见既确，不待奏闻，即督同属员实力妥办，在工人员亦皆能协力襄事。均应嘉奖。陈辉祖着复还总督原品顶带，其承办此工之藩司盛住以下各官，并着交部议叙。所有开河工费，仍准作正开销。至富勒浑，前因王亶望案内降为三品职衔，加恩授河南巡抚。今两载以来，办理豫工，备夫集料，诸事不辞劳瘁。及李侍尧前经获罪，加恩以三品职衔，署理陕甘总督。莅任以来，于该省折收冒赈全案彻底查办，不避嫌怨。现在通省积弊渐清，不负朕弃瑕录用之恩。富勒浑、李侍尧俱着复还现任品级顶带。朕于诸臣功罪黜陟，一秉至公，不存丝毫成见。内外臣工宜各知惩劝，努力办公，毋负朕任使之意。并将此通谕中外知之。

（卷1157，册23，页499）

○谕军机大臣等：据陈辉祖奏《海塘头围开浚引河，江潮畅顺》一折。内称将头围挺出海滩溜行直注处所，开挖疏通，办理固为得力。但阅图内对面阴沙坍宽四百余丈之处，江潮到此纡回，仍不能直注向东，未免稍有阻碍。就目下形势而论，如能将红点处阴沙再为设法一并开切，俾引河溜势直趋，更为径捷。但不知能如此办否，着传谕陈辉祖悉心详勘，即行据实覆奏。寻奏：海塘河庄一带阴沙，奉朱点开切处，现拟用地龙之法借水刷沙，掣引潮溜直趋，不令纡阻。得旨：此亦一法，行之试看。然总赖江神默佑，亦不可勉强于不能为者也。

（卷1157，册23，页499—页500）

## ○乾隆四十七年七月乙巳（初十日）（1782-8-18）

○谕军机大臣等：本日据闵鹗元奏《分办浙江海塘料石情形》一折。内称"初次所办条石十三万六千余丈，业经全数起运赴浙。其接办之九万六千六百余丈，勒限趱运，扣至明年三四月间可以一律办完运竣"等语。该省所办塘工料物源源接济，陈辉祖自当督率工员赶紧办理。但未知此时所办工程究有几分，约于何时可以完竣，着传谕该督，令其确核工段，按日计算，据实奏闻。再从前节次所拨银两并赔缴查抄各项银两，俱留为海塘之用。将来工程告竣时是否足敷应用，并着该督详晰确查，开具简明清单，一并覆奏。

（卷1160，册23，页541—页542）

## ○乾隆四十七年八月戊辰（初四日）（1782-9-10）

○谕：据陈辉祖奏"建筑海塘，自来字号至食字号止，鱼鳞石工二千二百四十丈，于六月二十六日通工一律砌完。其续办鳞塘一千七百丈，现在陆续开工，催紧赶办。所有在工督办之布政使盛住、海防道周克开、宁绍台道印宪曾、金衢严道德克进布并江南带至浙省之游击田宏谟皆认真稽察董率，晨夕罔懈。其分委承办及在局司事之同知清泰、刘雁题、潘安智、方体泰、唐若瀛、州判蒋重耀、知县赵思恭等皆勇往勤励、奋勉出力"等语。该省赶办塘工坚固妥速，在事出力人员自应一体交部甄叙，以示鼓励。除该督陈辉祖业经降旨复还现任总督顶带，毋庸加恩外，其盛住、周克开、印宪曾、德克进布、田宏谟、清泰、刘雁题、潘安智、方体泰、唐若瀛、蒋重耀、赵思恭等各员俱着交部议叙。

（卷1162，册23，页562—页563）

## ○乾隆四十七年九月丙申（初二日）（1782-10-8）

○又谕：据陈辉祖奏《续估海塘鱼鳞石工》一折。内称"前经题拨恩赏并赔缴查抄各项，遵旨留为塘工应用，共银一百四十二万一千八百六十二两零。除拨给原估续估工料银两外，尚多余银三十九万九千二十五两零"等语。此项多余银两毋庸解京，即着赏给该省为四十九年南巡黏修行宫等项应用。上次庚子南巡，一入浙江首站，屋宇倍增，并多点缀。比至杭州，则添设座落更多，繁费无益，非朕省方问俗之意，屡经降旨训饬。将来行宫座落，止须将上届旧有屋宇略加黏补，此项银两尽足敷用，不必再动别项。其行宫座落断不得踵事增华,更滋繁饰。该督务须仰体朕意,妥协经理。将此谕令知之。

(卷1164,册23,页589)

## ○乾隆四十七年九月辛丑(初七日)(1782-10-13)

○又谕:前陈辉祖查抄王亶望物件一案。疑有抽换抵兑之事,传谕盛住,令其留心察访……至陈辉祖上年办理塘工颇为出力,又系兼管抚篆,事务繁多。或一时查察不到,尚属情理所有。朕于此事开诚布公,因陈辉祖受朕深恩,必不肯扶同徇隐,是以令其会同办理。陈辉祖果能一秉天良,尽心查办,将来不过有失察处分,朕必加恩宽宥。倘不肯实力办理,或意存回护,若经钦差等查出,则是自取重戾,朕不能复为曲贷也。

(卷1164,册23,页597)

## ○乾隆四十七年九月丙辰(二十二日)(1782-10-28)

○谕:前因浙省查抄王亶望赀财一案,疑有抽换情弊。朕意本不欲办,而不可不明此疑,因传谕盛住留心察访。嗣据盛住查有端绪,则又不可置之不办。是以派阿桂等前往浙江查讯,并令陈辉祖、盛住先行查明据实覆奏。兹据陈辉祖奏"以银易金一款,查抄时,据调任布政使国栋面禀商换,并言及金色低潮。恐解京转难适用,不如易换银两较为实济,遂尔允行"等语。所奏全不成话。陈辉祖不过因事已败露,无可解免,欲藉此搪塞耳。如果陈辉祖欲易银为塘工之用,即使豫行奏明,其事已属矫强。况当日并未具奏,竟与国栋商同舞弊,是此项金两,全系陈辉祖、国栋二人抽换抵兑、分肥入己,自属显然。此事大奇,为从来所未有。国栋着革职拿问,交阿桂等归案审办。至朕办理庶务,推诚布公,断不忍以此疑及大臣。是以于盛住奏到时,仍降旨令陈辉祖会同审办,不谓竟系伊与国栋起意营私。陈辉祖系协办大学士陈大受之子,父子皆任总督,世受国恩,最为深重。何至丧良无耻至于此极?是王亶望所为系明火执仗,而陈辉祖竟同穿窬行径矣。况王亶望之物，稍有人心者，方当避之若浼，而可复染指乎？朕于此事不胜惭懑。且大臣中有此败类，于颜面攸关，内外大臣亦必同深愧忿也。即如陈辉祖所称，金色低潮，恐解京转难适用，即应将所有金两，尽行易换，何以解交内务府册内又列入金叶九两三钱？明系借此为掩饰弥缝之地。又如所称照价易换银七万余两，而前阿桂询问王站柱供内又称有王亶望银二三万两。则是此易金之银，已有王亶望银少半在内，陈辉祖又将何辞抵饰乎？况陈辉祖欲留此为塘工之用，如果办理塘工银有不敷，即当奏明请项。若私欲为此变易，已属非是。乃前据陈辉祖奏称，塘工各项，除用去外，尚多余银三十九万九千余两，是塘工费用，已属宽余。陈辉祖早知有盈无绌，又何必藉此易金之银？岂非豫为侵蚀地步耶？且王亶望赀财器物甚多，何不尽以塘工为名一并易换乎？此次陈辉祖折内止言及易金一款，而于玉山等件作何隐匿之处，竟无一字提及。是其欺罔朦混，更无疑义。又本日陈辉祖奏到各折，止列盛住衔名，而盛住并未涉一语。是盛住明知总督舞弊，现有钦差查办，无难得实。而又因陈辉祖现系总督，身为属员未便当面驳诘，是以姑隐不言。试问陈辉祖又将何颜以对盛住耶？此事若未将国栋调任，补用盛住，则陈辉祖、国栋扶同欺蔽，尚不至即行败露。然伊等昧良欺罔，为天理所不容。其败露亦不过迟速之间耳，思之实属可畏。总之，此事陈辉祖即身有百口，亦断无能置喙矣。所有陈辉祖覆奏各折并陈淮奏到之折俱着发钞。并将此通谕中外知之。

（卷1165，册23，页617—页618）

## ○乾隆四十七年十一月壬戌（二十九日）（1783-1-2）

　　○谕军机大臣等：浙江海塘工程，前据陈辉祖奏，所有盖面石块俱用一律尺寸铺漫，其现已办竣工段，均系如此办理。此项工程浩大，购料甚多，所有盖面石块祇须平整坚固，期于久远。其每块尺寸，即稍有长短，阔狭不齐。不妨酌搭铺漫，庶采购既为便易，而工程亦可迅速完竣。若必拘定一律尺寸，转致糜费周章，且于塘工亦恐因此稽延。着传谕富勒浑、福崧，现在各段塘工盖面石块，即遵照此旨办理。

（卷1169，册23，页683）

## ○乾隆四十七年十二月辛未（初九日）（1783–1–11）

○又谕：本年九月内，据该抚奏，海塘工程应用银两，除原估续估工料外，尚多余银三十九万九千余两。业经降旨，赏给该省，为四十九年南巡粘修行宫等项之用。今查抄陈辉祖名下财产，现存银两及各案估变物价，又约共银六七万两，亦可归入南巡应用项下。是浙省所存之项已有四十六七万两，除豫备差务之外，尽有余存。今思江南南巡差务之费，前于应行解京项下赏留银九万余两。现在又令萨载于京口挑河，以利舟楫。是江南此项赏给银两，断不敷用。着传谕富勒浑、福崧，即于赏给浙省存备各项内酌拨银二十万两，遇便派员解赴江南，交萨载、闵鹗元存备支用。将此由四百里传谕富勒浑、福崧，并谕萨载、闵鹗元知之。

（卷1170，册23，页693—页694）

## ○乾隆四十八年正月丁未（十五日）（1783–2–16）

○谕曰：两江总督萨载、闽浙总督富勒浑等合词陈奏《以江浙两省臣民望幸情殷，且河工海塘以次告竣，一切善后事宜尤冀亲临指示。恳请于乾隆四十九年春六举南巡盛典，以惬舆情》一折。朕自庚子南巡时，巡阅高家堰石塘及徐州城外石堤巨工，俱逐一亲临指示。兹据奏以次告成，所有一切善后事宜自应临莅阅视，指授机宜，俾河流永庆安澜。至浙省海塘，前经降旨，将柴塘四千二百余丈一体改建鱼鳞石塘，为滨海群黎永资捍卫。今要工将竣，亦不可不亲为相度。且自四十一年告功阙里后，阅时已久，应行展谒孔林，以伸景仰。今据该督抚等合词陈奏，江浙两省耆庶，望幸悃忱，尤为肫切。着照所请，于乾隆四十九年正月诹吉启銮，祗谒孔林，巡幸江浙，顺道亲阅河工海塘。所有各处行宫坐落，俱就旧有规模略加葺治，毋得踵事增华，致滋繁费。该督抚等其善体朕意，妥协办理，副朕省方问俗观民孚惠至意。

（卷1172，册23，页724—页725）

○谕军机大臣等：据福崧奏《仁和县民灶人等呈请自修范公土塘》一折。"范公塘系从前被水冲激，陆续坍塌，节经该督抚等奏明建筑。福崧此时不过欲将坍卸之一千五百余丈按联修筑，乃摘叙事由率称恭报范公土塘坍卸各工，现饬民灶自行赶修"等语。披阅之初，竟似该处现有坍缺堤工，措词殊不明晰，此皆由福崧文义不通所致。嗣后陈奏事件宜留心学习，毋任幕友率行声叙。至范公土塘，向系涨沙，该处民人捐修，自护已业。现在呈请合力赶修，事属可行，自应如所请办理。该抚仍饬司道等实力查察，毋使胥吏乡保人等藉端侵派，致滋扰累。将此传谕知之。

（卷1172，册23，页725）

## ○乾隆四十八年二月甲子（初三日）（1783-3-5）

○谕曰：陈辉祖抽换王亶望入官财物一案……今据军机大臣、刑部堂官审明，仍照前拟，请旨即行正法。是陈辉祖之罪实不止侵隐入官财物，尚可量为末减，朕亦不能再为曲贷矣。陈辉祖本应照拟即行正法，但念伊办理海塘尚无贻误，着加恩免其肆市。即派福长安、穆精阿前往，将此旨明白宣谕，监视赐令自尽，以为封疆大臣废弛地方者戒。朕办理庶狱，轻重必权衡至当。若陈辉祖之从前仅止抽换官物，是以贷其一死。及此时之贻误地方，不能再为屈法施恩，皆一秉大公至正，毫无成见。大小臣工当各知感畏，力图称职，毋负朕谆谆惩诫、明刑弼教之至意。将此通谕中外知之。

（卷1174，册23，页738—页739）

## ○乾隆四十八年三月戊戌（初七日）（1783-4-8）

○谕军机大臣等：据永德奏"海塘章家庵以西之老土塘，形势兜湾，潮水顶冲，最为险要。从前于迤南斜注一带建筑埽牛柴工四百九十余丈，因在沙上兴工，土性松浮，不能坚实。且坎下水深丈余，日修日损，终不能保其稳固。莫若于贴近之老土塘外酌量添筑柴工，以为护卫。即将来日久小有坍损，亦易为黏补，不致如此时所做埽工费用较大"等语。此项所做埽牛柴工正值潮水顶冲，且在沙上建筑，其性自然浮松不能得力。着传谕富勒浑、福崧，是否如此情形，即速查明，应如何办理之处，据实覆奏。至永德所称，于贴近之老土塘外酌量添筑柴工较为省费，并着该督等通盘熟筹、悉心酌议具奏。若此项工程必须速办，即勘估奏闻办理。若非紧要之工，即于明岁南巡时，候朕亲临指示，再行定夺，亦无不可。将此由四百里谕令知之，永德原折并图俱着钞寄阅看。

（卷1176，册23，页765）

## 〇乾隆四十八年四月辛未（十一日）（1783-5-11）

〇谕军机大臣等：据福崧奏《办理范公塘情形》一折。内称"该处原筑埽工因回溜汕刷，致有间段继垫。现在用船沉石，以护塘根。自二月试办以来，沉船三十四只，已过朔望两汛，并无抵继，尚属稳固"等语。此事甚关紧要，富勒浑、福崧从前何以并未奏及？直至今日福崧奏到，朕今方知。心中并无此事，殊为奇怪。范公塘一带既属潮水顶冲，其原做埽工本在沙上建筑，土性自然浮松，不能得力。且因回溜汕刷，塘根易致继垫。伊等现在用石沉船，亦系暂时防护，补救目前，非一劳永逸之计。看来章家庵以东普建石工，重重保障，自可永远安澜。而章家庵以西，仅藉范公塘一道，形势单薄。将来是否一律改筑石塘以资捍卫之处，俟明岁南巡时，朕亲临视，指示机宜，再行定夺。但目下情形如何？将来伏秋大汛是否可以保护平稳？着传谕富勒浑、福崧通盘熟筹，详悉绘图贴说，迅速覆奏以慰悬注。再福崧奏：现拟于沉船处就其顶冲，建做挑水石坝，使来回潮溜不致逼近塘根。亦系抵御顶冲之一法，自应如此办理。但阅图内所筑坝之处稍觉偏北，朕意于迤南再筑一坝，以挑水势，俾大溜日就南趋，于刷沙方为得力。已于图内用朱笔标记，着将原图发交福崧一并遵照妥协筹办。将此由六百里传谕知之,仍着将该处近日情形速行覆奏。

(卷1178,册23,页794)

## ○乾隆四十八年五月壬寅(十二日)(1783-6-11)

○谕军机大臣等:据富勒浑覆奏《海塘情形》一折。内称"拜折后即驰赴浙省,务于伏汛以前抵杭,详加履勘,通盘熟筹"等语。浙省办理海塘,关系紧要,明岁又有差务,富勒浑自应赴浙驻扎,熟筹妥办。但该督身在浙省,凡遇福建地方事件更应时刻留心,实力整顿。断不可如陈辉祖安坐浙省,竟置闽省于不问,以致诸务废弛,地方屡有滋事之案。况该督此时赴浙至明年差竣回闽,几及一年。闽省海疆重地,必须精神周到,事事督饬妥办,并不时派委妥员查察,毋使稍有因循废弛,方足以副委任。将此谕令知之。

(卷1180,册23,页814—页815)

## ○乾隆四十八年六月丙寅(初六日)(1783-7-5)

○谕军机大臣等:据富勒浑等奏《会勘海塘沙水工程情形》一折。已于折内详悉批示矣。据称"范公塘一带,若一律添筑柴塘,不惟购买物料,需费浩繁,而为时甚迫,亦赶办不及。况老土塘根脚同系淤沙,土性浮松。即添筑柴工,一遇潮汛顶冲,亦不足以资抵御"等语。看来范公塘一带,竟须一律改建石塘,方可保护庐舍桑麻,俾海滨黎元永资乐利。朕于捍卫民生之事,从不靳多费帑金。况该处较现筑鱼鳞石工所费不过三分之一,尚易办理。俟明岁南巡时,朕亲临阅视,指示机宜,再行筹办。着将富勒浑等原折钞录一分,并原图发往阿桂阅看。阿桂于该处情形素所熟悉,着将应否如此办理之处,就闻见所及据实覆奏。再富勒浑折内有抵杭后即会同福崧驰赴工所之语。自杭城抵海塘不过十里,安用驰赴?此皆庸劣幕宾不通文义所致,富勒浑于具奏事件何不细心检点若此耶?一并谕令知之。

(卷1182,册23,页831)

## ○乾隆四十八年六月丁卯（初七日）（1783－7－6）

○又谕：浙江范公塘一带，看来竟须一律改建石塘，以资捍卫，昨已谕知富勒浑等矣。本日据闵鹗元奏"江苏省续办浙塘石料，于四月二十九日全数起运，其由浙省挑退者亦补运完竣"等语。前经该督抚奏称，建筑鱼鳞石塘，分限办理，需用石料甚急。江苏隔省，采运稍难，先尽浙省购办应用。前又经降旨富勒浑等，令将各段塘工盖面石块，不拘尺寸，不妨搭配铺墁，以期迅速完工。是此次浙省石料先已铺墁，江省续办石料运至浙省必有存剩，即可留为改建范公塘之用。着富勒浑等细心履勘，若该处塘工必须改筑方可永资保护，浙省亦应豫行采办，免致临时糜费周章。况凡事豫则立，若今岁物料齐全，明春南巡时，朕亲临阅视，指示机宜。降旨后，即可兴工办理，一年之内无难告竣。俾巨工屹立，海滨黎庶，咸庆安澜。至富勒浑等折内，有老土塘根脚同系淤沙，土性浮松之语。从前老盐仓一带亦称沙性浮松，难以开槽打桩。乃自改建石工，一律稳固坚实。可见事在人为，封疆大吏于民瘼所关断不可存畏惧之见。该处改建石工，所费较前不过三分之一。今府藏充盈，于捍卫民生，即多费数十万帑金，使闾阎永臻乐利，亦所不靳也。着传谕富勒浑等，善体朕意，熟筹妥酌。将此次江省运到石料，塘工完竣后尚存若干、将来兴工仍须添用石料若干之处，核算据实具奏。寻奏：改建石塘，实为一劳永逸。所需石料，除鳞工应用外，尚存一万三百余丈。今范公塘改建石塘，共需条石五十一万五千余丈，现饬金衢严道、宁绍台道分往山阴、严州、宁波等处开采应用。报闻。

（卷1182，册23，页833）

## ○乾隆四十八年八月（1783－8－28—1783－9－25）

○闽浙总督富勒浑等奏：仁和、海宁二州县海塘情形，西塘坝根坚固，面石加砌全竣。查东塘牧字用字号缓修石工共十八丈七尺有余，历年久远，潮水冲刷，附土蹲塌。应一律改建鱼鳞石塘，以资抵御。至范公塘一带埽工，因春汛汕刷，每有蛰蛰。节经建筑石坝二座，先用船石铺底，上安木柜，外用竹篓，周围复用块石堆出水面，现经伏秋大汛均属平稳。报闻。

（卷1187，册23，页886）

## ○乾隆四十八年十一月辛卯（初四日）（1783－11－27）

○谕：朕于明年正月十一日启銮，巡幸江浙，阅视河工海塘。所有应行事宜，各该衙门照例豫备。

（卷1192，册23，页940）

## ○乾隆四十八年十一月戊戌（十一日）（1783－12－4）

○闽浙总督富勒浑、浙江巡抚福崧奏：上届翠华南幸，于观潮楼敬设宝座，阅视水操。近因塘外涨有新沙，战船不能操演，谨勘得梵村地方江深水缓，战船可以依法驾驶。拟于此处恭建宝座，敬供宸览。得旨：又属多费矣。

（卷1192，册23，页945）

## ○乾隆四十八年十二月庚申（初三日）（1783－12－26）

○又谕曰：雅德奏《请明春前赴浙江迎驾》一折。殊无此理，已于折内批示。明岁南巡至浙阅视塘工，总督富勒浑现驻浙省，提督黄仕简又复来京陛见，于明春扈从回闽，现在福建只巡抚一人。今雅德复为此奏，是福建一省竟可无大员在彼弹压办理事务耶？雅德何不晓事若此？可见并非本心，徒为此奏当差了事，着传旨申饬。

（卷1194，册23，页961—页962）

## ○乾隆四十八年十二月己巳（十二日）（1784－1－4）

○谕军机大臣等：老盐仓一带海塘工程业经一律告竣，所有用过银两若干及现存银两若干，何以未据该督抚将开除现存实数题明报销？即着查明覆奏。至范公塘一带，明年朕亲临阅视后，若果必需兴工，一律改筑石塘，其采石鸠工均须豫为筹画。现在该处存银是否敷用之处，并着富勒浑、福崧详悉查明，一并据实覆奏。将此谕令知之。

（卷1194，册23，页969）

## ○乾隆四十九年正月丙辰（三十日）（1784－2－20）

○又谕：所有长芦商人恭进银十万两，着赏给山东三万两，以为办差之费。其余七万两，着解交浙江海塘工次备用。

（卷1197，册24，页16）

## ○乾隆四十九年二月庚申（初四日）（1784－2－24）

○谕：所有长芦应解浙江海塘银七万两，着再赏给山东三万两，以为办差之用。其余四万两，仍遵前旨，解赴海塘工程备用。

（卷1198，册24，页23）

## ○乾隆四十九年二月壬申（十六日）（1784－3－7）

○又谕：朕因东南士庶吁幸情殷，且河工海塘以次告竣，一切善后机宜，均须亲临指示。爰循旧典，六巡江浙。兹当入疆伊始，庆泽宜覃。所有江南、浙江水陆经过地方，本年应征地丁钱粮，俱着加恩蠲免十分之三。该部即遵谕行。

（卷1199，册24，页31）

## ○乾隆四十九年三月戊子（初三日）（1784－3－23）

○又谕曰：福康安、永德奏《查审粤东盐商派捐公费分别定拟》一折……所有历任总督等派捐银两，自应令其照数缴出，解交浙江省，以备海塘应用……近如两淮、浙江、长芦商人，间有豫备行宫等事，亦因省方问俗，经过该处叠沛恩施。该商等自抒忱悃，是以准其呈进豫备，仍优加恩赉，其获利均不啻数百倍蓰……且各省商人有因偶值军需公捐者，无不交部议叙，广东亦曾有其事也。

（卷1200，册24，页42—页43）

## ○乾隆四十九年三月丁酉（十二日）（1784-4-1）

○谕：朕翠华莅浙，恺泽覃敷。前已降旨，将经过地方本年额赋蠲免十分之三，并省城驻跸之仁和、钱塘二县，本年应征地丁钱粮概予豁免。今入疆伊始，周咨民隐，再沛恩纶。所有杭州、嘉兴、湖州三府属，本年应征地丁钱粮共一百九万余两，着再加恩普免十分之三。俾近光黎庶，益享盈宁，以副朕省方问俗，施惠闾阎，有加无已之至意。

（卷1200，册24，页50）

○又谕：据福崧奏"两浙商人何永和等欣逢翠华幸浙，惠洽东南，又于范公塘改建鱼鳞石塘，永资保卫。该商等情愿依照老盐仓改建鳞塘捐数，共捐输银六十万两，以效下忱"等语。两浙商人资藉官盐，营运获息。今因范公塘一律改建石工，闾阎得资保护，永庆安澜。伊等桑梓情殷，输忱报效，甚属可嘉，自应俯从所请。所有此项银两，连前次陆续发交公项，一并归入海塘工程应用，工竣照例核销。该商人等并着加恩交部议叙。该部知道。

（卷1200，册24，页50—页51）

## ○乾隆四十九年三月己亥（十四日）（1784-4-3）

○谕军机大臣等：前据福康安查办粤东历任总督派令商总捐贴公费一案。杨景素在任未及一年，用至六万余两之多。其借端婪索侵贪入己，情弊已属显然。调任闽浙、直隶又复不谨廉隅，用招物议……至杨景素在两广总督任内所用商捐银六万余两，未便任其悬宕，自应照数缴出，解交浙省，以备海塘公用。着传谕阿桂，即将杨照传至，面宣谕旨，除已将扬州查出财产入官，其广东省应赔盐商垫补银六万余两，着阿桂饬令杨照作速分限凑缴，以清官项，毋得延缓滋咎。

（卷1200，册24，页52—页53）

## ○乾隆四十九年三月庚子（十五日）（1784-4-4）

○上幸尖山，观潮，阅视塘工。

（卷1200，册24，页53）

## ○乾隆四十九年三月辛丑（十六日）（1784-4-5）

○谕：浙江建筑石塘所以保障民生，关系甚重。前庚子南巡时，朕亲临阅视，指示机宜。于老盐仓旧有柴塘后一律添建石塘四千二百余丈，次第兴修，于上年七月间告竣。因其砌筑坚整，如期蒇工，原欲将该督抚及承办文武官员交部分别议叙。今抵浙后，亲临阅看，乃所办工程不惟不应邀叙，并多未协之处。盖朕于老盐仓添建石塘，固以卫护民生，亦因浙省柴薪日益昂贵，岁修柴塘采办薪刍，致小民日用维艰，是以建筑石工为一劳永逸之计，庶于闾阎生计有益。然石塘既建，自应砌筑坦水，保护塘根。乃陈辉祖、王亶望并未筹画及此，而后之督抚亦皆置之不论，惟云柴塘必不可废。此乃受工员怂恿，为日后岁修冒销地步。况朕添建石塘，原留柴塘为重门保障，并未令拆去柴塘，前降谕旨甚明也。若如该督抚所言，复加岁修，又安用费此数百万帑金添筑石塘为耶？又石塘之前、柴塘之后，见有沟槽一道，现有积水并无去路。将来日积日甚，石塘根脚势必淹浸渗漏，该督抚亦并未虑及。又石塘上有堆积土牛，甚属无谓，不过为适观起见，无当实际。设果遇异涨，又岂几尺浮土所能抵御耶？所有塘上土牛，即着填入积水沟槽之内。仍将柴塘后之土，顺坡斜做，只需露出石塘三四层为度，并于其上栽种柳树。俾根株蟠结，塘工益资巩固。如此则石柴连为一势，即以柴塘为石塘之坦水，且今令柴塘亦时见其有坦水也。总之现在柴塘，不加岁修，二三十年可保安然无事。即如范公塘尚历多年，况此历年添建工程，更为坚实耶？至范公塘一带，亦必需一律接建石工，方于省城足资永远巩护。着自新筑石塘工止处之现做柴塘及挑水段落起，接筑至朱笔圈记处止，再接筑至乌龙庙止。亦照老盐仓一带做法，于旧有柴塘土塘后一体添筑石塘，将沟槽填实种柳。并着拨给部库银五百万两，连从前发交各项帑银，交该督抚据实核算，分限分年，董率承办工员实力坚筑。仍予限五年，分段从东而西陆续修筑。俟工程全竣后，朕另行简派亲信大臣阅看收工，以期海疆永庆安恬、民生益资乐利。该部即遵谕行。

（卷1201，册24，页54—页56）

## ○乾隆四十九年三月己酉（二十四日）（1784－4－13）

○御制南巡记曰：……庚子遂有改筑浙江石塘之工，今甲辰更有接筑浙江石塘之谕。

（卷1201，册24，页62）

○召见皇子及军机大臣等。谕曰：我皇祖临御六十一年，六巡江浙，深仁厚泽，浃髓沦肌。臣民爱戴思慕，出于至诚。杭州省城行宫及圣因寺均有恭奉神牌，每来展礼，倍增感慕。朕缵绪以来，敬绍前谟，亦六度南巡。凡筹办河工海塘事宜，无一不仰承彝训，奉扬光烈。今岁甲辰，并携诸皇子以来，俾视予躬之如何无欲，扈跸诸臣及仆役之如何守法，地方大吏之如何奉公，民人之如何瞻觐亲近。有不如此，未可言南巡，已于南巡记内详晰宣谕矣。兹复召见诸皇子及军机大臣，并谕该督抚等，密行存记，以朕所怀而未曾明谕者。

（卷1201，册24，页63—页64）

## ○乾隆四十九年五月（1784－6－18—1784－7－16）

○闽浙总督富勒浑、浙江巡抚福崧条奏范公塘鱼鳞石工各事宜。一、柴工易蛰，应用竹篓石块拥护并建石坝，业已开工。一、木限二年办齐，石限四年运足，迟误参处。一、急工分四限，缓工分六限，共限五年完竣，委同知刘雁题等五员承办。一、料价银，藩司亲发工员承领，即由工员亲发该商，不经胥吏。得旨：有治人，无治法，尔等勉为之。

（卷1207，册24，页177）

## ○乾隆四十九年六月（1784-7-17—1784-8-15）

○浙江巡抚福崧奏：鳞塘后所填新土未能骤实，洼处甚多，宜一律填平以免积水。批：是。又奏：范家埠、章家湾一带亦多坑洼，应令承办官赔修平实。又批：正宜如此。又奏：不特塘工稳固，兼便民耕。得旨：览奏俱悉。

（卷1209，册24，页216）

## ○乾隆四十九年七月癸亥（初十日）（1784-8-25）

○谕军机大臣等：据全德奏"两淮商捐银一百万两，已分起解交内务府"等语……然此项银两虽准其交纳输忱，亦当留于运库以备地方公用，或解交浙省海塘充款，何必又解交内务府？此皆由于伊龄阿、全德不知事体轻重。伊龄阿、全德俱着传旨申饬。

（卷1210，册24，页225）

## ○乾隆四十九年七月癸未（三十日）（1784-9-14）

○兵部议准：浙江巡抚福崧奏，浙省范公塘添建石塘，汛兵不敷。请于李家埠添设一汛，于抚标两营内，酌拨步兵四十名、守兵六十名，挑选略悉工程者派往。应需管辖武弁，于抚标酌拨额外外委一员。海防营原裁员弁额内酌复把总并经制外委各一员，统归海防营守备兼辖。从之。

（卷1211，册24，页249）

## ○乾隆四十九年八月戊戌（十五日）（1784-9-29）

○谕军机大臣等：据兰第锡等覆奏《筹办漫口情形》一折……朕临御

之初，部库帑银只有三千万两，现已积至七千余万两。前因浙省海塘为民生捍卫，是以特发帑项，将柴土各塘一律改建石工。今河工关系民生者更巨，苟有裨益，虽费帑金一二千万，亦非所靳。

（卷1212，册24，页261—页262）

## ○乾隆四十九年十一月戊午（初七日）（1784－12－18）

○谕曰：福崧参奏"湖南按察使德克进布前于金衢严道任内承办海塘桩木，领过司库银七万六千两。该道发商收领，每万两只发银八千七百五十两，共侵扣银九千五百两。又准令商人将桩木截去水眼老头，现在查出木商领状止领银六万五千两，德克进布勒取同知方体泰全数印领，移司备案。请旨将德克进布、方体泰革职拿问"等语。浙省办理海塘要工，需用桩木向有估定例价。德克进布承办此事，业由司库领取银七万六千两，乃敢短发价值，侵扣银九千五百两，且准令商人将木植截去水眼老头。种种侵贪舞弊，实出情理之外。德克进布着革职拿问，解往浙江，交与富勒浑、福崧会同秉公严审具奏。至同知方体泰，于德克进布勒取全数印领时何以并不禀明督抚？显有扶同侵混情弊。方体泰亦着革职拿问，一并交富勒浑等审办。

（卷1218，册24，页336—页337）

## ○乾隆四十九年十一月丙子（二十五日）（1785－1－5）

○又谕：据富勒浑奏"德克进布承办海塘桩木，于木商许送加一银两之外，又复每万两勒扣银五百五十两，其为婪扣已无疑义。但案犯抵浙，尚须时日，请先赴京入宴。其德克进布到案交福崧先审，俟与宴后，飞即回浙会同审办"等语。此案初据福崧奏到，朕恐该抚或不免意存嫌隙，是以特令富勒浑于顺道过浙之便，会同秉公审办。今据富勒浑奏，德克进布于木商许送一成之外，又复每万两勒扣银五百五十两，是该员从中短发侵扣，情弊已属显然。本日据陆耀奏，于十一月十七日将德克进布即行解浙收审。但湖南距浙遥远，到案尚须时日。富勒浑自当即行来京，豫备入宴，如此案人犯迅解到浙，即交福崧严行速办。如案犯不能到齐，尚须彻底清查，即俟该督回浙会同审办定拟具奏，亦无不可。至德克进布，身为满洲道员，辄敢恣意婪索，实堪骇异。其由浙赴楚之家属，据陆耀奏，已派员迎截查抄，并着该抚严密办理具奏，毋任丝毫隐匿寄顿。将此由五百里各传谕知之。

（卷1219，册24，页355）

## ○乾隆四十九年十一月戊寅（二十七日）（1785－1－7）

○又谕曰：浙江处州府同知方体泰，于升任道员德克进布侵扣海塘木植价银一案，不早据实禀报，显有通同舞弊情节。其任所赀财，业经富勒浑等奏明查封。该员住居涞水，其在籍赀产，着传谕刘峨，即派委藩司伊桑阿速赴涞水，严密查封，并究明京中各处有无置买财产，毋任丝毫隐匿寄顿。

（卷1219，册24，页356）

## ○乾隆五十年二月庚子（二十日）（1785－3－30）

○又谕：工部议驳《浙江巡抚福崧报销柴塘工段与原奏不符，将添办之一百二十号柴塘用过银三万六千四百余两不准开销。所有从前承办估册并现在办理销案之员应一并查明，交部议处》一折。所驳甚是，已依议行矣。工程续估续增，虽难拘定原报。但此项柴塘添办至二千余丈之多，该抚自应将续估之处专折具奏咨部，始可报销。乃该抚并未奏咨，辄于估销册内将续报之二千三百九十余丈，列入已经奏明之八百丈内，一并估报，殊属蒙混影射，亦从无此理，其管工之员不无藉端浮冒情弊。着传谕福崧，切实详查，将此项续办工段何以未经具奏及承办工员有无浮冒之处，据实明白回奏。至福崧于此案并不核对原奏，率行请销，固属错谬。富勒浑系该省总督，办理海塘已久，何以亦任工员蒙混估报若此？并着传谕富勒浑，严切查明，专折覆奏，勿得回护。将此由四百里各传谕知之。

（卷1225，册24，页423）

## ○乾隆五十年二月甲辰（二十四日）（1785－4－3）

○大学士公阿桂等奏：工部参奏浙省报销柴塘与原奏不符一案。查此案工部始准后驳，业经该部自请议处。应请嗣后各省，凡属添办工程，俱令其随时奏明，方准报销。若以未经具奏之案率行列入估册题报，工部即当奏驳，将督抚议处。若不行查出，直至销算时再行奏驳，即将工部堂司官一并议处。其银两着落工部暨题估各员分别赔缴，不准开销，以杜浮混。从之。

（卷1225，册24，页426）

## ○乾隆五十年四月庚子（二十一日）（1785－5－29）

○又谕：……姚成烈、李绶、明兴、孙士毅俱令其自行议罚具奏福宁，并着自行议罚，由该抚代为转奏，俱解交浙省海塘公用，以稍赎其素餐。

（卷1229，册24，页482）

## ○乾隆五十年五月丙辰（初八日）（1785－6－14）

○谕军机大臣等：据富勒浑等奏《浙省原办续办海塘动用加贴银两，俟与新工逐款确核比较亦可酌量删减等因》一折。内称"每钉桩一根加银五钱有余，与阿桂原奏每日钉桩二根应加银六七钱之处不符。又原办续办鳞工，当时何项必须例外加增？何项必须例外添备？前督臣陈辉祖未经逐款酌定章程"等语。海塘钉桩工价，前因老盐仓一带沙性汕涩，经阿桂奏明，每日钉桩二根，加银至六七钱，已属宽为支给。今每钉桩一根，加银五钱有余，是钉桩二根竟需加银一两有余，似此加增不已，伊于何底？况所云例外加增者，原指例价不敷有必需支用之处，方准其酌量增给。既系实用实销，则何项应行加增、何项毋庸添备，不难逐款稽查。且富勒浑、福崧二人接办塘工亦非一日，何得以陈辉祖未定章程至今始行查办？该督等此奏，虽称比照新工酌量删减，意似从严。而将来报销时，或即借此为浮冒地步，亦未可

| 高宗乾隆朝（元年—六十年）（1736-2-12—1796-2-8）|

知。着传谕富勒浑、福崧，即查明钉桩工价因何每根加至五钱之多，并其余所用加价何项应准应减之处，逐一详细据实覆奏，毋任工员等藉端虚冒，致滋弊混。寻奏：原办续办鳞工钉桩工价，经大学士公阿桂奏准加贴银两，嗣经报销，工部驳查行令删减，并令将新工贴价比照，先行分晰具奏。查现办范公塘新工，只将初限五百丈办竣，实需贴费若干，比照旧工按其浮用删减。新工砌石已至七层，如条石脚价，新工每石一丈例估加贴银一两五钱有零。虽因宕深路远，视旧工微有加增。但旧工系江浙两省各半分办，今归本省采办，较之一丈销银二两有余大有节省。至桩木价值，新工所办较旧工每根省银四分五厘，钉桩省一钱有余。此外各项，比较亦多节减。更有原定例价敷用者即不准加贴，一切应准应减已有章程。俟初限报竣，逐一查验，比照裁减。报闻。

（卷1230，册24，页503—页504）

## ○乾隆五十年十月乙巳（二十九日）（1785-11-30）

○又谕：……又本年刑部核覆浙江省已革金衢严道德克进布侵盗海塘桩木银两一案，伊家人刘三扣银至一千二百两之多，即与实犯窃盗满贯无异。该省仅将刘三问拟杖流，该部即应按律驳改，乃仅加定外遣，亦属轻纵。其已经发遣之三达子，着刑部提回另行审拟。该犯系听从主人指使，所侵用钱亦不多。但吴国祥之歇工，触怒永芝，酿成人命，实由该犯侵用钱文，以致伊主犯杀人之罪，三达子自应问拟绞候。朕原其情亦不至予勾。其已发伊犁之刘三，侵扣木商银两数至盈千。该犯以旗下家奴胆敢肆行克扣，憨不畏法，与特通额家人私贩玉石、觊法图利之郭三无异，自应严加惩治。且刘三指称伊主名色，向木商诓骗，以致德克进布受其所愚，身罹重辟，该犯实为此案罪魁。刘三本系家奴，若仅发遣新疆，亦不过止于为奴，更复何所畏惧？着刑部将该犯另行定拟具奏后，行知伊犁将军奎林，将刘三即于该处正法，以为家奴藐法酿事者戒。朕办理庶狱，从不稍存成见，并非轻于三达子而重于刘三，惟在准情定谳，务期刑法之平。所有承办此二案错误之刑部堂官及浙江之督抚，着交部严加议处。

（卷1241，册24，页698—页699）

## ○乾隆五十一年三月庚戌（初六日）（1786－4－4）

○谕军机大臣等：据福崧奏《筹备柴塘岁修经费》一折。称"每年柴工应需修费，未便再动正项钱粮。请将生息银五十万两，分借苏局铜商及令浙商承领，按年缴本息银两。又据浙商请捐银三十万两，分年缴纳，归还借帑。以后辘轳借发，永为柴塘岁修之用"等语。所奏殊属不成事体。浙省海塘工程原系朕意欲一律改建石工，既可保障民生，且可节省岁修柴塘，为一劳永逸之计。昨于四十九年亲临阅视，见章家庵一带柴塘石塘之间沟槽一道有存水，特令填筑坚实，栽种树株，俾石塘柴塘连为一势。即以柴塘为石塘之坦水，意亦不必更修坦水也。其范公塘一带亦添建石工于内，亦欲以旧有柴塘，即可为坦水，作重门保障，不必更修也。今看福崧等所奏，是竟应仍每年修坦水，不能一劳永逸，以符前言，转深愧懑。况改筑石工后，仍须常修坦水。是前后费此千百万帑金改建石塘，竟系虚掷无用之地，有是理乎？朕于民生国计所关，即多费帑金，原所不靳。但既建石塘复又需添筑坦水，岁修柴工，是欲省有限之费，而转不免无穷之累。即云坦水柴塘，亦为卫护鳞工起见。何若不修石塘之为愈耶？此等无益之费，日复一日，伊于何底？况商借商捐，是欲便民而先以累商，尤为非计，此事殊不可解。前后思维，实觉愤懑，无可训谕。若果如福崧等所筹，则是不必建此石塘。当日何不如此批谕执奏？以为不可行，徒多费乎？且现在浙省仓库亏缺，迄今并未弥补全完，是该抚所奏岁修经费之事总难凭信矣。此事即着交曹文埴等，于查办亏空之便，亲赴该处，会同地方官详晰履勘。将从前石塘是否当建，及柴塘坦水，如何又须添建岁修，并福崧另折所奏，石料厚薄配搭成砌，是否可行之处，一并据实覆奏，毋得稍存回护。曹文埴等皆系晓事之人，必能仰体朕意也。将此朱批，曹文埴等携与福崧看后，即由驿发往富勒浑看，并令其明白回奏。

（卷1250，册24，页798—页799）

## ○乾隆五十一年三月辛亥（初七日）（1786－4－5）

○谕军机大臣等：昨据福崧奏《等备柴塘坦水岁修经费》一折。业经降旨，令曹文埴等，会同地方官亲往履勘，将该处情形据实具奏矣。浙省海塘工程关系民生，保障甚重。是以不惜千百万帑金，于老盐仓、范公塘旧有柴塘后，一律添建石塘，仍留柴塘为重门保障。既可卫护闾阎，且可节省岁修，为一劳永逸之计。昨于甲辰春南巡时，亲临阅视，见章家庵一带，石塘之前，土塘之后，留有沟槽一道，中有积水并无去路。恐石塘根脚势必淹浸刷渗，特令填筑坚实。并将柴塘后之土顺坡填平，于其上栽种树株，俾石塘土塘联络一势，即以土塘为石塘之坦水。其范公塘一带，于旧有柴塘后一律添建石工，亦以柴塘为坦水，俾作重门保障，自无须另砌坦水也。今据福崧等所奏，似不修坦水柴塘，将来海潮冲刷，或致浸损石塘，不能永资巩固。是添筑石工后，仍须岁修柴塘坦水，则前后所建石塘竟属无益，徒费千百万帑金，虚掷无用之地。又曷若不修石塘，只照旧岁修柴塘坦水，为补偏救弊之计，亦可以资抵御之为省便耶？且富勒浑等如果真知灼见，该处添建石塘后，坦水柴塘亦难偏废。虽建石塘，仍不能一劳永逸，何不于彼时据实面陈？朕亦岂肯复令续建范公塘石工又增无益之费耶？即云老盐仓一带工程，系王亶望、陈辉祖等任内奏明办理之事，为已成之局，富勒浑等已属知而不言。而范公塘则系该督抚任内之事，虽系朕意如此，该督等身为地方大吏，果知其不可，何妨当面执奏？乃始而依违不言，徒增此劳民伤财之举。今又欲岁修柴塘坦水，亦应将必不得已之故直陈无隐，方不负朕委任之意。复又回护其词，托之商捐生息，以饬其始终隐昧之咎。朕反复思维，倍深愧懑。昨虽有旨传谕曹文埴等，令其亲往履勘，据实筹办。但恐曹文埴等未会朕意，犹或稍有回护迁就之见。着将柴塘坦水以及添建石塘，究竟孰得孰失及现在必须发帑办理，方足以资巩固、两有裨益之处，熟筹妥议。曹文埴等务须亲往秉公详细筹画，据实具奏，不得稍存讳饰也。将此由六百里传谕曹文埴等，并谕富勒浑、福崧，令其激发天良，各抒所见具奏，候朕另降谕旨。

（卷1250，册24，页800—页801）

## ○乾隆五十一年三月辛未（二十七日）（1786-4-25）

○又谕：前据福崧奏"浙省各属仓库，亏缺尚多，难以依限全补。请分别展限，并于新正传齐司道各府，公同立誓，共砥廉隅"等语。所奏殊不成语。并恐该省竟有别项亏空情弊，因命尚书曹文埴、侍郎姜晟、伊龄阿前往彻底查办。昨据曹文埴等奏"浙省亏空，据福崧等开报，从前共一百三四十万两，除已弥补九十六万余两，未完三十三万二千余两。拟俟分投盘查，再行具奏"等语。浙省仓库，业经曹文埴等委员先行盘查，并亲自抽盘，虚实无难立见。如查有别项亏短情弊，自应将福崧等从重治罪。即无别项情弊，该省亏缺，自前次清查之后，该抚等果能督饬所属，上紧筹备，自当依限全完。何至以巡抚而与属员公堂立誓？实属不成政体。此而得邀宽宥，不特福崧腼颜留任，莫知愧惧，将来封疆大吏，益复无所儆畏。至盛住，身任藩司，钱粮是其专责。于该省亏缺既不能督饬所属依限全完，又复随同设誓，亦不可仍留藩司之任。福崧著来京候旨，其浙江巡抚员缺，着伊龄阿补授。盛住着革去藩司，留内务府郎中之职，专办杭州织造事务。其浙江布政使员缺，着顾学潮补授。所遗直隶清河道员缺，着朱澜补授。浙省范公塘一带改建石工，尚未告竣，此事原系盛住承办，应仍令监修，以赎前愆。

（卷1251，册24，页816—页817）

○谕军机大臣等：前据福崧奏《筹备柴塘坦水岁修经费》一折。业经降旨，令曹文埴等会同地方官亲往履勘，将该处情形据实具奏矣。浙省海塘工程改建石工，既可保障民生，且可节省岁修柴塘，亦无须采办薪刍。于民间更为有益，实属一劳永逸之计。前于四十九年南巡时亲临阅视，见章家庵一带，石塘之前，土塘之后，有沟槽一道，中存积水并无去路，恐石塘根脚势必淹浸渗刷。特令即取后层土备塘之土，将沟槽填筑坚实，于其上栽种树

## 高宗乾隆朝（元年—六十年）（1736-2-12—1796-2-8）

株，俾石塘、土塘联络一势。即以为石塘之坦水，而此外复有旧有之柴塘，柴塘之外，又有旧有之竹篓。是重重保障，又何虑海潮之遽行冲刷至石塘耶？况潮汐往来，向有定候，来急退速，非如黄河伏秋大汛，水长至数丈，溜势湍急，逼近堤根，昼夜射注者可比也。若如该抚所言，添筑石工后仍须岁修柴塘坦水，则前后所建石塘竟属无益，徒费千百万帑金，虚掷无用之地。又曷若不修石塘，只照旧岁修柴塘坦水，为补偏救弊之计，亦可以资抵御之为省便耶？至范公塘一带，本系土塘，向历多年并未闻冲塌之事。今复于柴塘后亦一律添建石工，即以旧范公塘为坦水，足资重门巩护，更无须另砌坦水，且海塘本设有塘兵，即使稍有坍损，塘兵即应随时修葺。亦如京师步军修理街道，设有用费，地方官不过略为补苴。乃福崧所奏，竟须每年岁修柴塘坦水，且筹及商借商捐，欲每年生息五万余两，作为岁修经费。从前岁修柴塘，每年报销数千两至二三万两不等。今既费此千百万帑金改建石塘，而岁修之费转多于前。此明系福崧受属员怂恿，为将来浮冒开销地步，殊属不成事体。况福崧于属员亏空，不能依限弥补全完，乃与属员公同立誓，有乖政体，难胜封疆之任。业经明降谕旨，令福崧来京候旨，将伊龄阿补授浙江巡抚矣。总之浙省改建石塘后，柴塘坦水不加岁修，十年之内，朕可保安然无事。伊龄阿既任浙江巡抚，海塘是其专责，不可不实力妥办。伊系内务府人员，久任盐政，俸廉甚厚，自必积有余赀。今既擢用浙江巡抚，若再于地方盐务内稍思染指，不但不能承受朕恩，并恐不能保其素有。伊龄阿受朕委任，伊尚明白晓事，务须仰体朕意，实力整顿，以福崧为前车之鉴也。前于途次屡经降旨，传谕曹文埴等，令其亲往履勘，据实筹办。但恐曹文埴等不能有一定主见，有费周章。着再传谕曹文埴，兹示以大端，伊等务须亲往，秉公详细熟筹妥议，据实具奏。曹文埴等皆系晓事之人，必能善会朕意也。至曹文埴等接奉查办海塘谕旨，何以尚未将勘办情形迅速覆奏，前虽有旨令曹文埴于查办亏空海塘，诸事完竣后，回籍为伊母祝寿，但浙省盘查亏空既须逐细清厘，而海塘事宜尤关紧要。着传谕曹文埴，务须悉心筹画，一切查办周妥，覆奏后，再行回籍。即使稍逾伊母寿期，于六月内回籍补祝，多住数日亦无不可。先公后私，为分所当然也。将此由六百里传谕知之。

（卷1251，册24，页817—页819）

○又谕曰：顾学潮现已降旨补授浙江布政使。该省现在查办亏空，系藩司专管之事，并有海塘工程，甚关紧要。顾学潮甫经行在召见，亦朕所素知之人。着传谕该司，接奉此旨即迅速前赴浙江任事，不必来京请训。

（卷1251，册24，页819）

## ○乾隆五十一年四月乙亥（初二日）（1786–4–29）

○又谕：据曹文埴等奏，前往海塘详细履勘，公同商酌。所议是，已批如所请行矣。但该处柴塘之外，旧有竹篓装贮碎石以为坦水，潮汐往来汕刷，自不无坍损。朕意该省每年若一律粘补柴塘，则是闾阎日用所需柴薪未免逐渐昂贵，于生民殊有关系。今所议不过随时垫陷加镶，所用无多。且坦水系竹篓装贮碎石，在在可以拾取，事不劳而工易办，与民生日用无涉，更为一举两得。再从前岁修柴塘，每年报销不过数千两至二三万两不等。今虽定以经费银六万两，伊龄阿仍须督饬所属，据实报部核销，年终汇奏。不得因经费充余，致滋工员视以为例，有冒销侵蚀情弊。至浙省亏空，据曹文埴等奏称，现拟分投前往各府清查。此事若巡抚藩司未经离任，或恐属员等心存瞻顾，未肯和盘托出。前已降旨令福崧来京候旨，盛住革去藩司。是抚藩皆已离任，各州县更无所容其回护。着传谕曹文埴等，务须切实严查，并晓谕各属，令其据实呈明，无难底里毕露。断不可稍涉颟顸，致有不实不尽。至于浙省亏空，福崧等既不能督饬所属及早筹补，依限全完，乃与属员公堂立誓，有乖政体。虽已令其离任，将来定案时自有应得之咎。此等仓库亏缺，各省难保必无。若不示以惩创，相率效尤，亦复无所儆畏。岂朕委任封疆整饬吏治之意耶？此案俟曹文埴等查明覆奏到日，再降谕旨。将此由六百里传谕曹文埴等知之。

（卷1252，册24，页825）

## ○乾隆五十一年四月辛巳（初八日）（1786-5-5）

○谕军机大臣等：据富勒浑覆奏《柴塘应行酌量修补》一折。浙省塘工原为民生保障，关系甚重，是以谕令曹文埴等会同地方官详细履勘，公同商酌。嗣据曹文埴等奏到，业经降旨照所请行矣。今据富勒浑奏，柴塘作为坦水一节，既欲藉资保障，自应酌量黏补。庶石塘常得藉柴塘为护身，而柴塘亦得永资石塘为依靠"等语。所有富勒浑奏到之折，着钞寄曹文埴等阅看，或更有酌议处，即奏来。

（卷1252，册24，页828—页829）

## ○乾隆五十一年四月壬辰（十九日）（1786-5-16）

○又谕：据富勒浑奏《柴塘固限之外，仍应随时粘补》一折。着钞寄曹文埴等阅看，令其查照前奏有无可采择酌办之处，悉心筹画，据实具奏。至浙省仓库亏空一事，昨已有旨，添派窦光鼐会同秉公据实查办。前据曹文埴等奏，分派随带司员，前往各府属清查仓库。至今又有十余日，并未据曹文埴等奏到。浙东八府距省较远，或一时不能逐款查清，尚需稍稽时日。至嘉湖二府地方，接近省城，往返不过五六日，有无亏空不难立见。至杭州，则曹文埴等现在彼处，尤可就近盘查，将现在情形先行覆奏。岂必待汇齐始行入奏耶？着传谕曹文埴等，即将现已查清各府属仓库亏缺若干、实存若干之处，迅速先行覆奏。

（卷1253，册24，页839—页840）

## ○乾隆五十一年五月丙午（初四日）（1786-5-30）

○又谕：据曹文埴等奏"续查过宁、台、衢、处四府库项仓储，连前七府，共亏缺银二十七万二千余两。核之册报数目，有减无增。现饬将各州县存贮之银，尽数提归藩库，并与藩司一切卷宗，逐款核对"等语……浙省亏空一案，关系紧要，阿桂接奉此旨即行速赴浙省，会同曹文埴等彻底查办……再阿桂到浙后，可前往海塘，详悉履勘。所有范公塘原定缓工二千九百余丈，已据曹文埴等奏请停止。是否毋庸办理足资保护之处，将实在情形亲往履勘，据实覆奏。阿桂回至淮徐想即伏汛时矣，亦可便中详看面奏，不为无益。将此由六百里各传谕知之。窦光鼐折并着钞寄阿桂阅看。

（卷1254，册24，页846—页848）

## ○乾隆五十一年五月庚戌（初八日）（1786－6－3）

○谕军机大臣等：……又据富勒浑奏《浙省海塘岁修经费》一折。称"该省盐务外输款内，有交接铺垫二项，系属相沿陋习。若改归塘工作为修费，每年可多得银三四万两……着将原折发交阿桂、孙士毅阅看，并着查明办理。

（卷1254，册24，页849—页850）

## ○乾隆五十一年五月辛酉（十九日）（1786－6－14）

○谕军机大臣等：……又窦光鼐所奏，塘工经费宜责成塘工大员，督率海防同知承修一节，是否可行，亦着交与阿桂，于履勘海塘后，一并酌议核办。至所称"于沙滩地栽种芦苇，三年之后将不可胜用，遇有冲刷处所，即以苇易柴，塘工愈加坚牢"等语。则所见殊属迂谬，按之事理，不通之极。海水性咸，不能生物，是以沙滩余地弃而不用。若果可以栽种芦苇，民间岂有不早行栽种，听其闲旷之理？朕屡次巡幸浙江，銮辂所经亦并未见有苇田，且芦苇易于糟烂，不比柴性之坚劲。若用以镶筑塘工，岂能巩固经久？或窦光鼐别有所见，可备采择之处，阿桂等务须悉心商搉，据实具奏，不可稍存回护。仍将抵浙后，会同曹文埴等审讯各情节，迅速具奏。将此由五百里传谕知之。

（卷1255，册24，页858—页859）

## ○乾隆五十一年八月辛丑朔（初一日）（1786－9－22）

○又谕：据伊龄阿奏《题销范公塘迤西石坝四座，沿塘堆垒竹篓石块工程》一折。内称前抚臣福崧，于四十九年五月沙水情形折内，仅称"堆垒竹篓石块以护塘根，而丈尺未经声叙"等语。海塘工程，例应将工段丈尺及估需银数，先行奏明，以便工竣后，报部核销。福崧在任时，何以不详细专折具奏？又伊龄阿折内称"石块塘五百三十五丈内，另有柴塘三百一丈，系四十六、八两年潮水归塘，土堤冲失，要工迫不及待，经历任抚臣督令司道，筹项赶筑，以资保护，亦未具奏"等语。此项柴工，虽未动项修筑报销，但当时如何筹办、经费若干，该抚何以亦未奏明？着传谕福崧，令据实明白回奏。

（卷1262，册24，页990—页991）

## ○乾隆五十一年八月丁巳（十七日）（1786-10-8）

○又谕：据福崧覆奏"范公塘一带形势顶冲，柴工屡镶屡垫。沿塘堆垒竹篓，以护塘根，其丈尺深浅一时难以拘定，未敢悬拟声叙。迨工竣后，因司道册报工料浮多，屡经饬驳删减，以致在任时未能分别题报"等语。范公塘距省城甚近，既因工险堆垒竹篓以护塘根，该抚应于工竣时亲往查验，丈尺浅深无难一目了然。设该工员等果有浮冒减工之弊，即可立时查出，核减参处。乃仅据工员等详报册内往返饬驳，则该抚当时并未亲往查勘，已可概见。福崧身任巡抚，于此等要工，岂得不行亲往，惟以驳查了事可乎？将此谕令知之。

（卷1263，册24，页1011）

## ○乾隆五十一年十二月庚子朔（初一日）（1787-1-19）

○谕军机大臣等：据琅玕奏《查勘海塘工程》一折。内称"章家庵以西接筑柴工一千五丈，塘外涨沙日渐坍卸，现俱临水，其中段回溜更为冲激，应即遵旨于朱笔圈记处，添筑挑水大石坝一座"等语。该处形势兜湾，塘外涨沙，既日渐坍刷，回溜逼近塘根，恐致着重，自应遵照前旨，于朱笔圈记处所添筑挑水大石坝一座，俾潮水至此分溜南行，于塘工倍资保护。并将原定急工，依限上紧赶办完竣，毋致迟逾。再阅图内，所绘头围迤西一带，前此原因该处溜势渐开，沙涂宽广。且据阿桂奏，曾询之该处老民，俱称潮水从未至此，是以将原定石塘缓工二千九百余丈暂行停止。今该抚折内，虽亦奏称范公塘外沙涂仍属宽广，石工可缓，但思沙性坍涨无常，现在接连头围章家庵迤西一带涨沙坍刷，大溜渐有趋近之势，恐头围处所沙涂亦不免刷动。所有停筑石工二千九百余丈，着传谕该抚，随时覆勘，详加体察。如水势渐近土塘，难资捍卫，即当奏明，仍行接筑，永期保障。若该处沙涂如前宽阔，溜势不至逼近，则当仍照前议停止。惟在该抚酌量情形，相机妥办，不必稍存拘泥之见也。寻奏：范公塘外头围缓工现无溜逼，尚可停办。倘水势渐近，随时奏请兴工。得旨：若有此情形即当速奏，一面备料请旨。

（卷1270，册24，页1119）

## ○乾隆五十一年十二月戊申（初九日）（1787－1－27）

○又谕曰：永庆、王廷燮、福森泰缘事犯罪，虽应发往伊犁效力赎罪，但伊等到新疆亦属无用。而永庆现已有目疾，王廷燮又系汉人。着施恩将永庆、王廷燮遣往浙江，交与琅玕，留于海塘工程效力当差，听候委用。

（卷1270，册24，页1123—页1124）

## ○乾隆五十一年十二月己未（二十日）（1787－2－7）

○又谕：据琅玕覆奏《查勘海塘情形》一折。内称"头围沙水形势仍系如前，现在遵旨添建挑水大坝，并急工二千一百余丈，赶办完竣足资保护。所有缓工二千九百余丈实可停办。但沙性坍涨靡常，惟有随时履勘，相机筹酌。如水势渐近土塘，即将缓工奏请仍行接筑"等语。所见是，已于折内批示矣。范公塘外沙涂仍属宽广，所有原定缓工二千九百余丈自可停止不办。该抚应督饬工员，将现定急工二千一百余丈上紧赶办完竣，以资捍卫。但涨沙既有坍刷，水性靡常。倘日久头围处所沙涂一有刷动，该抚即应一面集料鸠工，一面将实在情形迅速具奏，候朕降旨，将停办缓工再行接筑，以资保障。惟在该抚随时屡勘，相机妥办，毋稍存拘泥之见。

（卷1271，册24，页1135—页1136）

## ○乾隆五十二年四月庚戌（十三日）（1787－5－29）

○又谕：沿海盗贼，最为商民之害……雅德由该省巡抚擢用总督在闽最久，非若富勒浑之尚得借口在浙江办理海塘者可比，今贻误地方至于此极，着令其自思罪状，明白回奏。

（卷1278，册25，页125—页126）

## ○乾隆五十二年五月庚辰（十四日）（1787－6－28）

○又谕：据琅玕奏"海塘石工加贴银两，遵照部驳，删减十三款，共银五万余两，着令赔缴外。其石匠夫工，开槽还土，架木、跳板、桥木三款，应减银九万八百余两，查系实用实销，势难删减"等语。浙省原办、续办鱼鳞塘工用过加贴工料银两，经军机大臣会同工部驳令删减十三款。其石匠夫工等三款反复查验，系实用在工，并无浮冒开销，势难删减，自系实在情形。若交部议，未免格于成例，仍致议驳。工员业经赔缴银五万余两，无力再赔。又须恳请具奏，徒滋往返案牍，于事无益。且此项工程在琅玕未到任以前办理，如果工员等有浮销情弊，该抚亦不值为之袒护奏请。所有石匠夫工等三款应减银九万八百余两，着加恩准其报销。其另片奏称，新建塘工石价较续办石塘每丈加增银一钱三分。既据查明，实系宕深路远，不得较旧工稍增，亦皆按款实给，并无浮冒，亦着一并据实造报。此后皆不得援以为例。

（卷1280，册25，页155）

## ○乾隆五十二年十月辛亥（十七日）（1787－11－26）

○谕军机大臣等：据琅玕奏《勘明应办石塘坦水等工》一折。内称"老

141

盐仓以西至章家庵一带，旧筑柴桩霉朽，并范公塘陆续建筑埽工，地当顶冲，间被泼损坍卸，均难以资捍卫"等语。老盐仓以西一带多有新修工段，甫经修竣，为时未久。而范公塘新建塘工，朕于四十九年南巡时亲临指示，今冬将届完工，乃该抚奏称老盐仓范公塘工段俱有霉朽坍卸之处。若果系旧筑柴埽工程被水冲刷，间有坍损，尚属事之所有。如系新筑工程，则为时未及五年，何以即有坍损之事？恐系当日工员办理草率，或竟有偷减物料，任意冒销情弊，均未可定。德成现在出差，伊于工程事务较为谙悉，着不必回京请训，即由该处驰驿前赴浙省，详悉履勘老盐仓以西应修各处是否系属新工，并将范公塘一带新筑石塘是否一律如式坚固之处，一并确切查明据实具奏。如不可待，一面兴工奏闻。将此各传谕知之。

（卷1291，册25，页306—页307）

## ○乾隆五十二年十月甲寅（二十日）(1787 – 11 – 29)

○谕军机大臣曰：德成奏《遵旨起程，前赴浙省查勘海塘工程》一折。所有海塘老盐仓一带多系新修工段，而范公塘工程今冬甫将修竣。琅玕前奏该处柴塘各工被水冲刷，间有塌损之处，其为新工旧工无难一目了然。若果系旧时柴桩埽工，间有霉朽塌卸，尚为事之所有。如系新筑工程，岂无保固限期？若为时未久即有塌损，则当日承办工员难保无偷减物料任意冒销之弊，自应切实查办。德成于工程尚为熟悉，是以令其前往，惟当详悉履勘，据实核办。不得又如伊前此所奏漕米搀杂等弊，有意苛求多事也。将此谕令知之。

（卷1291，册25，页310）

## ○乾隆五十二年十月丙辰（二十二日）(1787 – 12 – 1)

○又谕：据李世杰等奏"勘估临湖风损砖石各工内高堰、山盱、扬河、扬粮等厅属，估需工料银二十余万两。又于扬粮厅属三沟闸迤下创筑西堤一道，估需银二万余两。请就近于淮扬关库拨项兴修"等语。本年豫省堤工漫溢，江南下游各工并无险要处所。虽洪泽湖承受豫省漫溢稍觉旺盛，冲塌

| 高宗乾隆朝（元年—六十年）（1736-2-12—1796-2-8）|

堤口甚小，不过三四处，随即堵合。何致砖石各工俱行塌卸，估修如许之多？且三沟闸迤下一带从前并无堤岸，该处民田庐舍向来作何保障？目下何又亟欲筑堤？恐系江省本年黄河工程平稳，工员等无可开销，藉此修理堤工为影射冒销地步，亦未可定。现在德成前往浙江查勘海塘，经由江省，原可即派伊顺道阅看。但伊于工程虽为谙习，而于河务情形究未熟悉，又复自是多事。兹豫工业经告竣，阿桂昨已回京起程。着传谕阿桂，接奉此旨，不必来京，即由该处驰赴江南，会同李世杰等将高堰山盱等工是否在保固限外，其扬粮扬河各工是否应行修补之处，确切覆勘。其西岸三沟闸迤下，是否应需添筑西堤之处，难以悬断，亦着阿桂一并查明据实具奏。堤工原为保护民生，如果有必应修筑之处，朕岂肯靳惜帑金，不行兴办？倘所奏各工，无关紧要，徒为工员影射冒销地步，自应据实奏明，停止办理。所有李世杰等奏请动拨淮扬关库一节，阿桂查若应办，即照所请与拨，咨部知之。其李世杰等原奏及图样，着一并钞寄阿桂阅看。将此传谕阿桂并谕李世杰、李奉翰知之。

（卷1291，册25，页313—页314）

## ○乾隆五十二年十月丁巳（二十三日）（1787-12-2）

○又谕：昨据李世杰等奏《勘估临湖风损砖石各工，又请于三沟闸迤下，创筑西堤》一折。已降旨谕令阿桂即于途次前往，会同李世杰等确切履勘矣……此事德成现赴浙江看视海塘，原欲令顺道阅看。但德成于工程虽为熟习，而于河务情形究未谙悉。且素性偏执，不足服众。若令前往，伊以为不应添建，外人未免疑其有心迎合，而朕亦即虑其有此。若伊以为应须添建，朕又不能深信。阿桂于河工素为谙练，今往履勘，如系不应兴工，据实奏明，可以折服众论。倘以为必应添建，朕亦可以无疑，是以必须阿桂查勘方得确实。但阿桂甫由豫省工竣起程，今又中途派往。现在正值寒冷之候，往来跋涉，朕心深为轸念。着赏给御用貂尾暖冠一顶，以示体恤。阿桂到彼，务须将该处各工应否修建之处，会同李世杰等详悉履勘，据实具奏。将此谕令知之。

（卷1291，册25，页316—页317）

## ○乾隆五十三年正月丙戌（二十三日）（1788－2－29）

○谕曰：……昨德成查勘海塘回京，据奏，风闻柴大纪自复任台湾总兵，贪纵营私，废弛营务，并令兵丁私回内地贸易，激变贻误，玩视贼匪，种种酿成巨案。朕以德成自浙回京，距闽不远，所闻必非无因，随降旨令福康安、李侍尧、琅玕各行查实具奏。旋据琅玕奏，风闻柴大纪私令守兵渡回内地贸易，每月勒缴银钱。

（卷1297，册25，页429）

## ○乾隆五十三年五月（1788－6－4—1788－7－3）

○浙江巡抚觉罗琅玕奏：本年三月间，海塘东自尖山汛起至廿里亭止，新涨阴沙一段，计长三千五百余丈，堤根极资保护。得旨：是好机会，可望南坍北涨矣。又奏：遂安、淳安、西安、开化四县，因山水陡发，田庐被淹，现已赈恤口粮房费，又借籽种，督令及时补种。得旨：善为抚恤，俾受实惠。勉之！

（卷1305，册25，页571）

## ○乾隆五十四年四月庚寅（初四日）（1789－4－28）

○军机大臣议准：浙江巡抚觉罗琅玕奏，老盐仓迤西一带，前经发帑筑建鱼鳞石塘，所有料物加贴银两，奏明加增一倍有余始敷办理。今东塘应修石工及西塘岁修柴工与鱼鳞石塘事例相符，请一体加贴。至加贴银两，请于海塘费内赏借银五十万两，给商生息，每年可得息银六万两，以为分贴岁修塘工之用。从之。

（卷1326，册25，页949）

## ○乾隆五十四年四月（1789-4-25—1789-5-24）

○浙江巡抚觉罗琅玕奏：范公塘一带旧设石坝十一座，系用碎石，以栅栏木柜装载排列，难于钉桩，一经大潮冲刷易于泼损。不若用柴盘头，可以钉木作桩，根脚牢固，且柴性柔软，可耐冲激，即间有挫垫，亦易修筑。现在石坝冲损者，请即改建柴盘头，余俟应修时一律改建，不必再做石坝。得旨：如所议行。

（卷1327，册25，页975）

## ○乾隆五十五年四月癸亥（十三日）（1790-5-26）

○又谕：据琅玕奏，西塘一带，自潮神庙迤西至乌龙庙止，随塘涨出阴沙，长五千七百余丈，宽自二百丈至一千五百九十丈不等。该处石柴各塘层层保障，实为益加巩固"等语。览奏欣慰之至。范公塘一带为杭州省城之保障，石柴各工全赖阴沙为外卫。今该处迤西随塘涨出新沙，宽长至数千丈，沙滩坚实，业成高阜，其迤东一带自必逐渐涨长。而对面南岸阴沙日渐坍卸，塘身巩固，更足以保卫民生。此皆仰赖海神默佑，灵贶聿昭，始得成此北涨南坍之势，实为滨海居民额首感庆。着将内府藏香四十炷发交琅玕，即着该抚亲赍至海神庙虔诚告祭，用答神庥。

（卷1352，册26，页107—页108）

## ○乾隆五十五年八月庚申（十二日）（1790-9-20）

○谕：今岁朕八旬庆节，率土胪欢。现在来京祝嘏臣民俱已叠沛恩施，同沾恺泽。所有承办庆典之浙江商人志切呼嵩，亦宜一体加恩，用昭嘉奖。着将该商等本年应交柴塘生息银十二万两，于五十六年为始，分作三年带完，以示朕锡福施恩至意。

（卷1360，册26，页235—页236）

## ○乾隆五十五年十月乙卯（初八日）（1790-11-14）

○谕：……今知海宁业经奏请解任，顾学潮辄以未完官项为辞，奏称现无养廉可扣，不能赶紧措完。热中恋栈，情见乎辞，实属昧良负恩。况浙省吏治废弛，收漕舞弊，皆系琅玕顾学潮二人玩误因循所致。顾学潮即着革职，勒令回籍，仍将在藩司任内支过五年养廉全数罚出，以为海塘之用。并令福崧、海宁于原籍任所，督饬将伊应缴养廉及未完银一万八千九百余两，俱着即行全数缴出，不准分限，以示惩儆。

（卷1364，册26，页302—页303）

## ○乾隆五十五年十一月癸巳（十八日）（1790-12-23）

○谕军机大臣等：据福崧奏"宝山县塘工……"福崧现已调任浙江，所有此项工程，着传谕孙士毅、长麟，再行悉心查勘，将应否修办之处据实具奏。

（卷1367，册26，页331—页332）

## ○乾隆五十五年十一月乙巳（三十日）（1791-1-4）

○又谕：据福崧奏《查勘海塘实在情形，将应办工程分别缓急、次第兴修》一折。所办尚好。海塘工程，保卫民生，为浙省应办要务。现据该抚所奏情形，应行修补之处甚多，自应及时筹办，断不可再有因循。着传谕该抚，务须督率所属，将应办各工次第经理，俾臻完善，毋得玩愒从事也。

（卷1367，册26，页344）

○又谕：据福崧奏"浙省海塘近年以来未曾妥实岁修，现在柴石工程坍损剉蛰之处甚多。彼时前抚臣琅玕并未前往查勘、据实奏报"等语。浙省海塘工程关系民生保障，经朕屡次亲临相度，特发帑金改建石工，永资巩固。是该处工程为浙省第一应办要务，琅玕身任巡抚，此事是其专责，自应随时亲往查勘，据实具奏。乃竟安坐廨署，并不前往阅视，殊不可解。岂于保卫民生之事视同膜外，全不经心耶？着将福崧原折钞寄琅玕阅看。

（卷1367，册26，页344—页345）

## ○乾隆五十六年正月戊戌（二十三日）（1791－2－25）

○又谕：……又据福崧另片奏称"海塘应修各工亟须妥速补筑，拟暂回省城亲往督催。俟二月内伍拉纳来温之前，仍即前抵温州会同商办"等语。福建地处海疆，最关紧要。浦霖新调该省巡抚，恐未能熟谙海疆情形。且浙江粤东洋盗多系籍隶福建，该犯等劫得货物窜至闽省洋面，势须登岸卖赃，海口地方亦必有接赃私买之人，现在浙省拿获屡买盗赃之周友卿可为明证。伍拉纳此时竟当在闽，饬属于洋面及各处海口认真缉捕，或亲至沿海查拿。何必因此一案余犯前赴温州？上年十一月内，曾经降旨谕知伍拉纳，此时想已接奉。该督即当遵照前旨，毋庸赴浙。如已起程抵温，将缉捕事宜与福崧等商定后，即着速行回闽。至福崧俟查催海塘后，即行前往温州督办，务期盗首就获，洋面肃清，不可稍有疏纵也。将此由六百里各传谕知之。

（卷1371，册26，页394）

## ○乾隆五十六年十二月癸丑（十三日）（1792－1－6）

○谕军机大臣曰：福崧奏《海塘应修各工，业经一律完竣，核计银数，分别着赔》一折。据称"琅玕任内延误未办工段，其最要各工应赔银八万九千六百六十两零。又次要各工用过例估加贴工料银十三万七千六百五十一两零，亦应令琅玕赔补五成，其余五成着落该司道厅员名下，按数分赔"等语。此项海塘应修各工，琅玕前在巡抚任内延缓不办，现在用过例估加贴工料银两，自应着落分赔。但所奏各工，从前办理时未能坚实，亦非琅玕一人之咎。其承办之司道厅员等，岂得置身事外？所有此项应赔银八万九千六百六十两零，亦着照次要各工，令琅玕赔补五成，其余五成着落承办之司道厅员等分赔完项，以昭平允。至琅玕名下，尚有节次自行议罚应交海塘及内

147

务府银两，除陆续完缴外，尚未完银八万两，着加恩概行宽免，令其专力措缴。现在海塘最要次两工应赔银十一万三千余两，琅玕务须倍加感激，作速解交浙省归款，毋再延缓干咎。将此谕令知之。

（卷1392，册26，页709）

○乾隆五十七年二月癸亥（二十四日）（1792－3－16）

○谕军机大臣等：据福崧奏"范公塘一带，原系建筑石坝，嗣经琅玕以石块易于冲失，奏请停修，如遇应行修筑之时，一体改筑柴坝。今自停修以来，石坝多已坍损。若改筑柴盘头不特需柴甚多，且石坝挑溜极为得力。现率同司道，将石坝如式捐修，以资捍卫"等语。范公塘一带，前经琅玕奏称，石坝一项系用碎石装入木柜，排列海边。复以碎石围绕，堆护根脚。既不能排钉木桩，又不能用灰浆浇灌，一遇潮大之时，易于泼损坍卸。不若柴盘头一项可以钉木作桩，根脚坚固，能耐潮水冲刷。彼时朕以琅玕所奏情形尚属近理，是以照议允行。今福崧又以石坝挑溜较为得力，现在坝基尚属坚固，废弃实属可惜，仍应将柴盘头改筑石坝为辞，与琅玕所奏互异。朕思柴盘头一项镶筑既易，即遇有潮水冲汕坍损，亦不难随时修补。而石坝以碎石堆积作基，难以钉桩护脚，岂能日久坚固？且遇潮水冲卸石块，沉入水底，无从查验，易启工员浮冒之渐。然以情理揆之，柴薪为民间日用必需之物，若改筑柴盘头需柴甚多。如每年坝工多费一万柴觔，民间即缺少一万柴觔之用。柴价不无少增，似非民情乐从。而建筑石坝则需用工料较多，承办之员藉此为开销浮冒地步，自以石坝为便。今若以石坝柴坝二项孰为有益之处，仍令福崧酌量定议。则福崧既以修筑石坝为宜具奏，岂肯自改前说？是两说皆各有理，朕不能遥定。大约官员喜于石工之多开销，而民间又喜于不作柴工则柴省，于民间日用柴薪为有益，大概出于此乎。此事着交长麟前往查勘。江苏距浙江甚近，现在该省并无应办紧要事件，即着长麟亲往杭州范公塘一带逐细履勘，体察该处情形。究竟石坝柴坝两项孰为得力，孰为经久，秉公据实覆奏，并绘图贴说呈览。总期于塘工有裨，不可稍有偏护。再该处大小石坝十一座建筑未久，何以多有坍损？是否从前经手塘工各员办理不能坚实所致？并着长麟一并查明具奏。将此传谕长麟并谕福崧知之。

（卷1397，册26，页763—页764）

## ○乾隆五十七年三月己丑（二十日）（1792－4－11）

○谕军机大臣等：前据福崧奏《范公塘一带原系建筑石坝，嗣经琅玕以石块易于冲失，奏请停修，如遇应行修筑之时，一体改筑柴坝。自停修以来，石坝已多坍损。若改筑柴盘头一项，不特需柴甚多，且石坝挑溜极为得力，现将石坝如式捐修》一折。因查从前琅玕所奏内称"石坝一项，系用碎石装入木柜，排列海边，复以碎石围绕，堆护根脚。既不能排钉木桩，又不能用灰浆浇灌，一遇潮大之时易于泼损坍卸，不若柴盘头可以钉木作桩，能耐潮水冲刷"等语。朕以两说皆各有理，但建筑石坝易滋工员浮冒之弊，而改用柴工又虞民间日用柴薪或致缺少。是石坝柴坝两项，究竟孰为得力，孰为经久之处未能遥定。因令长麟前赴范公塘一带履勘，体察情形，秉公据实覆奏。兹据长麟奏称"石坝系沉船载石为基，体重根牢，即遇风潮汹涌，不过顶上木柜及浮置碎石冲损，断不能摇动坝基。若改作柴工，一遇风排浪涌，拔桩走埽，漂荡全无，似应仍用石坝"等语。范公塘一带大小石坝已阅多年，现在坝基依然稳固，止须略为修补即可收事半功倍之效。若改用柴工，偶遇风潮即属易于汕刷。而基址尚存碎石，钉桩下埽又复难以施工。况每年多费柴薪，于小民日用之需亦多未便。是柴工不如石工之坚固经久有益于民，显而易见。从前琅玕有何所见而率为改用柴工之奏，轻议更张？且改用柴坝后亦应即为修理，加意保护，以资捍卫。何以并未补修，以致坝工现有坍损之事？着传谕琅玕，令将从前何以请改柴工、又何以并不修理之处，据实明白回奏。长麟福崧原折着一并钞寄阅看。

（卷1399，册26，页783—页784）

○乾隆五十七年三月庚寅（二十一日）（1792－4－12）

　　○谕军机大臣曰：长麟奏"查勘范公塘一带石坝，系沉船载石为基，堆积石块，增高出水体重根牢。即遇风潮汹涌，不过顶上木柜及浮置碎石冲损，断不能摇动坝基。若改作柴工，一遇风排浪涌，拔桩走埽漂荡无存，似应仍用石坝"等语。此事于乾隆五十四年四月内，据琅玕奏，范公塘一带所筑挑水石坝，碎石堆积，不能排钉木桩，易于坍卸。不若柴盘头一项可以钉木作桩，根脚坚固，彼时朕以琅玕所奏情形尚属可行。本年二月内，据福崧奏"以此项石坝基址，尚属坚固，废弃可惜。若改筑柴坝，不特需柴甚多，且挑溜不能得力，现将石坝如式捐修以资捍卫"等语。与琅玕所奏情形互异。朕以两说皆各有理，但不能遥定。因令长麟前赴杭州范公塘一带逐细履勘，究竟石坝柴坝两项孰为有益，秉公据实覆奏。今长麟既偏主福崧之说，以石坝为是，则琅玕所议改筑柴坝所见即属错误。前此朕令长麟前往海塘履勘，原欲于福崧琅玕两人所议孰得孰失之处，确切指陈。乃长麟折内只称宜用石坝，将柴坝无庸置议。而于琅玕原办错误之处并未逐细声叙，意存回护调停，殊属非是。至琅玕于五十四年四月内奏请改用柴坝后，迄今已及三年，是否将此项柴坝开工修筑，福崧于五十五年秋间抵任，至本年二月亦已过年余，如何始将应行修筑石坝之处具奏？其五十五六两年是否照琅玕所办，将柴坝仍行修理？若云此项坝工全为挑溜护塘所筑，则无论用石用柴，自应随时修整。何以两年任其坍卸？若系无关紧要之坝，又何必多此一举，徒滋糜费？殊不可解。着传谕福崧，即将此次柴坝是否业经修筑被水冲坍，抑竟未动工，所请改作石坝，现在曾否修建，据实覆奏。再细阅图内挑水坝基，上窄下宽，堆作坦坡，周围系属圆形，尽可藉以挑溜。又何须于坝顶安设木柜？此项木柜旧制本属方形，今长麟又欲改作三角。虽长麟所奏，侧身让水之言尚属近理。但设此木柜究系何用？亦着福崧一并覆奏。至柴工自不如石坝之坚固经久，况每年坝工多费一万柴觔，民间即缺少一万柴觔之用，柴价不无稍增，于小民日用多有未便。自应照长麟所议行，并着福崧悉照所议妥协修办，以副朕慎重海防、保护民生至意。除另降谕旨传谕琅玕回奏外，将此谕令知之。

（卷1399，册26，页785—页786）

## ○乾隆五十七年四月癸丑（十五日）（1792-5-5）

○谕军机大臣等：前据长麟覆奏，范公塘一带所筑挑水坝柴工不如石工之坚固经久，应仍用石坝，既省柴刍挑水又复得力。当经降旨，令琅玕将从前何所见而率为改用柴工之奏，又因何并未补修以致坝工现有坍损之事，据实明白回奏。并令福崧将琅玕于五十四年奏请改用柴工后，曾否将此项柴坝开工修筑之处，查明具奏。兹据福崧奏称"范公塘一带埽工，五十四年四月间，前抚臣琅玕虽经奏请改筑柴坝，旋因潮神庙迤西一带阴沙增涨，并未动工"等语。此项坝工原为挑溜护塘而设，从前琅玕在任时如果因要工起见，即应于奏请改用柴工后即为修理，以资捍卫。若系无关紧要之工，又何必妄议更张多此一奏？今据福崧称，琅玕奏请改筑柴坝并未动工，是此项柴工虽经琅玕具奏，并未认真修理。今幸石坝业已增修，前奏柴工原可毋庸改筑，不致虚费物料。但从前琅玕何以必欲改用柴工亟为奏请，而具奏后又不动工补修？可见琅玕在任时，于海塘要工并未实心经理，不过撦拾虚词，为此有名无实之奏，甚属非是。琅玕着传旨严行申饬，仍令其据实明白回奏，福崧原折着钞寄阅看。寻奏：前于浙江巡抚任内勘得范公塘一带石坝系用碎石，易于漂损。现有柴盘头数处较耐冲刷，故议改用柴工。迨自奏明后，石坝之外渐涨阴沙，不敢拘泥原奏，遽行改筑。是从前奏请实为错谬，请交部议处，以示惩儆。得旨：览。

（卷1400，册26，页810—页811）

## ○乾隆五十七年闰四月乙未（二十七日）（1792-6-16）

○谕军机大臣等：据琅玕覆奏"范公塘石坝前请改用柴工，办理实为错谬"等语。范公塘一带石坝已阅多年，现在坝基依然稳固，若改用柴工，偶遇风潮，转易汕刷，自应仍用石坝为是。此项石坝，向来系用碎石沉入海边，叠出水面，上以栅栏木柜装载碎石排列。但碎石大小不等，若仅以碎小石子抛入水中，恐根脚不能坚实，自当检取较大石块作为基址，方能得力。且用散碎石块垫作坝基，水底无所关束，究未免易于冲刷。不若将竹篓较前放大，内装石块，沉入海底，坝基岂不更为牢固？是否可以如此办理，着福崧于应行修筑时，酌量情形，遵照妥办。至福崧于本年正月奏请陛见折内，朕批令略迟待数月，现在将届伏汛之时，沿海塘工一切防护抢修，均关紧要。如该抚尚未起程，此时且不必赴京，俟伏秋大汛平稳后，于十月间到京陛见，亦无不可。若该抚现在业已起身，于途次接奉此旨，亦不必转回，俟陛见后即速回浙省。往返不过月余，于塘工防汛事宜，尽可无误也。将此谕令知之。

（卷1403，册26，页853）

## ○乾隆五十七年五月甲寅（十七日）（1792-7-5）

○谕军机大臣等：前因海塘伏汛将届，一切抢护修防均关紧要，曾降旨谕令福崧，如尚未起程，且不必赴京陛见。本日据福崧奏"行抵宿迁，接据藩司禀报，提标派出之巡洋署守备林凤鸣等，于民人互争网地一事，经伊父寄信嘱托，希图获利，帮同争夺，并许给巡洋之署游击李廷翰钱文，现经提督提回审办，相应据实参奏"等语。除已降旨将李廷翰等革职拿问外，即此而论，可见福崧此时之急于起程，殊属非是。福崧此次陛见，如果地方事务有必须面行陈奏者，亦可具折奏闻。料福崧亦无要事必须面奏，而为此仆仆，转称沿途兼程行走，俟陛见后再行迅速回任，岂不可笑。且该抚奏报交印起程日期折内称，"现无急须赶办要件，因犬马恋主之心，梦寐不能自己"，尤属无谓。福崧如曾在内廷行走，或久未觐见，尚可为此依恋之词，乃亦作此虚饰过分之语，其谁欺乎？福崧前在巡抚任内获咎，派往新疆办事，令其效力赎罪。嗣因一时乏人，是以弃瑕录用，仍任为浙江巡抚，以收驾轻就熟之益。伊前奏海塘石坝一事，尚见留心，今于接奉谕旨，令其缓行陛见，乃不权事理轻重，亟于一来，何不晓事若此？着传旨严行申饬，并着该抚于何处接奉此旨，即于何处迅速仍回本任。即已行抵古北口，亦不必即来，来亦不令进见，即斥回。伊若为前来陛见，呈进方物，即差人赍呈，亦已谕令奏事处不准接受。福崧惟当遵奉谕旨，速回浙江，将争夺网地一案，严切审讯。并将海塘石坝事宜实力筹办，以副委任。至福崧所奏办理石坝，"必须将大块石料抛入，其略小之石俱装入竹篓，沉放海底，以期不致冲刷"等语，亦属无用。大块石料，散抛水中，仍虞冲失，何不即将大石一并装入大篓内，沉放海底，更为着实？且有收束。亦着福崧于回任后，一并酌筹妥办。如实有地方要务，即可专差具折陈奏，此时总不必前来行在也。将此由五百里谕令知之。

（卷1405，册26，页874—页875）

## ○乾隆五十七年九月庚申（二十四日）（1792－11－8）

○吏部议奏：浙江巡抚福崧，请将西塘海防同知袁秉直升署杭州府知府，实属违例滥奏，应将该抚革任。得旨：此案福崧以未经实授之同知，遽请升署例应请旨补放之首府，且该员有罚俸十七案，折内亦未声明，违例滥行奏请，其过甚大。本应照部议革任，但未便以此一事，遽行更换巡抚。福崧姑从宽免其革任，仍注册。着罚养廉一年，以为徇情违例滥奏者戒。

（卷1413，册26，页1010）

## ○乾隆五十七年九月癸亥（二十七日）（1792－11－11）

○谕军机大臣曰：福崧奏《秋汛安澜，塘工稳固》一折。内称"绍兴府属之萧山县境内，因本年江潮较大，该处土石各塘，间有坍卸，节经饬办完整。惟荷花池、张神庙、闻家堰三处工程，坐当顶冲，屡镶屡蛰，形势险要。现饬该府上紧抢筑，借项赶办，并将海塘购办柴薪，就近截留应用"等语。海塘工程，向来宜于南坍北涨，若北坍南涨，塘工即不免着重。今江潮大溜趋向萧山县境，此或南坍北涨之渐，自系好机会。何以该抚又称荷花池等处，形势险要，须借项抢筑？是北坍南涨，既需修筑塘工，以资保卫杭城。而南坍北涨，又不免于绍兴一带另兴工作。江潮大溜，断不能使之直趋中亹。若如该抚所奏，则塘工修建，竟无已时。或系地方官藉词兴工，以为开销地步，亦未可定。福崧所奏，殊未明晰。着传谕该抚，即将现在溜势既向南趋，因何萧山县境荷花池等处，又需借项抢筑之处，据实覆奏，并详细绘图贴说呈览。

（卷1413，册26，页1011）

## ○乾隆五十七年十一月戊申（十三日）（1792－12－26）

○谕军机大臣等：前因福崧奏"海塘南岸荷花池、张神庙等处工程，坐当顶冲，应购办柴薪抢筑"等语。所奏殊未明晰，当即降旨询问。向来海塘工程，宜于南坍北涨，何以南岸仍有应修堤工之处？令其据实覆奏。兹该抚所奏，仍未明晰，绘图亦不清楚。江潮大溜，既趋向萧山县境，此正南坍北涨之渐，极好机会。即云该处上游富阳、诸暨等江之水，自西南汇归此处，亦系由来已久，并非起自今时。而江面亦何致遽行窄狭，溜逼塘根，是保护杭州一带，既须修筑北岸塘工。而南坍北涨，又不免于萧山一带增添工作，则塘工修建，竟无已时。虽据该抚奏，此项工程，系属民修，借项动支后，仍输还归款。但民力岂可轻用，并恐地方官藉修筑塘工为名，从中科敛，以致卫民之事，转以累民，殊非爱护闾阎之道。北岸既须修筑，今又渐添南岸之工，将使潮之来、与江之去，究从何路而行？且折内称该工后面，附近湘湖，形势险要，而图内并未明画出湘湖。其所绘荷花池、张神庙等处塘工后面，系近傍山根，更可足资依靠，何得谓之险要？殊不可解。着再传谕福崧，将现在溜势既向南趋，萧山县一带塘工因何遽至塌损，亟须借项抢筑之处，另行详细绘图，据实覆奏，毋得仍前含混。寻奏：荷花池系萧山县西江塘工程，该处塘身坐东向西。今年山水较大，以致潮势旺盛，遂有冲坍。得旨：览。又批：竟是二事，不宜牵混海塘也。又称：前次覆奏折未能详细声叙。又批：不用心处，不惟此矣。

（卷1416，册26，页1055）

○乾隆五十七年十二月己丑（二十五日）（1793－2－5）

　　○谕军机大臣曰：……又福崧另折覆奏"山阴、会稽等县境内，南岸海塘各工，现俱稳固。惟荷花池等处江塘各工程，因该处江形曲折，潮汐往来，塘身着重"等语。所奏亦属牵混，向来浙省海塘，南坍北涨为极好机会。而福崧前奏南岸亦有要工，殊不可解，节次降旨，令其据实奏覆。今所奏南岸工程情形，系民修江塘，为江浙濒临江湖地方所常有之事，与海塘本属两事。福崧何得将此项工程亦混入应修海塘项下，可见福崧全不用心。亦着交长麟将该工是否应修，地方官有无影射弊混，一并查明覆奏。

　　（卷1419，册26，页1095）

○乾隆五十八年三月乙未（初二日）（1793－4－12）

　　○谕军机大臣臣曰：长麟奏《海塘沙水情形及勘明应修应缓各工》一折，所办尚妥。惟披阅所进海塘图内，未将中泓大溜绘出，殊未明晰。海潮大溜，自东而西，直走江心。若溜势偏向北岸，则北岸涨沙，必致汕刷；如溜势逼近南岸，则北岸涨沙，自应日渐加增。是海塘沙水，南坍北涨情形全凭中溜所趋为准。今该抚折内，既称南岸旧沙，现因大溜南趋，逐日俱有塌损。实为南坍北涨极好机会，而于图内并未将中溜画出，是曾否南趋之处，竟未明白，反似江水连成一片，弥望汪洋。所谓南坍北涨形势，更从何处辨别？朕检阅海塘上月旧图，系将海潮中溜画出，向南向北便可一目了然。着将长麟此次所进海塘图发还，并将旧图一并发交阅看，令该抚将现在中溜向南向北之处，每月照旧绘在图内呈览，毋得似此牵混。至北岸挑溜石坝，现因溜势南趋，相距北岸甚远，其未修各坝，自应暂缓兴修，以节縻费。再向来办理塘工，多有工员承办工程，十一府属公同保固，办理实属错误。今长麟奏请责成工员，将十一府属公同保固之例停止。甚是，自当如此。着照该抚所奏办理，以昭平允。将此谕令知之。

　　（卷1424，册27，页46—页47）

## ○乾隆五十八年七月（1793 – 8 – 7—1793 – 9 – 4）

○浙江巡抚觉罗长麟奏"浙省海塘，自六月望后，西塘十二坝对面南岸突涨新沙，迤西常字等号埽工，先后泼损一百三十余丈，现在抢镶赶办，请于新镶埽工背后，添筑月堤一道。又工尾三官堂地方，堤前阴沙亦被刷减，应接长埽工四百丈，亦接筑月堤一道，与常字号月堤联络"。报闻。

（卷1433，册27，页166）

## ○乾隆五十八年八月戊寅（十八日）（1793 – 9 – 22）

○谕军机大臣等：据长麟奏《海塘沙水情形》一折。内夹片称"范公塘头围地方，沙涂刷动，似应于该处石塘，计自原筑石塘工尾起至乌龙庙止，应筑石工二千九百余丈及填沟栽柳等项，约需银一百二十余万两"等语，并绘图呈览。范公塘一带石塘，前经曹文埴等勘明，该处涨沙宽阔，无须接筑石工，是以降旨进办。今据长麟奏，该处沙涂虽经刷动，但旧涨阴沙据称尚存五百余丈。自三官堂至乌龙庙亦尚有老沙一千八百余丈，是该处涨沙，足资捍卫。且前有三官堂新接月堤，后又有老王塘为重围保障，即使三官堂迤东至江海神庙一带，涨沙刷减，形势稍觉单薄，不妨察看情形，或减半酌办。于章家庵石塘工尾接筑至三官堂地方，其工段视长麟原拟，不过三分之一，需银三四十万两，即可敷用，既不至徒滋糜费，又足以资保护，已于图内用朱笔标志。着发交该抚阅看，是否可以办理之处，即行据实覆奏。海塘沙水靡常，或三官堂迤东一带，现在已渐涨新沙，足资保固，即此项减半塘工，亦可缓办，更不至糜帑费工，较为妥善。若必应筑堤，不可因此旨而惜费不筑，着即动项修理，仍即速奏。着传谕长麟，并谕吉庆知之。

（卷1435，册27，页181—页182）

## ○乾隆五十八年八月庚寅（三十日）（1793 – 10 – 4）

○谕曰：长麟奏"浙江海塘于七月初三、十八两次大汛，适遇急风骤雨，致东西两塘柴埽各工间有波损坍卸，业已抢镶堵御稳固"等语。本年江浙一带，雨水较多，潮汛挟山水而行，势甚汹涌，柴埽各工间被冲塌。长麟督率工员，分投堵筑，各工得以保护无虞，办理尚属妥协。长麟及在工出力各员，俱着交部照例分别议叙，以示奖励。

○谕军机大臣等：据长麟奏《海塘沙水情形》一折。业已督率工员，抢镶堵御，得以保护无虞。办理尚属妥协，已有旨交部议叙。着发去藏香一百枝，交该抚敬谨收贮。随时恭诣海神庙，拈香致祭，用答神庥。仍着该抚督率在工各员，小心防护，俾各工倍臻稳固。将此传谕知之。

（卷1435，册27，页194）

## ○乾隆五十八年十月乙丑（初五日）（1793-11-8）

○谕：大学士九卿议覆长麟奏《酌减海塘石坝工程》一折。从来治水之道，以顺其性为要，水势顺轨直趋，自不致迎激为患。若拦截抵御，则水势激怒，不免波损之虞。浙省建筑海塘，原为保障地方起见，然柴石塘工，已属与水争地。今又添建石坝，高二丈八尺至一丈五尺，直出十余丈至五丈不等，以十二坝总计，纵横不下百余丈，逼靠塘身，是占水之地更加多，又何怪水势愈怒，冲激损工。福崧前在浙江巡抚任内，于地方事件，尚不能整饬，惟知婪索牟利。其海塘工程，不过就属员怂恿之词，即议添建石坝，岂能筹办得当？而长麟于海塘事务，亦非素所谙悉，不过为补救调停之计，拟减丈尺，亦恐无真知灼见。今据大学士九卿会同核议，请交与新任巡抚吉庆，留心察看，酌酌办理。但吉庆平日办事，虽尚明白，而于海塘工程，亦全未谙悉。因思兰第锡、李奉翰办理河务有年，虽河海情形不同，而水性则一，其如何因势利导之处，可以推类而知。现在早过霜降，河工无事，李奉翰即日到京陛见，俟该总河于陛见后，即行前赴江南，会同兰第锡偕赴浙江，与吉庆三人详悉履勘，公同商揣，将此项石坝，应否照旧建筑。抑应照长麟所奏，酌减丈尺，或竟可无需办理之处，酌酌定议速奏。所有大学士九卿核议一折，俟兰第锡、李奉翰等详勘覆奏到日，再降旨。庶此项坝工应修应停，

157

得有定见，不致以无益工程，激怒水势，屡有泼损等事，又须岁修縻费也。

（卷1438，册27，页219）

## ○乾隆五十八年十月戊子（二十八日）（1793-12-1）

○又谕：据吉庆奏《九月分海塘沙水情形》折。内称"东塘自普济庵东起至塔山口前，涨阴沙一道，现长九百余丈，宽自四五丈至二百余丈不等，潮来漫盖，潮退显露，较上月奏报时，刷短八百余丈，刷窄一百余丈。又前刷堰沟一道，自塔山起至殳家庙止"等语。向来海塘形势，南坍北涨，于塘工最有裨益。但水性靡常，现因潮势稍大，以致塔山一带，坝身稍有沙刷，此亦无可如何之事。自应随时修补石堤务固，以御春汛，总期石塘柴坦，一律保护稳固。将来潮势稍退，阴沙渐涨，溜势又复南趋，亦未可定。惟在该抚随时察看情形，督率工员，相机妥办，小心防护，俾塘工坚固，以资保障，方为妥善。将此谕令知之。

（卷1439，册27，页234）

## ○乾隆五十八年十一月壬子（二十三日）（1793-12-25）

○谕军机大臣曰：兰第锡、李奉翰等奏《会看海塘石坝》一折，已交原议大臣议奏矣。此事前据大学士九卿核议具奏时，朕以水势宜于顺轨直趋，方不至遏激为患。浙省海塘，已属与水争地，今又添建石坝，总计纵横不下百余丈，是占水之地，更为加多，潮汐往来，不无阻碍。长麟所奏酌减丈尺之处，恐无真知灼见。而吉庆甫经到浙，于海塘工程，亦未谙悉。因李奉翰适来京陛见，当即面为详晰指示，令其会同兰第锡偕赴浙江，与吉庆三人详细履勘，公同商酌定议具奏。今据该河督等奏到，止称"石坝十二座，内有九座并非迎溜之区，应听其废去，毋庸修理。惟第二坝、第十坝、第十二坝，适当迎溜处所，颇资挡护，请暂为留存"等语。而于朕前此面谕，此项石坝是否占水地面，以致冲激损工之处，并未明晰声叙。是李奉翰并未领会朕意，且此项石坝十二座，均系福崧在浙时，先后添建。嗣经长麟查勘，以石坝过于高宽，与水抵御，易致泼损，奏请收窄办理。是此项工程，在长麟即欲收减改办，而该河督等此奏，乃称"长麟请修之七座，均已残损"等语。竟似此项石坝，系长麟奏请修筑，措词尤为牵混。前此福崧在浙江巡抚任内，惟知婪索牟利，于海塘事务，更何暇亲往履勘，留心整顿，其添建石坝，不过就属员怂恿之词，率议兴工。朕明知此项工程，必交官办，而采取石料等项，即可从中浮冒。又可以建筑石工，盖石工奏销重，柴工奏销轻。不用柴薪，既可从重冒销，更亦便小民生计，外以博市惠之名，而实以为侵肥之计，情弊显然。该河督等查勘时，亦应将福崧从前率行议建缘由，明白声叙，乃亦并无一字提及。此事李奉翰到京，曾经朕面加详谕，兰第锡止系李奉翰转向告知，而吉庆不过随同查勘，乃李奉翰于朕面谕各情节，全未领会，折中无一字道及，不过联衔一奏，草率完事，是李奉翰竟系一无用之人，又何用伊前往会同查勘耶。李奉翰着传旨严行申饬，并着将此旨交长麟阅看，想长麟亦必当心服也。除俟原议大臣核议具奏，另交吉庆遵照办理外，将此各谕令知之。

（卷1441，册27，页245—页246）

## ○乾隆五十九年正月乙卯（二十七日）（1794-2-26）

　　○谕军机大臣曰：长麟覆奏《浙省海塘石坝与水争地，自应遵旨办理》一折。内称"潮溜顺轨直趋，自不致过激为患，即或柴工因无石坝障护，稍有蛰蛰，即以修补石坝钱粮，补修柴工，实亦患少益多"等语。海塘添建石坝，占水地面，恐潮后冲激损工，转致为患。是以谕令李奉翰等前往会同履勘，经该督等奏明，将石坝十二座内废去九座。今据长麟覆奏，亦称前次只议收窄收低，并未想到占水地面一层，恭绎谕旨，实为心服。可见从前多建石坝，未免与水争地，但海塘系浙省要务，必须筹画尽善，以资经久。长麟业已升任粤省，吉庆身为浙江巡抚，此事是其专责。该处石坝，是否应照前议酌减废去之处。着传谕吉庆再行详查妥办，据实具奏。断不可拘泥前旨，稍有迁就也。

（卷1445，册27，页281）

## ○乾隆五十九年二月癸亥（初五日）（1794-3-6）

○谕军机大臣等：据吉庆奏《海塘石坝》一折。内称"范公塘十二座石坝内，第二坝、第十坝、第十二坝均系贴近要工，挑护尚属得力。其余九坝，应听其废去。至东塘海宁州石坝二座，亦应暂留，统俟应修时一律改做柴盘头"等语。此事昨据长麟覆奏《海塘石坝与水争地，自应遵旨办理》一折。朕以海塘为浙省要务，必须筹画尽善，以资经久。吉庆现任浙江巡抚，是其专责，是以复经降旨，令吉庆将是否应照前议，酌减废去之处，详悉查奏，不可存拘泥迁就之见。但此次奏到之折，未经绘图呈览，于该处情形，尚欠明晰。着传谕吉庆，即将此项石坝，何处应留，何处应废，及塘工溜势情形，总具一图，贴说进呈。寻奏：海塘形势，多系弯曲。大溜由尖山入口，自东南斜向西北直趋，是以范公塘江海神庙迤东弯曲处所，均关紧要，凡遇塘身突出之处，修筑坝工挑溜，俾水势不能入弯，方不致冲激损工。查西塘十二坝内，惟第二坝、第十坝、第十二坝均系迎溜之区，询属得力。其余九坝，均在塘身弯进处所，且相隔甚近，有占水势，应听废去。至东塘海宁州石坝二座，贴近州城左右，塘身亦系突出，藉以挑护，是以并请暂留，以资捍卫。谨绘具图说呈览。报闻。

（卷1446，册27，页288—页289）

## 乾隆五十九年二月（1794-3-2—1794-3-30）

○浙江巡抚觉罗吉庆奏"范公塘迤西为字等号柴工五百四十四丈，已逾保固之限，历经大汛，柴桩朽坏，应请拆修。又三官堂迤西沙涂单薄，现届春汛，潮势渐旺，请接筑埽工一百丈，以资捍卫"。报闻。

（卷1447，册27，页310）

## ○乾隆五十九年四月癸酉（十七日）（1794-5-15）

○又谕曰：吉庆《奏报三月分海塘沙水情形》一折，内称"西塘范公塘迤至西乌龙庙涨沙一道，现在五百余丈，宽自一二丈至八十余丈"等语。朕初阅之，以乌龙庙系属北岸，现有涨沙，自系南坍北涨极好机会，及阅所进图说，方知竟系旧沙。覆阅折内称，较上月奏报时，转刷短一百余丈，刷窄十余丈，是北岸塘工，不无吃重。该抚折内乌龙庙涨沙，当称乌龙庙旧沙，声叙殊欠明晰。着传谕吉庆，如北岸护沙塌卸，渐有逼近塘工情形，务宜随时察看，先事绸缪，俾资障卫，并嗣后奏报此等涨沙，俱当分晰新旧字样，以便一览了然，毋得仍前含混。

（卷1451，册27，页343）

## ○乾隆五十九年八月甲申（三十日）（1794－9－23）

○谕：……毕沅本应革职治罪，姑念其久任封圻，从前办事尚属勤奋，着加恩降补山东巡抚，以观后效。但伊办理地方事务，如此玩误，若复任其坐拥厚廉，不特无以示儆。即令其扪心自问，何以自安？毕沅着摘去花翎，罚交湖广总督养廉五年，即行完缴，以为浙江海塘工程之用。再罚山东巡抚养廉三年，分作六年扣缴。俾伊每年仍得支领一半，以资办公，于惩创之中，予以自新之路。此系朕格外恩宥，毕沅务宜倍加愧奋，亟思湔悔，毋再因循，致干重咎。

（卷1459，册27，页493—页494）

## ○乾隆五十九年八月（1794－8－25—1794－9－23）

○浙江巡抚觉罗吉庆奏"范公塘旧沙尖，被潮刷薄。应接筑埽工一百丈，随工沉石。又东塘伯字号坦水，亦被潮损，砖石残缺，工关险要，应一并修筑"。报闻。

（卷1459，册27，页495）

## ○乾隆六十年五月丙子（二十六日）（1795－7－12）

○谕军机大臣等：据吉庆奏《海塘沙水情形》一折，并绘图呈进。朕详阅图内，潮势逐渐北趋，与塘根日相逼近。向来海潮溜势，或南或北，趋向靡常。此次近北，将二十余年未迁，不可不虑。现在南岸阴沙日涨日阔，潮汐渐向北趋，恐塘根不无吃重。朕意或将南岸嫩沙嘴处，开一引河，引溜南趋，庶北岸塘工不致著重。已于图内画圈，粘签标志发去。但从前陈辉祖，曾经奏请开挖引河，俾范公塘一带溜势，开向南行，讫无成效。今又隔十有余年，今昔情形或有不同，是否可行，着传谕吉庆，即照粘签之处，详加相度，悉心妥办。果能将南岸嫩沙处所，开挖引河，俾潮势归于中泓，不致北趋，塘根益资巩固，自属甚善。或该处竟系活沙，若致旋挖旋淤，徒劳无益，亦不妨据实奏明，不必拘泥遵旨。朕思虑所及，不得不随时指示，想吉庆自能善体朕意，酌筹妥办也。将此谕令知之。

（卷1479，册27，页763）

## ○乾隆六十年八月戊戌（二十日）（1795－10－2）

○谕军机大臣曰：吉庆奏《六月分海塘沙水情形图说》，朕详细披阅，并将《五月分沙水图说》逐一比较。据吉庆奏到《五月分图说》内称"范公塘迤西至乌龙庙塘外旧沙一道，较上月刷短六十余丈，刷窄二十余丈"等语。是迤北一带旧沙有刷卸之处，范公塘等处塘工吃重，自应设法镶筑，俾水势南趋。而此次吉庆奏到《六月分图说》，则称"西兴迤东至童家湾，现存旧沙较上月刷窄一百余丈"等语。是迤南一带旧沙，现有坍卸，此正极好机会，又应趁势挑切，俾益加刷卸，以收南坍之效。乃吉庆折内，俱未详晰声叙如何办理。着传谕吉庆，将五月分范公塘迤西至乌龙庙塘外旧沙刷卸后，如何设法镶筑，及六月分西兴迤东至童家湾旧沙既经刷窄后，曾否施工挑切之处，逐细声叙，据实具奏。寻奏：范公塘迤西旧沙，近年渐有刷减，节经奏请接筑埽工，七月间刷窄之后，已于前筑埽工之尾接筑二百丈，现俱办竣。至童家湾一带沙涂，六月间刷窄一百余丈，乘此设法挑切，刷卸自更迅速，现饬海防道秦瀛率员赶办。报闻。

（卷1485，册27，页842）

| 高宗乾隆朝（元年—六十年）（1736-2-12—1796-2-8）|

## ○乾隆六十年八月丙午（二十八日）（1795-10-10）

○谕军机大臣等：据吉庆等奏……又据奏《海塘沙水情形》一折。阅所进图样，北面总未涨沙，范公塘等处塘工，不无着重，甚为廑念。现在吉庆正在督拿盗匪，此事无暇兼顾，竟应交藩司，暨管理海防道，务须随时留心，不可稍有疏懈。将此由六百里加紧谕令知之，仍即速回奏。

（卷1485，册27，页850—页851）

## ○乾隆六十年九月庚申（十二日）（1795-10-24）

○谕军机大臣曰：吉庆奏《遵旨将海塘南岸沙涂趁势挑挖》一折。前据该抚奏报范公塘迤西旧沙，于五月七月间均有刷卸，并阅所进图样，北面总未涨沙，甚为廑念。兹据奏"于前筑埽工之尾，再行接筑一百丈，以资捍卫，并于南岸童家湾一带沙涂刷窄之处，趁势挑切"等语。海塘沙水，冲刷不常。现在童家湾一带沙涂，既有刷动，经该抚派委熟谙工员，前往挑挖，设能藉此向南多坍，实为极好机会。至范公塘迤西旧沙刷卸，该处塘工，不免吃重，并着该抚留心察看，应行接筑者，即镶筑完备，务期稳固。仍将现在情形，随时具奏，以慰廑注。将此谕令知之。目今浙省要务，莫过洋盗，今所获几何？随时速奏。

（卷1486，册27，页878）

## ○乾隆六十年十二月（1796-1-10—1796-2-8）

○浙江巡抚觉罗吉庆奏"山阴、会稽、萧山三县湖河水利，均属毗连。三邑之水汇流东注，皆由山阴之三江闸入海。该处闸座，自康熙二十三年捐修后，亟须重修。但内河外海，应先筑坝二道，堵截水势，共估需银七千余两，应请将上年萧山县西江塘工，该三县民捐余银一万三千两内，酌留银七千两，照旧生息，以备岁修。余银六千两，作为修补闸工之用，倘有不敷，该三县绅士等愿行筹补，无庸派捐"。得旨：如所议行。

（卷1493，册27，页986）

# 仁宗嘉庆朝（元年—二十五年）
# （1796-2-9—1821-2-2）

○嘉庆十九年十二月戊午（初二日）（1815-1-11）

○又谕：御史王嘉栋奏《请开水利以济民生》一折。据称"浙江杭嘉湖三府被旱歉收，现在青黄不接之时，又值米价昂贵，贫民艰于谋食，请开浚西湖以工代赈"等语。西湖为浙西水利攸关，田畴广资灌溉。康熙雍正乾隆年间节次动项兴修，迄今阅时已久，湖身淤垫，水旱难收蓄泄之利。该御史所奏，自系实在情形，着颜检详加履勘。如应行兴办，并可以工代赈，即奏明妥办。其所请动用景工生息及海塘节省银两，亦着该抚查明应如何借动及分年摊还之处，一并妥议具奏。但此事原为利民起见，该抚勘明后奏请办理，不可谓出自上意。恐无识之徒妄行揣度，以为豫备南巡，则与朕兴利惠民之意大相剌谬也。将此谕令知之。

（卷300，册31，页1122）

○嘉庆二十五年八月癸卯（二十日）（1820-9-26）

○修浙江镇海县低圩海塘，从巡抚陈若霖请也。

（卷3，册33，页105）

## ○嘉庆二十五年九月戊辰（十五日）（1820-10-21）

○修筑浙江上虞、萧山二县坍卸塘工，从巡抚陈若霖请也。

（卷4，册33，页129）

# 宣宗道光朝（元年—三十年）
# （1821 - 2 - 3—1851 - 1 - 31）

## ○道光元年三月甲戌（二十四日）（1821 - 4 - 25）

○修浙江宋家溇柴塘，从巡抚帅承瀛请也。

（卷15，册33，页288）

## ○道光元年七月癸丑（初五日）（1821 - 8 - 2）

○浙江巡抚帅承瀛奏：时届仲夏，潮势较旺，东塘镇海汛内，石塘旧工圹卸，情形险要，亟须一律改建鱼鳞石塘，并建筑随塘坦水二层以资巩固。俟冬令潮平水落，开槽拆筑。仍先期购运桩石，俾免临期停待。报闻。

（卷21，册33，页376）

## ○道光元年七月丙寅（十八日）（1821 - 8 - 15）

○谕内阁：帅承瀛奏《南塘岁修经费不敷，筹议增拨》一折。浙江南塘，保卫山阴等五县民田庐舍，向于商输景工生息款内，每年拨银一万两为南塘岁修之用。兹据该抚查明，迩来潮汐南趋，工多费巨，奏请量筹增拨。着照所请，自道光元年为始，在司库岁征契牙杂税项内，每年拨银一万两，并原拨景工生息银共二万两，作为南塘岁修经费。如遇杂税一款余银不及一万两之数，即尽数拨给，饬令撙节办理，以慎修防。

（卷21，册33，页384）

## ○道光元年九月戊午（十一日）（1821-10-6）

○修浙江东西两塘柴埽盘头坦水各工，从巡抚帅承瀛请也。

（卷23，册33，页418）

## ○道光元年九月己巳（二十二日）（1821-10-17）

○修浙江上虞、会稽、萧山三县塘工，从巡抚帅承瀛请也。

（卷23，册33，页422）

## ○道光元年十二月 丙申（二十日）（1822-1-12）

○修浙江上虞、萧山二县坍卸塘工，从巡抚帅承瀛请也。

（卷27，册33，页490）

## ○道光二年二月 壬辰（十六日）（1822-3-9）

○修浙江钱塘县苕溪大云寺湾海塘，从巡抚帅承瀛请也。

（卷30，册33，页532）

## ○道光二年闰三月庚子（二十五日）（1822-5-16）

○修浙江萧山县西江土塘，从巡抚帅承瀛请也。

（卷32，册33，页582）

## ○道光二年四月壬戌（十八日）（1822-6-7）

○又谕：帅承瀛奏《寺塔纤塘各工请动项分别兴修》一折。浙江钱塘县境内之开化寺六和塔为塘工保障，现因年久坍塌，自应修复。着该抚即将塔座御碑亭天王殿再行派员勘估，奏明动项兴修。其北新关外官河纤塘系舟楫往来要道，于农田水利攸关，亦系年久坍卸。据该抚委员查勘，明确其估需工料银七千八百八十三两零，着照所请，准其于司库耗羡项下照数支给，责令该县妥速修整完固，工竣核实验收。该部知道。

（卷34，册33，页606—页607）

## ○道光二年六月丁巳（十五日）（1822－8－1）

○修浙江上虞县柴土塘堤，从巡抚帅承瀛请也。

（卷37，册33，页659）

## ○道光二年七月乙亥（初三日）（1822－8－19）

○修浙江萧山县海塘，从巡抚帅承瀛请也。

（卷38，册33，页673）

## ○道光二年十月甲寅（十三日）（1822－11－26）

○修浙江山阴县三江闸柴塘，从巡抚帅承瀛请也。

（卷42，册33，页763）

## ○道光二年十月庚午（二十九日）（1822－12－12）

○修浙江东西海塘柴埽坦水各工，从巡抚帅承瀛请也。

（卷43，册33，页775）

## ○道光二年十二月辛酉（二十一日）（1823－2－1）

○修浙江富阳县城垣及吴公堤塘，从巡抚帅承瀛请也。

（卷47，册33，页834）

## ○道光三年正月戊寅（初八日）（1823－2－18）

○修浙江海盐县石塘，从巡抚帅承瀛请也。

（卷48，册33，页854）

## ○道光三年三月丁亥（十八日）（1823－4－28）

○修浙江萧山县属篓石土塘并改建柴塘，从巡抚帅承瀛请也。

（卷50，册33，页896）

## ○道光三年四月戊午（十九日）（1823－5－29）

○修筑浙江会稽县中巷一带塘堤，从巡抚帅承瀛请也。

（卷51，册33，页918）

## ○道光三年五月丁亥（十九日）（1823－6－27）

○谕内阁：帅承瀛奏《新林塘外续办沟荡石闸各工完竣，并筹议岁修经费》一折。浙江萧山县新林塘外灶地添开沟荡，建设闸坝塘工。现臻巩固其老沙石闸及马塘滚坝，无庸拘执前议，再行改建。至该处工程恐日久不免沙淤水积，兹据灶牧二地绅民等援照成案，请捐岁修经费。着准其按亩捐输，自道光三年为始，由该县场按年分征存贮，遇有坍损淤塞，即由各该处绅民随时请领挑修，毋许假手胥吏，致滋浮冒。工竣令该县场据实验报，所有现办各工及将来岁修支用，俱着毋庸造册报销。该部知道。

（卷52，册33，页935）

## ○道光三年八月乙卯（十九日）（1823－9－23）

○修浙江海盐县滨海坍卸塘工，并添建随塘坦水，从巡抚帅承瀛请也。

（卷57，册33，页1010）

## ○道光三年十一月癸未（十九日）（1823－12－20）

○修浙江山阴、会稽、萧山、余姚、上虞五县柴土篓石塘工，从巡抚帅承瀛请也。

（卷61，册33，页1072）

## ○道光三年十二月丁酉（初三日）（1824-1-3）

○修浙江钱塘县苕溪险塘，从巡抚帅承瀛请也。

（卷62，册33，页1085）

## ○道光四年五月壬申（初十日）（1824-6-6）

○修浙江宁波府镇海县石塘，从巡抚帅承瀛请也。

（卷68，册34，页80）

## ○道光四年五月己卯（十七日）（1824-6-13）

○修浙江上虞县吕家埠等处柴土塘堤，从巡抚帅承瀛请也。

（卷68，册34，页83）

## ○道光四年五月壬辰（三十日）（1824-6-26）

○修浙江东西两塘并定海县营房、墩台，从护巡抚黄鸣杰请也。

（卷68，册34，页89）

## ○道光四年七月戊子（二十七日）（1824-8-21）

○修浙江西塘李家汛、翁家汛、间段柴埽各工，从巡抚帅承瀛请也。

（卷70，册34，页124）

## ○道光四年闰七月戊午（二十八日）（1824-9-20）

○修浙江筵、设、伊、尹、佐、时六号塘工，并改建鱼鳞石塘，筑复随塘坦水，从巡抚帅承瀛请也。

（卷71，册34，页144）

## ○道光四年八月丙戌（二十六日）（1824-10-18）

○修浙江李家汛、翁家汛、戴家汛、转家池、东西海塘柴埽各工，从巡抚帅承瀛请也。

（卷72，册34，页162）

## ○道光四年十二月己未朔（初一日）（1825-1-19）

○修筑浙江东塘镇海汛坦水各工，从署巡抚黄鸣杰请也。

（卷76，册34，页227）

## ○道光四年十二月己巳（十一日）（1825-1-29）

○浚浙江仁和等州县上塘河及省城内淤浅河道，修上塘河石塘、仁和县华光大桥，从署巡抚黄鸣杰请也。

（卷76，册34，页233—页234）

## ○道光四年十二月戊寅（二十日）（1825-2-7）

○修浙江海盐县育、问二号石塘，建随塘坦水二层，从署巡抚黄鸣杰请也。

（卷77，册34，页241）

## ○道光五年三月丁巳（三十日）（1825-5-17）

○修浙江仁和县海宁州海塘、钱塘县江塘，从前署巡抚黄鸣杰请也。

（卷80，册34，页301）

## ○道光五年六月戊寅（二十二日）（1825-8-6）

○谕军机大臣等：前据英和奏，通筹漕河全局，请暂雇海船，以分滞运，酌折额漕以资治河，当交各该督抚等悉心议奏。兹据程含章查照英和原奏，详晰筹议，所奏俱悉。浙江乍浦海口，内河外海，中隔石塘，塘外积有铁板沙涂，海船不能停泊，其宁波府甬江口可以收泊海船。惟由有漕州县剥运至宁波，中隔两江三坝，必须盘剥五次，耗费甚巨。浙江明年之米，该抚请仍由运河运送入京，自系实在情形，其酌折额漕一节，亦据该抚奏窒碍不可行。所有浙江明年全省漕米仍着征收本色，该省海运折色二条均毋庸议。将此谕令知之。

（卷84，册34，页353—页354）

○浙江巡抚程含章奏：西塘翁家汛至戴汛柴工，情形险要，请借项修筑。从之。

（卷84，册34，页354）

## ○道光五年七月庚寅（初五日）（1825-8-18）

○修浙江上虞、会稽二县柴塘石塘，从巡抚程含章请也。

（卷85，册34，页365）

## ○道光五年九月乙巳（二十一日）（1825-11-1）

○浙江巡抚程含章奏：查海塘向分东西南三厅管理，每年岁修，有盐商生息及节省引费等项共银十五万六千余两。自嘉庆二十四年以后至道光四年，每年于本款外长用银自一二万至十余万不等，共借藩库新工项下银三十二万一千余两，归款无期，殊非经久之道。现勘得东塘石工多有坏烂，已谕令厅汛各官于潮退时，将坦水条石掣落者检砌完好。西塘例作柴埽，难御风潮，嗣后随时镶砌，均加篾缆，仍定每年三塘岁修，总不得用过本款十五万六千余两之数，并饬各厅备弁于水势稍缓处所，试抛石块数十丈，如大潮时不被掣卸，以后陆续照办。所省必多，然后可弥补从前长用之银，而工程亦较有实济。至南塘险工较少，应修段落止准择要修理。得旨：所议甚好，着依议行。

（卷89，册34，页428—页429）

## ○道光五年九月戊申（二十四日）（1825-11-4）

○浙江巡抚程含章奏"东西两塘柴埽塘坦各工因潮汐冲激残缺，请借项修筑"。从之。

（卷89，册34，页431）

## ○道光六年正月庚寅（初八日）（1826-2-14）

○谕内阁：程含章奏《严立整顿海塘章程》一折。浙江杭州府属东西海塘，密迩省城，为保护民间田庐而设，现在东塘坦水及西塘柴埽各工均有波损，总由从前承修工员办理并不认真，以致旋修旋坏，该抚请严定章程，酌拨六条开单呈览，朕详加披阅。所有海塘工程，嗣后着杭嘉湖道每逢大汛及修筑工作时，到工驻扎，就近督率稽查，东西两厅同知、守备均驻扎工所，亲身修防，无许潜回省城居住，违者以擅离职守论。应住衙署，准令分别修补建复，至酌加保固限期，所奏亦是。所有坦水石工着保固四年，柴埽工着保固二年，以验收之日为始，责令承办工员随时镶修，交汛弁加意防守。又修筑塘工，无论限内限外，间有波损，潮退即应补修，如有偷取柴桩之人，严拿治罪，官弁藐视要工及包与书吏、诿托家人者，即行参办，该抚仍随时稽查，以昭核实，其认真估计柴石各工一条，所奏甚是，嗣后着责成杭嘉湖道亲勘，总以实在倒塌丈尺为准，不容稍有浮溢。又西塘柴埽各工，请添用竹缆堆砌块石，着该抚留心察看，如果经久无弊，亦准其陆续改办。至酌改防汛千总、把总、外委及移拨汛兵俱系因时制宜，着照所请办理。该抚自此次奏定章程之后，即督饬道厅员弁认真妥办，毋得日久仍成具文，该部知道。

（卷94，册34，页513）

## ○道光六年二月辛酉（初九日）（1826-3-17）

○修浙江海盐县鱼鳞石塘，从巡抚程含章请也。

（卷95，册34，页538）

## ○道光六年六月丁卯（十七日）（1826-7-21）

○又谕：新授浙江按察使周之琦祖籍浙江，迁居河南已有三代，将届百年，着毋庸回避。

（卷99，册34，页615）

○道光六年六月壬申（二十二日）（1826-7-26）

○修浙江西塘柴埽盘头各工，从巡抚程含章请也。

（卷99，册34，页619）

○道光六年八月壬申（二十三日）（1826-9-24）

○改建浙江东西塘鱼鳞石塘并拆镶柴埽盘头各工，从巡抚程含章请也。

（卷104，册34，页713）

○道光六年九月己亥（二十一日）（1826-10-21）

○修筑浙江东西海塘埽工坦水，从巡抚程含章请也。

（卷106，册34，页756）

○道光六年十月癸酉（二十五日）（1826-11-24）

○修浙江海盐县属塘工，从巡抚程含章请也。

（卷108，册34，页802）

○道光六年十二月癸酉（二十六日）（1827-1-23）

○修浙江东西两塘坦水柴埽各工，从巡抚程含章请也。

（卷112，册34，页876）

○道光七年正月丁酉（二十一日）（1827-2-16）

○修浙江上虞县王家坝塘工，从护巡抚富呢扬阿请也。

（卷113，册34，页892）

○道光七年二月戊辰（二十二日）（1827-3-19）

○修浙江西塘柴埽等工，从署巡抚刘彬士请也。

（卷114，册34，页914）

○道光七年四月壬子（初七日）（1827-5-2）

　　○修浙江海宁、仁和二州县东西柴坦塘工，从署巡抚刘彬士请也。

　　（卷116，册34，页949）

○道光七年五月壬寅（二十七日）（1827-6-21）

　　○修筑浙江海宁、仁和二州县东西两塘柴埽堤工，从署巡抚刘彬士请也。

　　（卷117，册34，页981）

○道光七年七月丁卯（二十四日）（1827-9-14）

　　○修浙江西塘埽工柴工，从署巡抚刘彬士请也。

　　（卷122，册34，页1048）

○道光七年八月甲午（二十一日）（1827-10-11）

　　○修浙江海盐县石塘并建筑坦水，从署巡抚刘彬士请也。

　　（卷124，册34，页1076）

○道光七年九月己酉（初七日）（1827-10-26）

　　○建浙江海宁州石塘并坦水桩石，从署巡抚刘彬士请也。

　　（卷125，册34，页1089）

○道光七年十月丙子（初四日）（1827-11-22）

　　○修浙江西塘埽工，从署巡抚刘彬士请也。

　　（卷127，册34，页1118）

○道光七年十二月乙亥（初四日）（1828-1-20）

　　○修浙江东塘坦水盘头各工，从署巡抚刘彬士请也。

　　（卷131，册34，页1170）

## ○道光八年正月戊辰（二十八日）（1828-3-13）

○修浙江海宁、仁和二州县东西海塘，从巡抚刘彬士请也。

（卷132，册35，页18）

## ○道光八年四月壬申（初三日）（1828-5-16）

修浙江海宁、仁和二州县东西海塘坦水柴埽各工，从巡抚刘彬士请也。

（卷135，册35，页60）

## ○道光八年六月辛巳（十三日）（1828-7-24）

○修筑浙江上虞县吕家埠等处临江柴塘，从巡抚刘彬士请也。

（卷137，册35，页110）

## ○道光八年七月辛丑（初三日）（1828-8-13）

○修浙江仁和、海宁二州县东西两塘柴坦各工，从巡抚刘彬士请也。

（卷138，册35，页125）

## ○道光八年八月壬辰（二十五日）（1828-10-3）

○修浙江杭州府贡院并宁海、象山、萧山三县所属营房、官舍、塘工，从巡抚刘彬士请也。

（卷141，册35，页163）

## ○道光八年九月辛亥（十四日）（1828-10-22）

○修浙江钱塘县大云寺湾压沙塘闸并宁波、台州、温州三府水师各镇标协营钓杠船只，从巡抚刘彬士请也。

（卷142，册35，页184）

## ○道光八年十月戊辰（初二日）（1828-11-8）

○修浙江东塘坦水、西塘柴埽盘头及钱塘县境江塘桥闸运洞等工，从巡抚刘彬士请也。

（卷144，册35，页203）

## ○道光八年十月壬辰（二十六日）（1828-12-2）

○浙江巡抚刘彬士奏：浙省杭嘉湖三府属水利，前因江南高堰兴工奏明缓办，现在江苏吴淞江各工办竣。查湖州府属乌程县百名桥等港，北塘三十六溇港，乌程、归安二县之碧浪湖，暨郡城各水门，归安县之黄荡漾、菜花泾，长兴县之运粮河、龙潭湾、六合港、二十二溇港均应疏浚，请借款兴挑，其杭嘉两府属各工，各该县捐廉认办。从之。

（卷145，册35，页223）

## ○道光八年十二月庚午（初五日）（1829-1-9）

○又谕：刘彬士奏请《修筑塘工》一折。浙江东海塘因本年雨水过多，潮汐较旺，以致各工间多泼损，亟应赶修完整，着该抚即饬该道督率厅备分办，毋许草率偷减。至另片奏，浙省海塘岁修经费，前经奏定不得用过本款十五万六千余两之数，本年支用已及一年之额，此次所修旦字等号各工，即系豫支来岁款项虽姑允所请，但塘工岁定经费，原以杜虚糜而期节省，若年复一年逐渐加增，必至漫无底止，嗣后着加意撙节，如过原定十五万六千余两之数，断不能邀允准。

（卷148，册35，页264）

## ○道光八年十二月乙亥（初十日）（1829-1-14）

○修浙江上虞县吕家埠柴塘，从巡抚刘彬士请也。

（卷148，册35，页275）

## ○道光九年二月甲午（三十日）（1829-4-3）

○修浙江西塘柴埽各工，从巡抚刘彬士请也。

（卷152，册35，页342）

## ○道光九年四月壬辰（二十九日）（1829-5-31）

○修浙江仁和、海宁二州县东西海塘坦水柴工，从巡抚刘彬士请也。

（卷155，册35，页388）

## ○道光九年七月癸巳朔（初一日）（1829-7-31）

○修浙江东西海塘，从巡抚刘彬士请也。

（卷158，册35，页426）

## ○道光九年八月辛巳（二十日）（1829-9-17）

○修浙江上虞县柴土塘堤，从巡抚刘彬士请也。

（卷159，册35，页458）

## ○道光九年十月庚辰（十九日）（1829-11-15）

○修浙江海盐县石塘，从巡抚刘彬士请也。

（卷161，册35，页497）

## ○道光九年十月己丑（二十八日）（1829-11-24）

○修浙江萧山县柴塘，从巡抚刘彬士请也。

（卷161，册35，页501）

## ○道光九年十二月甲戌（十四日）（1830-1-8）

○修浙江上虞县境内柴塘并添建块石坦水等工，从巡抚刘彬士请也。

（卷163，册35，页525）

## ○道光九年十二月丙戌（二十六日）（1829-1-20）

○修浙江东西塘石埽工程，从巡抚刘彬士请也。上以岁暮袷祭太庙，自是日始斋戒三日。

（卷163，册35，页536）

## ○道光十年闰四月庚寅（初三日）（1830-5-24）

○修筑浙江东西两塘坦水柴埽各工，从巡抚刘彬士请也。

（卷168，册35，页599—页600）

## ○道光十年七月己未（初四日）（1830-8-21）

○修浙江东西海塘柴埽坦水盘头各工及上虞县吕家埠柴土塘堤，并添建块石坦水。从巡抚刘彬士请也。

（卷171，册35，页648）

## ○道光十年七月丁卯（十二日）（1830-8-29）

○改建浙江萧山县西江石塘，从巡抚刘彬士请也。

（卷171，册35，页652）

## ○道光十年七月癸酉（十八日）（1830-9-4）

○又谕：御史邵正笏奏《委员知县妄拿无辜，刑逼毙命，请旨查办》一折。据称"浙江五月内查拿任松宇时，有会稽县差役薛彪、陈锐捏造银信，假送刑部山西司经承任明达家中诱令收受。旋即有委员南塘通判吴嗛，会同署山阴县知县杨时雍、会稽县知县张霄带领差役多人，将家产全行抄没，锁拿任明达之父任肇基到会稽县署严讯，勒认任松宇系其亲子，根究逃逸下落，非刑凌逼，三日毙命。并诬及其戚陈大萃藏匿任松宇，极刑拷问足成残废，兼将伊亲族邻友等二三十人并拿到案，锁押班馆，日夜熬审"，所奏情形是否属实？着孙尔准确切访查，提讯人证，据实具奏。

（卷171，册35，页657）

## ○道光十年九月戊午（初三日）（1830-10-19）

○修浙江东西两塘柴埽各工，从巡抚刘彬士请也。

（卷173，册35，页687）

## ○道光十年九月壬申（十七日）（1830-11-2）

○谕内阁：孙尔准奏《审讯委员知县妄拿刑逼之案，请旨先行解任》一折。前因浙江委员吴嵊等锁拿任明达之父任肇基，勒认任松宇系其亲子，非刑凌逼，当交该督确查提讯。兹据查明任松宇住居东关地方并非隐僻难查，且部文内既指出住址，该令等何以并不遵照查询，转在远隔之处妄拿无辜，必应彻底根究，委员绍兴南塘通判吴嵊、署山阴县知县杨时雍、会稽县知县张霄均着解任，交该督即在浙省提集全案应讯人证，悉心严讯，不准稍有隐混。至所称此案未便令浙省人员审讯，所奏是，着即调福建试用知府托浑布候补知县袁曦业到省，随同研鞫，据实定谳具奏。

（卷174，册35，页714）

## ○道光十年九月己卯（二十四日）（1830-11-9）

○修浙江海盐县鳞石塘工，从巡抚刘彬士请也。

（卷175，册35，页733）

## ○道光十年十月丁亥（初三日）（1830-11-17）

○修浙江仁和、海宁二州县东西石塘，从巡抚刘彬士请也。

（卷176，卷175，册35，页747）

## ○道光十年十月戊子（初四日）（1830-11-18）

○谕内阁：朕闻刘彬士性情多疑，遇事游移不决，降旨令孙尔准于前赴浙江查阅营伍时，就近密访该抚声名办事若何，据实具奏。兹据奏刘彬士遇有应委应调缺出，既经悬牌委调后旋又换人，率以为常，于属下情形未能谙悉。信用绍兴府南塘通判吴嵊不赴本任，历署繁缺知县，近更常住省城盘踞招摇，致滋物议等语。是刘彬士办事不能决断，又复信用非人，岂能胜巡抚之任？着来京以三四品京堂候补。

（卷176，册35，页747）

## ○道光十一年正月甲子（初十日）（1831-2-22）

○谕内阁：孙尔准等奏《海塘分别缓急筹议兴修》一折。浙江省东塘鱼鳞石工历年久远，又值风潮壮盛，情形险要，自应重新修筑，惟同时并举，经费浩繁。该督等将险中之尤险者一百五十余丈先行赶紧修筑，以御霉伏大汛，其余二百五十余丈俟今年大汛后再行接续办理。着照所请，准其循照历次借项垫办成案，在于司库新工经费项下银两动支兴办，该部知道。

（卷183，册35，页890）

## ○道光十一年二月乙酉（初二日）（1831-3-15）

○修浙江仁和、海宁二州县东西两塘，从巡抚富呢扬阿请也。

（卷184，册35，页910）

## ○道光十一年三月癸丑朔（初一日）（1831-4-12）

○修浙江西塘埽此各工，从巡抚富呢扬阿请也。

（卷185，册35，页931）

## ○道光十一年三月壬午（三十日）（1831-5-11）

○修浙江仁和、海宁二州县东西两塘，从巡抚富呢扬阿请也。

（卷186，册35，页956）

○道光十一年四月庚戌（二十八日）（1831-6-8）

○筑浙江萧山、上虞二县塘工，从巡抚富呢扬阿请也。

（卷187，册35，页973）

○道光十一年六月己酉（二十九日）（1831-8-6）

○修浙江仁和、海宁二州县东西海塘，从巡抚富呢扬阿请也。

（卷191，册35，页1026）

○道光十一年八月辛丑（二十二日）（1831-9-27）

○修浙江东塘石塘，从巡抚富呢扬阿请也。

（卷195，册35，页1074）

○道光十一年九月戊辰（十九日）（1831-10-24）

○筑浙江会稽县枯渚塘堤，从巡抚富呢扬阿请也。

（卷197，册35，页1104）

○道光十一年十一月丁巳（初九日）（1831-12-12）

○修浙江桐庐县沿江塘站，从巡抚富呢扬阿请也。

（卷200，册35，页1146）

○道光十一年十一月乙亥（二十七日）（1831-12-30）

○修浙江上虞县沿江柴土塘堤，从巡抚富呢扬阿请也。

（卷201，册35，页1163）

○道光十一年十二月甲申（初六日）（1832-1-8）

○又谕：富呢扬阿奏《海塘沙水情形并请修筑江海塘工，附筹柴坝随同正办》一折。仁和、海宁二州县，东塘念汛隶字号起至尖汛南字号止，间段抢修旧石塘工共长一百四十八丈零，应一律全换新桩，建复鱼鳞石塘，例加工料银三万四千八百六十两零，准其在于新工经费余剩暨本年用剩额息银内动支。其钱塘县江塘共长一百二十三丈零，约需工料银五千五百七十一两零，准在藩库工程平余项下动支给办。该抚即饬承办各员赶紧修筑，如有草率偷减即着严参，至折尾声明石塘一丈须筑柴坝一丈，计需银三十两，约计柴坝银四千数百余两，请附入岁修年额开销，并请将来修塘，其柴坝随同正项估办，实为从来所未有。该抚诸事受人怂恿，胸中毫无把握，准知市恩邀誉以杜人之訾毁，殊失朕望，必负委任，所请不准行，并着传旨严行申饬。

（卷202，册35，页1172）

## ○道光十一年十二月戊申（三十日）（1832-2-1）

○改建浙江萧山县西江塘工，从巡抚富呢扬阿请也。

（卷203，册35，页1199）

## ○道光十二年二月甲辰（十七日）（1832-3-18）

○修浙江东西两塘石塘柴埽各工，从巡抚富呢扬阿请也。

（卷206，册36，页40）

## ○道光十二年五月乙亥（二十九日）（1832-6-27）

○修浙江东西两塘柴埽坦水各工，从巡抚富呢扬阿请也。

（卷212，册36，页132）

## ○道光十二年七月乙丑（二十一日）（1832-8-16）

○修浙江镇海县单夹石塘，从巡抚富呢扬阿请也。

（卷216，册36，页213）

## ○道光十二年八月戊寅（初四日）（1832 – 8 – 29）

○修筑浙江钱塘县江干闸口塘工桥座，从巡抚富呢扬阿请也。

（卷217，册36，页224）

## ○道光十二年九月乙卯（十二日）（1832 – 10 – 5）

○修浙江上虞县吕家埠等处柴塘，从巡抚富呢扬阿请也。

（卷219，册36，页268）

## ○道光十二年闰九月庚辰（初七日）（1832 – 10 – 30）

○裁浙江绍兴府北塘通判，衢州府粮捕通判，杭州府城北务，钱塘县西溪务税课大使，湖州府、绍兴府司狱，象山县赵岙巡检，建德县县丞八缺，从巡抚富呢扬阿请也。

（卷221，册36，页299）

## ○道光十二年闰九月壬寅（二十九日）（1832 – 11 – 21）

○修浙江东西两塘石工，从总督程祖洛等请也。

（卷222，册36，页323）

## ○道光十二年十二月丁卯（二十五日）（1833 – 2 – 14）

○修筑浙江山阴、会稽、萧山、上虞四县柴土篓石塘工，从巡抚富呢扬阿请也。

（卷228，册36，页412）

## ○道光十三年二月辛未（三十日）（1833 – 4 – 19）

○修浙江东西海塘柴石各工，从巡抚富呢扬阿请也。

（卷232，册36，页483）

## ○道光十三年三月庚辰（初九日）（1833-4-28）

○谕军机大臣等：本日据陈嵩庆奏《海塘险要情形请饬筹备》一折。国家经费有常，此时筹款甚难，不能给例外之用。然如该学士所奏及早赶办，桩石皆可采用，尚属料省工轻，若再迁延听其溃败，杭、嘉、湖、苏、松、常、镇七郡皆在下游东南财赋之区，恐尽为斥卤不毛之地，民命悬于呼吸，患且不可胜言，是海塘关系甚巨。又为该省刻不可缓之工，此项工程据陈嵩庆奏不过一千余丈，估计需银二十余万两，着富呢扬阿迅速体察情形，据实具奏，不许稍涉含混。又另片奏，七郡中绅士殷商及附近江浙处，所有急公好义者准其输资捐办，是否可行亦着富呢扬阿一并议奏，候旨遵行。陈嵩庆折片并着钞给阅看，将此谕令知之。寻奏：塘工紧要亟应兴修，请照道光四年奏办嘉湖水利成案，借银三十二万六千两，于仁和等十六州县民田内分八年摊征归款，并谕江浙各府属绅富量力捐助，下部议。从之。

（卷233，册36，页491）

## ○道光十三年六月癸卯（初四日）（1833-7-20）

○修浙江东西两塘柴埽盘头各工，从巡抚富呢扬阿请也。

（卷238，册36，页562）

## ○道光十三年九月丁丑（初十日）（1833-10-22）

○修浙江东西两塘坦水柴埽各工，从巡抚富呢扬阿请也。

（卷243，册36，页640）

## ○道光十三年九月癸巳（二十六日）（1833-11-7）

○修浙江上虞县余埭巷柴塘，从巡抚富呢扬阿请也。

（卷243，册36，页653）

## ○道光十三年十一月戊子（二十二日）（1834-1-1）

○修浙江海塘并筑挑水坝，从巡抚富呢扬阿请也。

（卷245，册36，页697）

## ○道光十三年十一月乙未（二十九日）（1834-1-8）

○又谕：据给事中金应麟奏"浙江海塘工程紧要，亟宜厘剔弊端，大要有二：一在随报随修。该塘遇有坍损，工员详报，上司多不即时勘估及至愈刷愈宽，万不得已始行查勘，亦只以原报之丈尺为断，自此详请领银，又复迟迟给发，其辗转冲刷，核与原报丈尺更属悬殊，遂至工员以原估之银弥补续坍之数，不得不将就了事。一在实领实用。工员领银之时，藩运两司以至巡道衙门均有规费，领银到手，复又假手门丁胥吏，包与工头，除各项克扣已去十分之半，而工员之希图自肥，更无底数，宜其草率偷减，尺寸不符，工程日坏"等语。浙江海塘现经该抚奏请动项兴修，所有该给事中奏称厘剔弊端二款是否切中时弊，着即查明妥议具奏。将此谕令知之。寻奏：塘工戗护，或时值大汛，或事系大工，须俟奏明动款兴修，并非勘估迟延。至额修银内每两酌扣三分，原系以公济公，备随时抢筑柴坝之用，此外实无丝毫克扣。报闻。

（卷245，册36，页700）

## ○道光十三年十二月己酉（十三日）（1834-1-22）

○谕军机大臣等：本日据严烺奏《海塘工程紧要请饬筹款兴办》一折。浙省海塘为杭嘉湖三府及江南苏松常镇四府田庐保障，关系匪轻，近年坍损过多，愈形危险。据严烺奏"东防厅所属本年两次请修塘工一千二百余丈外，尚有应修者三千余丈，西防所属亦有险要之处，请饬勘估筹办"等语。此项工程，本年五月间，据该抚奏称择其尤险者先行修筑，估需银五十一万二千余两。十一月间，又称限内限外各工俱已掣坍，估需银十九万四千余两，添建挑水坝尚须在外，先后均经降旨允准，现在估需银两该抚通盘筹办，自己足敷应用。惟此项工程关系紧要，务期一劳永逸，堪资保障，严烺所奏情形是否均应及时兴修，着富呢扬阿悉心体察，究竟需费若干确切估计，据实具奏。将此谕令知之。

（卷246，册36，页710—页711）

## ○道光十四年正月甲戌（初八日）（1834-2-16）

○修浙江东塘坦水各工，从巡抚富呢扬阿请也。

（卷248，册36，页733）

## ○道光十四年二月甲辰（初九日）（1834-3-18）

○修浙江东塘鱼鳞石塘，从巡抚富呢扬阿请也。

（卷249，册36，页753）

## ○道光十四年二月己未（二十四日）（1834-4-2）

○修浙江山阴县宜桥、宋家溇等处塘坦各工，从巡抚富呢扬阿请也。

（卷249，册36，页763）

## ○道光十四年三月辛未（初六日）（1834-4-14）

○修浙江仁和、海宁二州县东西柴石塘工，从巡抚富呢扬阿请也。

（卷250，册36，页772）

## ○道光十四年三月壬午（十七日）（1834-4-25）

○修浙江会稽县桑盆一带石塘，从巡抚富呢扬阿请也。

（卷250，册36，页775）

## ○道光十四年四月乙巳（初十日）（1834-5-18）

○修浙江西防厅海塘，从巡抚富呢扬阿请也。

（卷251，册36，页795）

## ○道光十四年四月甲寅（十九日）（1834-5-27）

○浙江巡抚富呢扬阿奏：查勘海塘情形，请另建鳞塘一道。需银九十万二千两，惟工段绵长，物料人夫骤难凑集，应俟按年陆续请拨，其改建坦水接筑条块石塘，加帮土戗各工共需银五十余万两，请迅即照数筹拨。下部议行。

○修浙江镇海及念里亭汛海塘，从巡抚富呢扬阿请也。

（卷251，册36，页800）

## ○道光十四年四月丁巳（二十二日）（1834-5-30）

○命刑部右侍郎赵盛奎、前任河东河道总督严烺驰往浙江，会同巡抚富呢扬阿筹办海塘工程。

（卷251，册36，页801）

## ○道光十四年六月辛丑（初七日）（1834-7-13）

○谕军机大臣等：本日据富呢扬阿奏"海塘工程前请捐办大盘头一座，业于四月上旬赶办完竣，经历四五月望朔两汛颇能挑溜中趋，尚属得力。如果抵御伏汛屹然不动，当相度地势再建数座，以御顶冲"等语。海湖逼近塘根必须抵御有资，方免冲刷。既据该抚查明所建大盘头一座实为得力，着赵盛奎、严烺、富呢扬阿体察情形，悉心妥议。此项大盘头工程如果实能挑溜中趋，历久无弊，俾通塘大局，日有转机，即着相度地势据实奏明，再行添建数座以资捍御。总期于工程实有裨益，而帑项不至虚縻，方为妥善。将此谕令知之。

（卷253，册36，页835）

○修浙江石塘坦水各工，从巡抚富呢扬阿请也。

（卷253，册36，页836）

## ○道光十四年六月乙卯（二十一日）（1834-7-27）

○钦差刑部右侍郎赵盛奎等奏：遵查浙江海塘工程分别缓急赶办。得旨：览奏均悉，俟望汛查勘明确，细心妥议具奏。

（卷253，册36，页852）

## ○道光十四年七月壬申（初九日）（1834-8-13）

○修浙江东西海塘，从巡抚富呢扬阿请也。

（卷254，册36，页863）

## ○道光十四年七月癸酉（初十日）（1834-8-14）

○谕军机大臣等：据赵盛奎等奏"浙江塘工应用条石为数甚多，除已派工员承办赶速运工外，核计其数仍有不敷，援照乾隆四十五及四十八等年，由江苏采办协济，所用银两即由江苏报销成案"等语。着林则徐即派委妥员于苏州洞庭一带，采办宽一尺二寸、厚一尺、长四五尺六面见方之条石四万丈，务于来春全数解交浙江工次，以资应用。此项条石尺寸系照定例办理，如办有不足，着验收之员即行驳回，承办者不准挪交，验收之员亦不准任意刁难，如违着即严参惩办。总期采办迅速，无误工需是为至要。将此谕令知之。

○又谕：赵盛奎等奏《筹议保护海塘工程》一折，并将办工事宜条议章程，开具清单，绘图贴说一并呈览，朕详加披阅。此次筹议保护海塘各工、东南两潮顶冲之地，现以念里亭汛为最险，除捐建盘头六座、择要添筑盘头三座外，其余改修柴埽，埽前照案抛护块石以资保护。其念里亭汛迤西镇海戴家桥两汛为次险之工，除择要添筑盘头四座外，其余概改用竹篓块石，较之修复坦水更为得力。此外西塘乌龙庙以东旧工本系条石鳞塘，一律接筑以昭慎重，其海宁绕城石塘一律加高纵横条石两层，于保障城垣更为有益，其尖山汛迤东塘下旧基潮不当冲，无庸改建坦水，只须护以块石。又韩家池改建条块石塘，戴镇念尖等汛三次奏修鳞塘，念里亭汛塘后加帮土戗，均系应办之工。着照富呢扬阿原奏办理，所有节次奏请修复鳞塘并土戗各工，由富呢扬阿严催克期完竣外，其现议兴办柴埽盘头竹篓块石鳞塘等工，着照所请分别勒限如式估办，如有迟延草率立即严参，务期帑不虚縻，工归实济。此次奏请修建塘工银两统计共需银一百九十一万八千余两，核之富呢扬阿三次请银二百五万八千余两，计节省银十四万两。惟原奏各工系分年办理，现已另建鳞塘银九十万二千两，俟兴工按年陆续请拨，今埽石各工统限年内及来年七月以前一律完竣，除前请豫借十五六年岁修额款并未收监饷银共十八万两，先于报拨款内如数借支，俟收有成数由富呢扬阿核明具奏外，其未拨鳞塘工需，现请改修埽篓各工银共七十七万五千两，请饬部如数筹拨，于本年八九月全数解浙，已着户部速议具奏矣。至办工事宜章程七条，遴派公正道府丞倅人员总催分催，验料查工，务派公正诚实谙练之员，层层稽核，有弊必除，支发钱粮，设立总局，由该藩司总其成。着富呢扬阿随时稽查，仍派公正精细道府一二员帮同稽核，毋得假手吏胥致滋弊窦，其应用条石协济采办，此次估需条石二十余万丈，除派员承办外，约少条石十七八万丈，仍着分派绍兴等三府领银采办，赶速运工，不敷条石四万丈，已另饬江苏巡抚按照浙省现办条石尺寸采办协济矣。至桩木柴束等料酌委妥员远近分办，埽石各工取用土方分别官地民地酌量办理，镶埽签桩酌添料物，选派熟手率同妥办，以期坚稳，严禁包料包工以期工归实用，均着照所议章程核实办理。又另片奏"埽工两年保固限满，不无岁修之费，以西塘柴工七千余丈岁修十万两之数计之，每年需费不过七八万两，东塘例有岁修坦水银五万两，现已将该塘改用竹篓，每年添抛块石，较之岁修坦水大可节省，即留为岁修柴埽之用，如有不敷，每年酌增银两，至多不得过五万两之数"等语。东西两塘每年岁修究竟为数若干，现在西塘据称每年岁修需费不过七八万两，东塘例有岁修坦水银五万两，现议酌增银两是否即系节省坦水银两，抑系在常例岁修之外，此时妥议章程，酌定限制，将来是否仍有岁修之项不至再为增添，着详细查明，据实具奏。海塘工程现派乌尔恭额、严烺会同富呢扬阿妥为办理，此项工程关系甚巨，务须斟酌妥办，为一劳永逸之计。倘办理稍有不善以致帑项虚糜，工无实济，惟乌尔恭额等三人是问。朕言出法随，不能稍从宽贷也。赵盛奎着俟接奉此旨，会同筹议覆奏后再行来京复命。将此各谕令知之。

（卷254，册36，页863—页865）

## ○道光十四年八月戊申（十六日）（1834-9-18）

○又谕：赵盛奎等奏《筹议海塘岁修银数》一折。浙江海塘岁修银两本有定额，经该侍郎等查明东塘柴埽竹篓两项连盘头十三座，共工长七千余丈，现办埽工坐当顶冲，潮猛溜急较之西塘情形尤重，自应筹款办理以济要工。着照所请，准其于该省捐监项下，每年提银五万两，存贮藩库，备添东塘岁修之用，俟将来筹有生息银款，仍将监银全数报拨，该部知道。

○又谕：严烺等奏《海塘要工差委乏员，请遴派南河人员来浙》一折。着陶澍、麟庆于南河所属候补丞倅佐杂内遴选四五员，派令赴浙，听候分派。工竣之日，此项人员仍回南河本工，不准奏请留浙补用。至海塘埽篓石工皆以签桩为要务，现在浙省并无熟手，签钉不能如法，并着陶澍等于所辖河营内酌派千把总一二员，选带熟谙桩埽兵丁一百五十名，携带云梯天碻各器具即日赴工，率同力作，工竣仍令回营当差。

○谕军机大臣等：本日据严烺奏《海塘首险要工先行趱办》一折。浙省办工本少谙练之人，更多疲缓之习，据称现在石工孤立，潮汐可危，前经奏明择要镶埽添建盘头，自应赶紧妥办，乃时将匝月，未据该管杭嘉湖道桂菖派员兴修。着乌尔恭额、富呢扬阿查明桂菖因何兴修迟延，如系有心疲玩，即着据实严参，并即严饬总局司道刻速派员分投趱办，其余应办各工亦着转饬次第兴举，不准稍有观望。至乌尔恭额、严烺现驻浙省，专办要工。所需夫船薪水等费，着富呢扬阿悉心筹画，既不可令伊等自备，尤不可累及地方，致将来有所借口。将此各谕令知之。

（卷255，册36，页888—页889）

○道光十四年八月己酉（十七日）（1834-9-19）

　　○谕内阁：富呢扬阿奏《北海塘工冲坍，商民摊捐改修》一折。浙江萧山县东北一带，滨临江海。山阴、会稽两县，地居萧山之南，势处下游。该三县民田商灶，全赖北海塘工捍卫。现在被潮冲坍，情形危险。该绅士等请将顶冲之调字号至水字号土塘二百八十丈，改筑条石塘，以资抵御。玉字号至咸字号土塘四百三十五丈，增高培厚，兼施榉石，以期完固。其收字号至吕字号柴塘一百七十八丈，与调字等号紧连，尤为受冲要区，亦一律改建石塘以资联络。又宿字号至秋字号原修石塘一百五十六丈，形势卑矮，亦须加高三层，以免漫溢。共约需工料银五万七千余两，计钱七万四千余串，请在于三县境内按亩摊捐，共钱六万余串，尚不敷钱一万三千余串，约需银一万两，已据各盐商等捐足，以济工用。着照所请准令摊捐改建，免其造册报销。该抚即出示晓谕，饬令自行经理，不假书役之手，以期坚实而垂永久。至该处塘工，向系动用南塘专款，官为经理。此次因改建石工，需费浩繁，准令捐办。嗣后如有应修工程，仍着照例动项修筑。该部知道。

　　（卷255，册36，页889）

○道光十四年九月癸酉（十一日）（1834-10-13）

　　○修浙江海塘柴工，从巡抚富呢扬阿请也。
　　（卷256，册36，页909）

○道光十四年九月乙酉（二十三日）（1834-10-25）

　　○谕军机大臣等：前据赵盛奎等奏"筹议保护海塘工程，并将办工事宜，条议章程"，开单绘图贴说一并呈览。朕因此项工程关系甚巨，当降旨允准，特派乌尔恭额、严烺会同富呢扬阿斟酌妥办。兹据乌尔恭额单衔具奏，现在查询海塘应修各工实在情形内，以此次改筑柴埽竹篓块石等工，较之修复坦水多用银至四十八万余两，又系更改旧制，向严烺等详询是否相宜、保护能否经久再四熟筹，连日会同商酌。严烺、富呢扬阿初皆以为实有把握，可资得力，嗣因工关紧要，富呢扬阿以为遵旨妥办，仍应逐细讲求，严烺仍执前议，是乌尔恭额在工，与严烺意见既有不合，均系特派办工之员，确有所见自不能不据实直陈。本日朕特派敬征、吴椿前往会同乌尔恭额、严烺、富呢扬阿将此项工程详加履勘，应如何办理妥善为一劳永逸之计，务各广咨博采，悉心讲求，于要工有济。如意见相同，即联衔具奏，倘有意见不同之处，不妨将情形紧要、有无裨益各自据实直陈。总期于工程实有裨益，折衷一是。敬征等俱系朕信任有素，务须从长计议，不避嫌怨，以期妥定章程及时赶办，断不可依违迁就致误要工。所有赵盛奎等原折与乌尔恭额奏折，着钞给敬征带往与吴椿一同阅看。将此各谕令知之。

（卷257，册36，页923）

## ○道光十四年十月壬寅（十一日）（1834-11-11）

○修浙江东塘鱼鳞石工，从巡抚富呢扬阿请也。

（卷258，册36，页938）

## ○道光十四年十月乙卯（二十四日）（1834-11-24）

○谕内阁：乌尔恭额等奏《塘工外销银款请照例核扣》一折。浙江海塘现在兴办大工，设立总局，所有在局在工各员并官弁兵丁一切薪水盘费口粮，及局书饭食纸张需费浩繁，俱应酌量支给。据乌尔恭额等查明乾隆二年间，经前督臣奏准办料银两每两扣留平余银五分，以一分二厘解交工部充公，余银留外豫备公用，迨嘉庆十一年间，户部行知以各项工程，每银百两扣平二两，尔时外用无多，即于前项通扣平余银内划出二分报部，其余一分八厘留为柴坝等项外销用度。此次兴举巨工应给各项公费，核与乾隆年间同一繁多，若将续奉户部行知应扣之平余二分，仍于原定五分内划出报解支用实有不敷，自应各扣各款以济公用。着照所请，准于工员所领工料银内每两另扣平余银二分，造报户部。此外，循照向例通扣五分，仍以料银内所扣一分二厘，解归工部充公，其余银两统作前项在局在工例外支销之用，此项外销银两向不报部。此次仍照旧章，着免其造册报销。

（卷259，册36，页948—页949）

○镶建浙江上虞县余隶巷等处塘堤，从巡抚富呢扬阿请也。

（卷259，册36，页950）

## ○道光十四年十一月庚辰（十九日）（1834-12-19）

○谕内阁：敬征等奏《会勘海塘工程酌议办理》一折。据称此次修理塘工，前议由念里亭汛甲字号起至尖山汛石字号止，于石塘外改筑柴工，现在已镶柴工尚能抵溜，惟塘身紧要，应乘此柴工外护，将此内坍卸石塘，即时修整完固着速饬工员赶紧兴修，以资保障。至镇海汛启字号起至戴家桥汛积字号止，原议改建竹篓块石工程本系前人成法，自乾隆四十五年以后迄无办过成案，而保护鳞塘之法以修复条石坦水较为得力，乌尔恭额遵旨会同履勘，仍与前次情形相同。严烺称坦水与竹篓均系海塘成法，富呢扬阿请仍修坦水，现据敬征等公同商酌，意见相同。所有原议改建竹篓块石处所，着仍照旧制，修复条石坦水二层以护塘基，限于明年四月内将头层坦水修整坚固，其二层坦水接续赶办，统限于明年九月内竣工。着乌尔恭额、吴椿不时稽查，如有草率偷减情弊立即严参惩办，惟各项工程未能同时并举，着将乌龙庙以东原奏添建鳞塘限明年七月竣工者暂为推缓，俾专办坦水桩木条石以济要工。其海宁绕城三层坦水及原议绕城塘工加高二层，着俟明年大汛时察看情形，再行奏明办理。至请修坦水段落，除赔修不计外，应修条石坦水三千五百三十九丈零，共需银二十一万三千九百余两，着即照所议办理。柴埽工段业经兴办，着限于本年十二月内完工。又另片奏，自尖山汛巨字号起至嘉字号止，又索字号起至默字号西十二丈止，一律修建条石坦水二层。又猷字号起至谁字号止，并默字号东八丈起至逍字号西十三丈七尺止，旧有块石坦水，着照式修补以资保护，并着于该汛适中之地添建盘头一座，以挑溜势，其盘头工料银两着按例核实估办。至前项坦水工程，除旧料抵用外，计需银九万八千二百余两，较原议全抛块石银数并无增多，亦着照所议办理。又另片奏：东防一带石塘，经乌尔恭额等逐细履勘，亟须分别情形核实修整，共估需银一万三千四百两零。着准其于协拨塘工节省银两内如数动用，俾工员赶紧修填以裨要工。

（卷260，册36，页966—页967）

○谕军机大臣等：本日已明降谕旨吴椿着留浙江，会同乌尔恭额办理海塘工程矣，惟以钦派大员驻浙会办大工，所需夫船薪水费用较繁，不可令伊自备，尤不可累及地方，着乌尔恭额即饬总局司道在于该省扣收平余项下每月支给银三百两，以资办公。严烺已有旨无庸在工督办，或来京，或留本籍，听其自便。将此谕令知之。

○又谕：本日已明降谕旨敬征着来京复命，吴椿着留浙江，会同乌尔恭额办理海塘工程矣。敬征所带司员户部郎中张晋熙、工部郎中毓衡，着吴椿酌量，即将该二员留于工次，或酌留一员，如无须司员随同办理，即俱令回京当差。至海塘工程紧要，务当会同乌尔恭额和衷商办，督率认真，以为一劳永逸之计是为至要。将此谕令知之。

（卷260，册36，页967—页968）

## ○道光十四年十二月己酉（十九日）（1835-1-17）

○修浙江萧山县西江塘工，从巡抚富呢扬阿请也。

（卷261，册36，页987）

## ○道光十四年十二月丁巳（二十七日）（1835-1-25）

○谕内阁：吴椿等奏《请将办工疏忽之县令摘去顶带》一折。浙江海塘兴举大工，全在承办各员，认真经理。兹据吴椿等查明石塘一丈，例应于塘底钉桩一百五十根，其桩数及围圆尺寸俟委员验明合例，方准砌石。署秀水县知县刘礼章承修经府二号石塘四丈，于钉桩齐全后尚未禀候查验，率任匠人累石修砌，虽非意存偷减，究属疏忽，刘礼章着先行摘去顶带，责令立时拆起，听候验桩，再行另建。倘仍不知愧奋并工程不能如式，即着据实参办，该部知道。

（卷261，册36，页992—页993）

## ○道光十五年正月戊子（二十八日）（1835-2-25）

○又谕：吴椿等奏《请将运料未竣及遗漏错报各员摘去顶带》一折。浙江署湖州府同知马兆椿所购块石尚未运工，即行注单开报，候补运副吴臣敬于折报时，不以实在到工之数为准，遗漏率转，马兆椿、吴臣敬均着摘去顶带，仍勒限将块石埽数运工并将抛失之数赔运齐全，如逾限不足即行严参。

○修浙江仁和、海宁二州县海塘，从巡抚乌尔恭额请也。

（卷262，册37，页21—页22）

## ○道光十五年二月戊申（十九日）（1835-3-17）

○钦差都察院左都御史吴椿等奏"浙江海宁塘工惟念里亭汛为最险，故自甲字号起至石字号止，改筑柴埽三千四百四十四丈，添建盘头七座，先经奏准办理，嗣臣乌尔恭额来浙，因竹篓恐难经久，奏请仍修坦水，经敬征与臣吴椿详加履勘，亦照修复坦水之议。其念里亭等汛修筑柴埽盘头，仍照前奏兴办，现在臣等亲往验收尚属稳固，惟所办柴埽面宽尺寸短缺，盘头因两边俱有埽工坦水，块石亦须酌减，应将原估银数核实扣除"。报可。

（卷263，册37，页27）

## ○道光十五年三月庚申朔（初一日）（1835-3-29）

○修浙江翁家汛塘工，从巡抚乌尔恭额请也。

（卷264，册37，页35）

## ○道光十五年三月丁卯（初八日）（1835-4-5）

○修浙江海盐县塘工，从巡抚乌尔恭额请也。

（卷264，册37，页39）

## ○道光十五年四月丁巳（二十八日）（1835-5-25）

○修浙江西塘柴埽各工，从巡抚乌尔恭额请也。

（卷265，册37，页78）

## ○道光十五年六月丙申（初八日）（1835-7-3）

○谕内阁：吴椿等奏《查明塘工条石实不敷用，请将范公塘工程仍改条块石塘》一折。浙江范公塘一带埽工，前经奏明改筑鳞塘，并援案由江苏采办条石协济工用。兹据吴椿等查明，现在塘坦应用条石不敷，采办断难骤集，若将鳞塘接续建筑必致停工待料，辍作无时，因查勘添字等号石工已历五十余年，尚属完整，仿照成案，请将范公塘埽工建筑鳞塘之处仍改为条块石塘，以资捍卫，计节省银十二万余两，少用条石六万六千余丈。着照所请，所有该工自鸣字号东第三丈起，迤西至长字号东第三丈止，计长四百六十一丈，工难再缓，准其先行建筑，其自常字号东第四丈起，迤西至能字号止，计长四百十七丈，仍暂为推缓，以便赶办石料，运济各工之用，俾经费可期节省，工作亦免迟误。其江苏省协济条石四万丈，五月内既可埽数运工，并着准其将范公塘应用条石，即于苏石内如数划留，余俱饬运东塘以济要工，其节省银十二万两并着仍存原款，一俟通塘续有必不可缓之工，即于此内奏请动用。

（卷267，册37，页99）

## ○道光十五年六月壬寅（十四日）（1835-7-9）

○浙江学政史评，奏报岁考五郡事竣。报闻。又批：巡抚乌尔恭额自莅任以来，操守如何，办事如何，伊同吴椿办理塘工能否和衷，工程能否妥善，委员有无钻营，钱粮有无糜费，汝出入省垣必有见闻，顺便据实密奏，不可稍存讳饰之见，密之。

（卷267，册37，页101）

○道光十五年闰六月丁亥（二十九日）（1835-8-23）

○修筑浙江仁和、海宁二州县海塘柴埽盘头石坝工程，从巡抚乌尔恭额请也。

（卷268，册37，页128）

○道光十五年七月癸丑（二十六日）（1835-9-18）

○修浙江海盐县石塘，从巡抚乌尔恭额请也。

（卷269，册37，页145）

○道光十五年八月己卯（二十三日）（1835-10-14）

○修浙江西塘柴埽工程，从巡抚乌尔恭额请也。

（卷270，册37，页157）

○道光十五年九月壬子（二十六日）（1835-11-16）

○修浙江西塘柴埽各工，从巡抚乌尔恭额请也。

（卷271，册37，页186）

○道光十五年十月乙酉（三十日）（1835-12-19）

○修浙江东塘尖汛各工，从钦差户部右侍郎吴椿等请也。

（卷273，册37，页218）

○道光十五年十一月丙申（十一日）（1835-12-30）

○谕内阁：吴椿等奏《请将海宁石塘各工分别停缓》一折。浙江海宁州绕城石塘及三层坦水各工，据吴椿等查明本年伏秋旺汛，塘工足资抵御，毋须再行加高。其绕城三层坦水，原为捍卫两坦而设，现在头坦二坦均已修筑巩固，堪以护塘，三坦亦可缓办。着照所请，所有前议加高塘工，着即停止，并着将三层坦水暂行推缓，以重经费而归节省。

　　○添筑浙江东塘尖汛坦水，从钦差都察院左都御史吴椿等请也。

（卷274，册37，页224）

## ○道光十五年十二月丁卯（十三日）（1836-1-30）

　　○谕内阁：吴椿等奏《请停办石工》一折。浙江范公塘应筑条块石工现将竣事，此外推缓工段，据吴椿等察看埽外新沙涨起，埽根得有拥护，埽身自能结实，堪资抵御，所有前请筑办条块石塘四百十七丈着即停办，以归节省。如将来潮势迁移应须添筑，着该抚随时查看，再行奏请办理，所有节省银七万三千八百余两着妥为存贮，如通塘续有必不可缓之工即于此内奏请动用。

　　○修浙江东塘念镇两汛埽工，从钦差都察院左都御史吴椿等请也。

（卷275，册37，页244）

## ○道光十五年十二月己卯（二十五日）（1836-2-11）

　　○修浙江上虞县柴土塘工，从巡抚乌尔恭额请也。

（卷276，册37，页256）

## ○道光十六年二月戊寅（二十五日）（1836-4-10）

　　○修浙江西塘柴埽各工，从巡抚乌尔恭额请也。

（卷279，册37，页303）

## ○道光十六年三月癸巳（初十日）（1836-4-25）

　　○又谕：吴椿等奏《海塘大工全行完竣》一折。浙江海塘捍御潮汐为下游七郡田庐保障，前因南沙中亘逼潮北趋，险工叠出，经富呢扬阿奏请兴修，朕先后简派赵盛奎、严烺、乌尔恭额、敬征、吴椿等前往会勘，并令吴椿留于该省，会同乌尔恭额督办各工。兹据吴椿等奏称：自道光十四年八月开工，至道光十六年二月工程完竣，统计修筑各工共一万七千余丈，动用工料银共一百五十七万二千余两，吴椿等亲往验收，俱系整齐巩固并无草率偷减情弊，数十年来未修之工，得以同时竣事，办理尚为迅速。所有承办督催各员，着吴椿等择其尤为出力者酌量保奏，候朕施恩，毋许冒滥。此项工需共计拨银一百九十一万八千六百余两，除动用外，尚余银七万二千余两，着报部拨用；又节省存银二十七万四千余两，着准其留为改修坦水及发商生息豫备修塘之用。该部知道。

（卷280，册37，页315—页316）

○钦差都察院左都御史吴椿等奏"酌议浙江塘工善后事宜五条。一、修塘费用核实筹计，以免支绌。一、新建块石限期保固，并豫备岁修料物随时修补，以免延误。一、南沙淤岸按年查勘，禁止圈占。一、塘后备塘河按年挑挖培戗。一、各官责成严加考察，以警怠忽。"下部议。从之。

（卷280，册37，页316）

## ○道光十六年三月丙申（十三日）（1836－4－28）

○以浙江海塘大工屡邀神贶，颁海神庙御书扁额曰"朝宗效祉"，潮神庙曰"灵源符候"，观音庙曰"法云照海"，天后庙曰"恬波昭贶"，英济侯庙曰"长塘砥柱"。

（卷280，册37，页319）

## ○道光十六年四月癸亥（十一日）（1836－5－25）

○修浙江山阴、萧山、上虞三县海塘，从巡抚乌尔恭额请也。

（卷281，册37，页335）

## ○道光十六年四月丙寅（十四日）（1836－5－28）

○以浙江海塘大工完竣，予道员窦欲峻等升叙有差。

○以捐备浙江海塘工需，予捐职知府瞿世瑛等议叙。

（卷281，册37，页337）

## ○道光十六年四月丁卯（十五日）（1836－5－29）

○以督办浙江海塘工竣，钦差都察院左都御史吴椿、巡抚乌尔恭额，下部议叙。

（卷281，册37，页339）

## ○道光十六年五月甲辰（二十二日）（1836－7－5）

○修浙江西塘李家汛等处柴埽盘头并钱塘县江塘，从巡抚乌尔恭额请也。

（卷283，册37，页375）

## ○道光十六年七月丙午（二十五日）（1836－9－5）

○修浙江西塘柴埽各工，从巡抚乌尔恭额请也。

（卷286，册37，页420）

## ○道光十六年九月癸未（初三日）（1836－10－12）

○修浙江鱼鳞石塘，从巡抚乌尔恭额请也。

（卷288，册37，页444）

## ○道光十六年九月庚戌（三十日）（1836－11－8）

○又谕：据善英奏"伊于本年八月间，接据监生耆民顾菊廷、王天奇等呈称，上年六月间风潮陡作，冲坏平湖县海塘约计一百余丈。本年六月间，潮又冲进内地，花禾俱被泼损，恳请赶修，又去岁新修未完石塘，中间即有坍塌，倒坏三丈有余"等语。着乌尔恭额即将该副都统所奏各情，确切查明，是否该地方官不肯据呈详报及新修塘工有无坍坏情弊，据实覆奏，毋稍含混。将此谕令知之。

（卷289，册37，页465—页466）

○修浙江海塘柴埽各工，从巡抚乌尔恭额请也。

（卷289，册37，页466）

## ○道光十六年十一月甲午（十五日）（1836-12-22）

○谕军机大臣等：前据善英奏"平湖县海塘连年冲坏，泼损花禾，并新修石塘间有坍塌，恳请赶紧修筑"。当有旨谕令乌尔恭额确切查明，据实覆奏。兹据该抚奏称"平湖境内塘工偶被风潮冲卸，向由该县营自行捐办，并无岁修银两。上年六七月间，石土各塘被潮泼损。已据该前县郑锦声禀报会修，尚未报竣。现据该管道员勘明理砌各工，并无坍坏，本年花禾亦未泼伤，该县并非匿报"。讯据具呈生耆顾菊廷、王天奇等回称：今年潮水溢入系由塘河分流，花禾实未受伤，前呈系得自传闻，并非目见，其新修坍坏处所令其指出，该生耆等俱属茫然，称无其事，并称两次具呈。本无此说，该抚详核呈底，实无理砌石塘倒坏字样等语。浙江海塘原为保障民田而设，遇有坍损自应乘时赶筑，傥该地方官不肯据实详报，玩视民瘼，莫此为甚。至新修海塘甫经完工，尤不应即有坍坏，何以善英原奏内称接据呈词，两次亲诣履勘，沿海居民被灾情形眼见属实。而该抚则称近塘地内麦苗勃发，并无卤迹沙痕。至该生耆等籍隶该县，若非目睹情形，何敢妄行呈诉，何以一经传讯，辄以得自传闻。饰词狡卸，其新工坍坏，既不能确指其处，且称并无其事，又称前赴该抚及副都统衙门具呈时，并无此说，迨将呈底送核，亦无理砌石塘倒坏字样，是善英所奏不特与该抚现查情形迥不相符，即与该生耆等现供情节亦多互异之处。着朱士彦于查办广东事竣后，驰赴浙江，亲诣平湖县境内将善英折内所指各情秉公确查是否属实，并查明乌尔恭额覆奏所称各节有无讳饰情弊，务当悉心体访，破除情面，虚则虚，实则实，详细具奏，毋得稍有含混以副委任。善英、乌尔恭额原折俱着钞给阅看。将此谕令知之。

（卷291，册37，页500—页501）

## ○道光十六年十二月己未（初十日）（1837-1-16）

○谕军机大臣等：前因乌尔恭额覆奏浙江平湖县海塘情形，与善英所奏迥不相符，当有旨交朱士彦于查办广东事竣后驰赴浙江确查具奏。本日复据善英奏称"该抚派员覆勘时，伊曾差人暗随，闻得以威吓民，所称坍塌作为歪斜，今年被冲不许供诉，并将土石塘被冲情形绘图呈览"等语。着该尚书驰抵该省时，亲诣平湖县境内将善英所指坍坏各工逐一详细履勘，是否属实并传提该县具呈生耆顾菊庭等秉公研讯，如果所呈得实，何以一经该抚传讯辄称得自传闻，有无朦蔽威吓情事，务将乌尔恭额、善英前后所奏情节互异之处破除情面，确切查明，据实具奏，毋得稍有含混以副委任。善英折着钞给阅看，同知吴芳文禀稿及生耆顾菊庭等原呈均着发阅。将此谕令知之。

（卷292，册37，页518—页519）

## ○道光十七年二月丙子（二十八日）（1837-4-3）

○修浙江东西海塘柴埽各工，从巡抚乌尔恭额请也。

（卷294，册37，页566）

## ○道光十七年四月己酉（初二日）（1837-5-6）

○修浙江东塘尖山汛石塘，从巡抚乌尔恭额请也。

（卷296，册37，页587）

## ○道光十七年四月戊辰（二十一日）（1837-5-25）

○又谕：前据乌尔恭额、善英先后具奏乍浦塘工，情形互异，节经降旨令朱士彦驰往履勘，据实具奏。兹据该尚书亲诣该工逐加勘验，并提到人证卷宗，确加审讯，分别定拟具奏。浙江海塘原为保障民田而设，遇有坍损自应赶紧修筑，所有乍浦塘工向由县营捐资修理，并无承修保固限期，工程难期巩固。且该处接壤之海盐各塘，既经奏明借款生息作为岁修，此项独山一带塘工情形相似，遇有坍坏，若仍责令地方官自为捐办，力有未逮。着乌尔恭额体察情形，筹款生息作为岁修经费，并明定承修保固限期，仍用灰浆以资坚固。又该塘自西而东逐渐低矮，其石土塘交接处所，现用排桩竹片拦护，亦属权宜之计。其东首天地等号石塘，应否加高，及东首接连之土塘应否添建石塘，着该抚相度形势，妥议具奏。至向来副都统衙门旗营事务，是其专责，例不管民间词讼，嗣后除事关重大仍准随时具奏外，如有民人不谙例禁，辄以寻常事件向该衙门呈诉者，该副都统惟当发交地方官照例审讯，即有关涉地方官吏之件亦应移咨该省督抚查办，不得率行准理，以符定制而杜侵越。

（卷296，册37，页598）

## ○道光十七年四月癸酉（二十六日）（1837－5－30）

○修浙江西塘盘头柴埽各工，从巡抚乌尔恭额请也。

（卷296，册37，页600）

## ○道光十七年五月癸卯（二十七日）（1837－6－29）

○修浙江东西两塘柴埽各工，从巡抚乌尔恭额请也。

（卷297，册37，页613）

## ○道光十七年六月丙辰（初十日）（1837－7－12）

○修浙江上虞县王家坝柴塘，从巡抚乌尔恭额请也。

（卷298，册37，页624）

## ○道光十七年六月壬申（二十六日）（1837－7－28）

○又谕：前据给事中沈鏴奏《酌议海塘善后事宜》一折，当降旨交乌尔恭额核议具奏。兹据该抚督饬司道各员逐条详议，所称编种柳株虽不足以备工料，而于塘后空隙处所亦可种植，使之盘根入土以固塘基。现在塘后坑洼均已一律填好，近塘高处现种桑树，近河低处尚属空间。着该抚督饬厅备饬令塘兵分段栽种，每兵每年限种一百株，三年核计，果能如数种活即酌量奖赏，倘有违误责革示儆，务须认真经理，无致有名无实，余俱着毋庸议。

（卷298，册37，页630）

## ○道光十七年七月乙巳（三十日）（1837-8-30）

○修浙江东西海塘柴埽泼损各工，从巡抚乌尔恭额请也。

（卷299，册37，页654）

## ○道光十七年八月丁卯（二十二日）（1837-9-21）

○修浙江东西海塘泼损埽工，从巡抚乌尔恭额请也。

（卷300，册37，页669）

## ○道光十七年九月辛丑（二十六日）（1837-10-25）

○修浙江东塘石埽盘头各工，从巡抚乌尔恭额请也。

（卷301，册37，页697）

## ○道光十七年十月壬申（二十八日）（1837-11-25）

○修浙江西塘柴埽各工，从巡抚乌尔恭额请也。

（卷302，册37，页715）

## ○道光十八年二月己巳（二十七日）（1838-3-22）

○修浙江东西两塘柴埽各工，从巡抚乌尔恭额请也。

（卷306，册37，页778）

## ○道光十八年三月甲午（二十二日）（1838-4-16）

○修浙江东西两塘柴埽各工，从巡抚乌尔恭额请也。

（卷307，册37，页788）

## ○道光十八年四月辛未（三十日）（1838－5－23）

○谕内阁：乌尔恭额奏《请将故员应赔银两归各上司分赔还款》一折。浙江已故海防守备顾振纲承办海塘，应赔缴银二千二百五十六两零。据该抚查明孤寡赤贫，若再向追必致有名无实，自应照州县亏银无追之例，归各上司摊赔，以还垫款，前任杭嘉湖道常德着分赔五成，前任布政使觉罗庆善、前任杭州府知府吴其泰着各分赔二成，前任巡抚刘彬士着分赔一成。

（卷308，册37，页804）

## ○道光十八年闰四月丁亥（十六日）（1838－6－8）

○修浙江萧山县塘工，从巡抚乌尔恭额请也。

（卷309，册37，页815—页816）

## ○道光十八年六月己亥（三十日）（1838－8－19）

○修浙江东西海塘柴埽各工，从巡抚乌尔恭额请也。

（卷311，册37，页852）

## ○道光十八年七月己巳（三十日）（1838－9－18）

○修浙江东西两塘柴埽盘头各工，从巡抚乌尔恭额请也。

（卷312，册37，页867）

## ○道光十八年八月戊戌（二十九日）（1838－10－17）

○修浙江东西两塘埽工，从巡抚乌尔恭额请也。

（卷313，册37，页885）

## ○道光十八年九月丙寅（二十八日）（1838－11－14）

○修浙江东西海塘柴埽盘头各工，从巡抚乌尔恭额请也。

（卷314，册37，页903—页904）

○道光十八年十月癸未（十五日）（1838-12-1）

○修浙江上虞县吕家埠等处塘坦各工，从巡抚乌尔恭额请也。

（卷315，册37，页909）

○道光十八年十月乙未（二十七日）（1838-12-13）

○修浙江仁和、海宁二州县海塘，从巡抚乌尔恭额请也。

（卷315，册37，页919）

○道光十八年十一月戊申（初十日）（1838-12-26）

○修浙江海盐县石塘，从巡抚乌尔恭额请也。

（卷316，册37，页927）

○道光十九年二月戊寅（十二日）（1839-3-26）

○修浙江山阴县宋家溇等处柴石塘工，从巡抚乌尔恭额请也。

（卷319，册37，页989）

○道光十九年二月辛卯（二十五日）（1839-4-8）

○修浙江东西两塘柴埽盘头各工，从巡抚乌尔恭额请也。

（卷319，册37，页997）

○道光十九年五月丁酉（初三日）（1839-6-13）

○修浙江西塘柴埽各工，从巡抚乌尔恭额请也。

（卷322，册37，页1043）

○道光十九年五月辛酉（二十七日）（1839-7-7）

○修浙江东西两塘柴埽各工，从巡抚乌尔恭额请也。

（卷322，册37，页1059）

○道光十九年七月戊戌（初五日）（1839－8－13）

○修浙江东西两塘柴埽盘头各工，从巡抚乌尔恭额请也。

（卷324，册37，页1083）

○道光十九年七月癸亥（三十日）（1839－9－7）

○修浙江镇海县石塘，从巡抚乌尔恭额请也。

（卷324，册37，页1099）

○道光十九年八月丁卯（初四日）（1839－9－11）

○修浙江东西海塘柴埽盘头各工，从巡抚乌尔恭额请也。

（卷325，册37，页1102）

○道光十九年八月乙酉（二十二日）（1839－9－29）

○修浙江西塘柴工，从巡抚乌尔恭额请也。

（卷325，册37，页1109）

○道光十九年十月乙丑（初三日）（1839－11－8）

○以督修浙江海塘各工，予道员宋国经议叙。

（卷327，册37，页1133）

○修浙江东西两塘柴埽各工，从巡抚乌尔恭额请也。

（卷327，册37，页1133）

○道光十九年十月乙亥（十三日）（1839－11－18）

○谕内阁：户部奏《各省捐监正项及平余饭食银两延不解部，请旨饬催》一折。据该部查明……浙江省本年七月奏留东塘修费银五万两，应解部平余银二千两，饭食银一千两，节经严催未据批解，着……浙江各巡抚即将前项应解银两，赶紧委员解部，并将嗣后应行解部银两随时批解，毋得延缓，以重库款而裕公项。

（卷327，册37，页1136—页1137）

## ○道光十九年十二月甲子（初二日）（1840-1-6）

○修浙江尖山汛鳞塘，从巡抚乌尔恭额请也。

（卷329，册37，页1169）

## ○道光十九年十二月丁亥（二十五日）（1840-1-29）

○修浙江西塘柴埽各工，从巡抚乌尔恭额请也。

（卷329，册37，页1185）

## ○道光二十年正月乙卯（二十四日）（1840-2-26）

○修浙江萧山、上虞二县海塘柴石各工，从巡抚乌尔恭额请也。

（卷330，册38，页12）

## ○道光二十年正月己未（二十八日）（1840-2-1）

○江苏巡抚裕谦覆奏：昨据御史张灏奏参，钦差家丁途次需索，奉旨查办。查道光十四年前任刑部侍郎赵盛奎、前任河东河道总督严烺赴浙查看海塘，沿途并无备办公馆、供应夫马及馈送水礼给与门包小费情事。报闻。

（卷330，册38，页14—页15）

## ○道光二十年二月己丑（二十八日）（1840-3-31）

○修浙江东西两塘柴埽各工，从巡抚乌尔恭额请也。

（卷331，册38，页28）

## ○道光二十年三月己未（二十九日）（1840-4-30）

○修浙江海盐县大石塘，从巡抚乌尔恭额请也。

（卷332，册38，页44）

○道光二十年四月丙戌（二十六日）（1840-5-27）

○修浙江东西两塘柴埽盘头各工，从巡抚乌尔恭额请也。

（卷333，册38，页64）

○道光二十年五月戊午（二十九日）（1840-6-28）

○修浙江钱塘县塘工，从巡抚乌尔恭额请也。

（卷334，册38，页80）

○道光二十年七月癸巳（初五日）（1840-8-2）

○修浙江东西海塘柴埽盘头各工，从巡抚乌尔恭额请也。

（卷336，册38，页102）

○道光二十年九月辛卯（初四日）（1840-9-29）

○修浙江东西两塘柴埽盘头各工，从署巡抚宋其沅请也。

（卷339，册38，页149）

○道光二十年十二月辛酉（初五日）（1840-12-28）

○除浙江钱塘县义冢田地二顷十八亩有奇，开化县水种田地二顷六十亩有奇，额赋。

（卷342，册38，页204）

○道光二十年十二月壬戌（初六日）（1840-12-29）

○修浙江东西海塘柴埽各工，从巡抚刘韵珂请也。

（卷342，册38，页204）

## ○道光二十年十二月癸酉（十七日）（1841-1-9）

○修浙江山阴县鱼鳞条石塘堤，从巡抚刘韵珂请也。

（卷343，册38，页219）

## ○道光二十年十二月辛巳（二十五日）（1841-1-17）

○又谕：昨据裕谦奏……本日又据裕谦奏《审度制胜之谋》一折，所奏不为无见，已钞给伊里布阅看，令其酌量情形办理矣。至江浙唇齿相依，该夷经浙省击败，游弋江苏海口，所奏多用小船，击捡其杉板船只，并杜绝接济等语。又另片奏，修筑土城，加高海塘，并于吴淞海口多安炮位，把守弹压，所办均好，着即妥速筹备。将此附六百里谕令知之。

（卷343，册38，页227）

## ○道光二十一年三月癸丑（二十八日）（1841-3-20）

○修筑浙江仁和、海宁二州县海塘，从巡抚刘韵珂请也。

（卷349，册38，页320）

## ○道光二十一年五月辛酉（初八日）（1841-6-26）

○修浙江仁和、海宁二州县海塘柴埽各工，从巡抚刘韵珂请也。

（卷352，册38，页356）

## ○道光二十一年七月辛酉（初九日）（1841-8-25）

○修浙江上虞县吕家埠等处塘工，从巡抚刘韵珂请也。

（卷354，册38，页386）

## ○道光二十一年七月甲子（十二日）（1841-8-28）

○修浙江东西两塘柴埽各工，从巡抚刘韵珂请也。

（卷354，册38，页387）

## 〇道光二十一年七月壬申（二十日）（1841-9-5）

〇谕内阁：刘韵珂奏《沿江石塘坍陷，现饬查勘》一折。浙江萧山县四字等号塘身外连坦水，内及田庐，猝然陷没，该处为山阴、会稽、萧山三邑保障，现值秋潮旺盛，亟应赶紧修复俾资保护。惟塘身坍缺甚宽，深几十丈，是否应在原处修建，抑须移筑坚处，着该抚相度地势妥议筹办，以期巩固，所有被陷田庐、被淹人口，并着查明酌量抚恤。寻奏：该塘坍陷过深，原处不能筑复，须择坚实地段一律改建，所有淹毙人口二十三名，沉陷民房二十四间，已查明分别抚恤。报闻。

（卷354，册38，页389）

## 〇道光二十一年八月戊戌（十七日）（1841-10-1）

〇修江浙山阴县塘坦，从巡抚刘韵珂请也。

（卷356，册38，页420—页421）

## 〇道光二十一年九月庚申（初九日）（1841-10-23）

修浙江仁和海宁二州县海塘，从巡抚刘韵珂请也。

（卷357，册38，页456）

## 〇道光二十一年十月己亥（十九日）（1841-12-1）

〇修浙江尖山汛石塘并改筑萧山县沿江石塘，从巡抚刘韵珂请也。

（卷360，册38，页498）

## 〇道光二十一年十一月乙丑（十五日）（1841-12-27）

〇修浙江东西两塘柴埽盘头各工，从巡抚刘韵珂请也。

（卷361，册38，页523）

## ○道光二十二年正月癸亥（十四日）（1842-2-23）

○修浙江钱塘县江塘，从巡抚刘韵珂请也。

（卷365，册38，页584）

## ○道光二十二年四月壬辰（十四日）（1842-5-23）

○又谕：本日耆英奏《逆夷大帮船只窜至乍浦洋面》一折。据称"初七日午刻，有逆夷火轮船二只、大小夷船二十余只，由乍浦所辖之黄盘山东首洋面而来。未刻，火轮船拖带三板船自彩旗港驶入西行汛停泊"等语，该逆猖獗异常，甫经退出宁波，又复驶至乍浦外洋，意图扰掠，实属可恨。现在耆英等极力防堵，并于尖山等处加意严防，诚恐该逆分艍肆扰，乘势窜入上海各海口，着牛鉴、陈化成督率文武员弁认真防范，毋稍疏虞。牛鉴前奏，于紧要海口加筑土塘土牛以资捍卫，是该督于防守要隘尚有把握，着即谆嘱将弁兵丁，如有夷船驶至，切勿早开枪炮，俟该逆逼近，其势足以相及再行并力轰击，以收实效而壮干城。将此由六百里谕令知之。

（卷370，册38，页668）

## ○道光二十二年七月丁巳（十一日）（1842-8-16）

○修浙江萧山县西江塘工，从署巡抚卞士云请也。

（卷377，册38，页807）

## ○道光二十二年七月戊辰（二十二日）（1842-8-27）

○修浙江东西两塘坍损各工，从前署巡抚卞士云请也。

（卷378，册38，页821）

## ○道光二十二年八月壬辰（十六日）（1842-9-20）

○修浙江山阴、上虞二县柴石塘工，从巡抚刘韵珂请也。

（卷379，册38，页838）

○道光二十二年九月丁卯（二十二日）（1842-10-25）

○修浙江东西两塘柴埽盘头各工，从巡抚刘韵珂请也。

（卷381，册38，页870）

○道光二十二年十月乙未（二十日）（1842-11-22）

○修浙江仁和、海宁二州县东西柴石塘工，从巡抚刘韵珂请也。

（卷383，册38，页901）

○道光二十二年十一月戊午（十四日）（1842-12-15）

○修浙江海盐县塘工，从巡抚刘韵珂请也。

（卷384，册38，页921）

○道光二十二年十二月壬寅（二十八日）（1843-1-28）

○修浙江东塘，从巡抚刘韵珂请也。

（卷387，册38，页961—页962）

○道光二十三年三月丁巳（十四日）（1843-4-13）

○修筑浙江钱塘县江塘，从巡抚刘韵珂请也。

（卷390，册38，页1008）

○道光二十三年四月庚寅（十七日）（1843-5-16）

○修浙江仁和、海宁二州县海塘，从巡抚刘韵珂请也。

（卷391，册38，页1030）

○道光二十三年六月庚寅（十八日）（1843-7-15）

○修浙江仁和、海宁二州县海塘，从巡抚刘韵珂请也。

（卷393，册38，页1054）

## ○道光二十三年六月乙未（二十三日）(1843-7-20)

○改浙江萧山县土塘为柴塘，从巡抚刘韵珂请也。

（卷393，册38，页1056）

## ○道光二十三年闰七月乙未（二十五日）(1843-9-18)

○修浙江东西两塘柴埽盘头各工，从巡抚管遹群请也。

（卷395，册38，页1091）

## ○道光二十三年八月庚申（二十日）(1843-10-13)

○修复浙江山阴、上虞二县冲坍柴塘，从巡抚管遹群请也。

（卷396，册38，页1105）

## ○道光二十三年九月丙戌（十七日）(1843-11-8)

○修筑浙江东西两塘柴埽各工，从巡抚管遹群请也。

（卷397，册38，页1117）

## ○道光二十四年二月癸卯（初六日）(1844-3-24)

○修浙江海盐县石塘，从巡抚王植请也。

（卷402，册39，页19）

## ○道光二十四年二月庚申（二十三日）(1844-4-10)

○修浙江山阴、会稽、上虞三县海塘，从巡抚梁宝常请也。

（卷402，册39，页31）

## ○道光二十四年三月庚午（初三日）(1844-4-20)

○修浙江仁和、海宁二州县海塘，从巡抚梁宝常请也。

（卷403，册39，页37）

○道光二十四年六月丁酉（初二日）（1844-7-16）

　　○修浙江仁和、海宁二州县东西二塘柴埽盘头，从巡抚梁宝常请也。

　　（卷406，册39，页80）

○道光二十四年八月丁酉（初三日）（1844-9-14）

　　○修浙江仁和、钱塘、海宁三州县海塘，从巡抚梁宝常请也。

　　（卷408，册39，页109）

○道光二十四年九月庚辰（十六日）（1844-10-27）

　　○修浙江仁和、海宁二州县海塘，从巡抚梁宝常请也。

　　（卷409，册39，页133）

○道光二十四年十二月己酉（十七日）（1845-1-24）

　　○修浙江海盐县石塘，从巡抚梁宝常请也。

　　（卷412，册39，页172）

○道光二十四年十二月己未（二十七日）（1845-2-3）

　　○修浙江山阴县塘堤，从巡抚梁宝常请也。

　　（卷412，册39，页178）

○道光二十五年正月庚辰（十八日）（1845-2-24）

　　○修浙江李家汛等处海塘，从巡抚梁宝常请也。

　　（卷413，册39，页187）

○道光二十五年四月己亥（初九日）（1845-5-14）

　　○修浙江萧山县滨江石塘，从巡抚梁宝常请也。

　　（卷416，册39，页214）

## 道光二十五年四月庚子（初十日）（1845－5－15）

○修浙江仁和、海宁二州县海塘，从巡抚梁宝常请也。

（卷416，册39，页214）

## 道光二十五年四月戊午（二十八日）（1845－6－2）

○修浙江东塘柴石等工，从巡抚梁宝常请也。

（卷416，册39，页223）

## 道光二十五年六月甲午（初四日）（1845－7－8）

○修浙江仁和、海宁二州县海塘柴埽各工，从巡抚梁宝常请也。

（卷418，册39，页240）

## 道光二十五年八月辛卯（初二日）（1845－9－3）

○修浙江山阴县南塘湾塘工，从巡抚梁宝常请也。

（卷420，册39，页271）

## 道光二十五年八月癸巳（初四日）（1845－9－5）

○修浙江仁和、海宁二州县海塘，从巡抚梁宝常请也。

（卷420，册39，页272）

## 道光二十五年九月丙戌（二十八日）（1845－10－28）

○修浙江会稽县坍塌塘工，从巡抚梁宝常请也。

（卷421，册39，页289）

## 道光二十七年六月甲子（十七日）（1847－7－28）

○修浙江萧山县西江石塘，从巡抚梁宝常请也。

（卷443，册39，页554）

## ○道光二十九年五月丙午（初十日）（1849-6-29）

○谕军机大臣等：本日据季芝昌、吴文镕奏《清查浙省仓库历年那垫银谷各数，并择尤参办》一折。已明降谕旨，将那数最多之前任富阳县知县杨灿基等四员革职勒缴，并将经征九载全完之于潜县知县曾积堂从优鼓励矣。浙江省各属仓库自道光二年清查至今，历任那垫正杂钱粮并漕南等米，以银作价，现据查明共银二百八十四万六千八百余两、仓谷一百十万九千五百余石、米三千余石之多，实属不成事体，究其致亏之故，虽由近年银价日贵、漕费日增及塘工兵差各案不敷捐赔，以致那移公项垫补亏缺，日甚一日。而不肖州县借口因公侵吞入己者亦恐不少，总由该管上司不肯随时认真稽核，存见好属员之见，任其朦混详报，锢习相沿，实堪痛恨。季芝昌派办清查是其专责，吴文镕到任未久，亦无所用其回护，着将历任巡抚藩司自上届清查以后，确切查明，何人任内那垫数目最多，并有无偏袒属员，任听朦混情弊，秉公确核，分别轻重，据实参奏，不准稍有徇隐，汪本铨经朕特简，现经实授藩司，所有前任各藩司颠顶疲玩之处，并着查明，据实揭参，毋稍瞻顾。将此谕令季芝昌、吴文镕，并传谕汪本铨知之。

（卷468，册39，页892）

## ○道光三十年四月癸未（二十一日）（1850-6-1）

○修浙江仁和县、海宁州东塘工程，从巡抚吴文镕请也。
（卷8，册40，页153）

## ○道光三十年六月丙子（十六日）（1850-7-24）

○又谕：吴文镕奏《海塘石工被水冲缺》一折。本年夏间，浙省雨水较多，潮势汹涌，致将海塘石工冲缺六十余丈，口门现已过水。浙省海塘，为本省杭嘉湖及苏省之苏松常镇七郡田庐保障，攸关紧要。着该抚督同藩臬,严饬道厅等员,赶紧设法抢护,毋得再有疏虞,以致潮水内灌。一面查明下游州县有无被淹处所,迅即据实由驿具奏。吴文镕于辖境要工,未能先事豫防,着先行交部严加议处。

(卷12,册40,页188—页189)

## ○道光三十年七月己亥（初九日）（1850－8－16）

○谕内阁：吴文镕奏《海塘缺口,现已堵合,并下游州县尚无被淹》一折。此次浙江海塘石工,冲缺六十余丈,续又将抢做土塘冲缺过水,吴文镕等未能先事豫防,前经降旨,将该抚照部议革职留任,并饬查道厅等员职名,送部核议。兹据奏,冲缺口门,克期堵合,办理尚为迅速,下游亦无被淹受害处所,所有该抚革职留任处分,着加恩开复。其道厅等员应得处分,亦着加恩一并宽免。又另片奏现筹塘工大概情形,其应如何遴委贤能,筹款估办之处,着该抚等迅即通盘筹画,悉心妥议具奏。

(卷13,册40,页199)

## ○道光三十年八月辛酉（初二日）（1850－9－7）

○浙江巡抚吴文镕奏,海塘续塌扫工,业已堵合。得旨：仍应妥慎防护,无稍疏懈。

(卷15,册40,页214)

## ○道光三十年九月癸丑（二十五日）（1850－10－29）

○修建浙江沿海塘工,从巡抚吴文镕请也。

(卷18,册40,页262)

## ○道光三十年十月戊辰（初十日）（1850－11－13）

○又谕：吴文镕奏《海塘续坍口门,业已堵合》一折。浙江省本年秋间,因大雨奔注续经冲塌之云腾二号海塘缺口,现已抢筑堵合。其前二次堵合之吕调字号土塘托坝，亦属稳固并无掣动，仍着严饬工员，随时加镶防护，一面采购石料，次第建复，并将前奏险要处所柴埽等工，赶紧兴办，以资保卫。吴文镕前后督办，尚知奋勉，所有前经革去顶带之处，着加恩赏还。

（卷19，册40，页275）

## ○道光三十年十二月庚辰（二十三日）（1851-1-24）

○以抢筑浙江海塘完竣，予同知张玉藻等，加衔升叙有差。

（卷24，册40，页350）

# 文宗咸丰朝（元年—十一年）
# （1851-2-1—1862-1-29）

## ○咸丰元年正月甲寅（二十七日）（1851-2-27）

○修浙江钱塘、余杭、山阴、会稽、萧山、上虞六县塘堤各工，从署巡抚汪本铨请也。

（卷26，册40，页375）

## ○咸丰元年三月己丑（初二日）（1851-4-3）

○以办理浙江石塘工程出力，予同知唐光照等，加衔议叙有差。

（卷29，册40，页403）

## ○咸丰元年闰八月庚子（十七日）（1851-10-11）

○又谕：常大淳奏《海塘埽石各工冲缺，请将承修员弁革职留任，勒令赔修》一折。浙江海塘，因八月内，连日风潮猛烈，先后坍卸石塘，计驹字号二丈零、食字号二十丈、场字号四丈，其柴埽各工，亦俱坍塌。现在口门业经堵合。着即将石埽各工赶紧接续修复，以资抵御。该厅营各员，原办工程，未能坚固，实难辞咎。杭州府西塘海防同知马椿龄，海防营守备夏德风，均着革职留任，勒令赔修。现署西塘海防同知仲孙樊，未能先事筹御，杭嘉湖道舒化民，疏于防范，均着交部分别议处。

（卷42，册40，页575—页576）

## ○咸丰元年十一月甲寅（初三日）（1851-12-24）

○又谕：常大淳奏《请将人地不宜及衰庸各员弁，分别惩儆》一折。浙江杭州府西塘海防同知马椿龄，准升绍兴府。南塘海防通判李枝青，于经管塘工，人地均不相宜。马椿龄，着开缺留于该省，以地方同知酌量补用。李枝青，着注销准升，通判之案，仍以知县留于浙江补用。海塘营守备夏德风，精力衰颓，修防不能得力，着即勒令休致。海塘营李家埠汛把总张让，精力已衰，办公迟钝。戴家桥汛把总陈鼎魁，心地颟顸，护庇兵丁。张让、陈鼎魁均着革职以示惩儆。

（卷47，册40，页638）

## ○咸丰元年十二月戊戌（十七日）（1852-2-6）

○以捐办浙江石塘坦水工程，予同知唐光照知府补用。

（卷50，册40，页669）

## ○咸丰二年二月辛卯（初十日）（1852-3-30）

○修筑浙江西防厅坍卸石塘，从巡抚常大淳请也。

（卷53，册40，页709）

## ○咸丰三年七月庚申（十七日）（1853-8-21）

○又谕：……至钱塘等县塘工，因风潮泼损，亟须抢护情形，亦着详查迅办，务使灾黎得所阛阓乂安，以慰朕轸念民依至意。

（卷100，册41，页471）

## ○咸丰三年九月乙巳（初三日）（1853-10-5）

○又谕：黄宗汉奏《保举贤员，请旨补授海疆要缺知府》一折。浙江请补杭州府西塘海防同知段光清，前在署理鄞县知县任内，办理要案，宽猛兼施，舆情爱戴。当经降旨，以同知即补。兹据该抚奏称"该员历任各县，俱能劳心抚字，尽力缉捕。现在委署宁波府事，人地实属相宜，惟甫经题补同知，未准部覆，与例未符"等语。段光清，即着补授宁波府知府，以为地方官能得民心者劝，此外不得援以为例。

（卷105，册41，页576）

## ○咸丰四年七月戊戌朔（初一日）（1854 – 7 – 25）

○修浙江海宁、仁和二州县海塘各工。从巡抚黄宗汉请也。

（卷135，册42，页382）

## ○咸丰四年十月己未（二十四日）（1854 – 12 – 13）

○又谕：前因黄宗汉，数月未经奏事，连次降旨询问。昨据黄宗汉，咨呈军机处公文内称"自七月起，调兵筹饷，抢办海塘，积劳成病。四个月以来，未及拜发奏报，咨请军机王大臣，先为面奏"等语。各督抚应奏事件，从无积压数月之理。黄宗汉平日办事尚属认真，虽因调兵筹饷，公事丛集，而海塘冲坍，关系民生，即当迅速奏闻。况学政丁忧，臬司出缺，亦皆应行由驿驰奏之件，何竟愦愦若此？经朕垂询后，尚不具折陈奏，竟咨呈军机处，恳请代奏，尤属非是。有此办理咨稿之暇，何不可即行缮折入奏，况云浙境现获敉安？该督病已渐愈，亦不至刻无间晷，乃以迟延之咎，当自行请罪为词，情节尤属支离，殊不可解。黄宗汉着先行交部议处。

（卷149，册42，页610）

○又谕：黄宗汉平日办事，尚属认真，近来折报迟延，朕犹疑其中途或有遗失，乃阅咨内所叙，该省紧要公事，竟未发折，殊出情理之外。浙省地方公务及一切防堵事宜，纵使十分棘手，亦何至数月之久，竟无暇晷，是否该督精神，实有不能兼顾之处？抑或办事渐不如前？即据咨内所称，徽宁二处，现已平靖，宁波夷务，均已帖服，海塘决口，不甚为患，赶办新漕，亦皆有把握。正宜分晰奏报，以慰朕怀，何以仍复迟迟？甚不可解。着将原咨，钞给何桂清阅看，于到省后，将该督数月以来，筹办事宜，详细访查，是否与所咨情节一一相符？有无废弛公事，办理竭蹶情形？该省民情是否仍前翕服？所称患病情状，是否实形委顿？能否前赴四川总督之任？均着据实密奏，不得稍有徇隐。将此由五百里密谕知之。

（卷149，册42，页611）

## ○咸丰四年十二月癸卯（初九日）（1855-1-26）

○谕内阁：前因黄宗汉折报迟延，于地方紧要事件，多未陈奏，降旨将该督先行议处，降为二品顶带。兹据该督以奏报久稽，自请严加谴责，并另折声称"海塘冲塌，未能豫防，学政丁忧，臬司出缺，未及驰报，各请严加议处"等语。海塘决口，关系民生，虽经该督设法抢护，堵筑平稳，究属未能先事豫防。至该省折报，稽延已久，该督既已病痊，即应赶紧入奏，乃自上月具文咨报军机处后，又复迟至一月有余，亦属咎有应得。姑念该督在浙，平日办事，本属认真，此次奏报虽迟，于地方公事尚无贻误，业经降为二品顶带，以示薄惩。所有自请交部严议之处，着加恩改为议处。

（卷153，册42，页664）

## ○咸丰五年正月丁丑（十三日）（1855-3-1）

○筑浙江山阴、会稽二县塘堤，从巡抚何桂清请也。

（卷156，册42，页703）

## ○咸丰七年八月辛未（二十三日）（1857-10-10）

○又谕：晏端书奏《海塘埽石各工，猝被风潮冲坍》一折。本年七月间，浙省风雨交作，金衢严处等属，同时起蛟，致将西塘埽工冲坍数处，均已过水。浙省海塘为本省杭嘉湖及苏省之苏松常镇七郡田庐保障，攸关紧要，着该抚严饬道厅各员，将已坍者赶紧抢筑，未坍者设法保护，毋得再有疏虞。至全塘各工此次泼损甚多，并饬承办各员，分别赔修，该抚仍随时亲往巡勘，以期及早蒇功。其被水处所并上游被蛟最重之区，淹没人口田庐，着即饬属查勘具奏。所有防护不力之署西防同知邢吉甫、海防营守备周金标，均着革职留任，署杭嘉湖道叶堃着交部议处，晏端书着一并议处。

（卷234，册43，页640—页641）

## ○咸丰七年十二月己未（十二日）（1858-1-26）

○又谕：晏端书奏《海塘缺口，业经次第堵合，请开复各员处分》一折。浙江海塘埽石各工，前因风潮冲塌，经该抚督饬道厅各员赶紧抢修，业经次第堵合，工程一律完竣，办理尚属迅速。前任浙江宁绍台道署杭嘉湖道叶堃，着开复道员，仍留浙江补用，并免其送部引见。候补知府署西防同知邢吉甫，着开复知府，留于浙江补用。海防营守备周金标，着开复，革职留任处分。晏端书降一级留任处分，着加恩开复。

（卷241，册43，页737）

## ○咸丰九年十一月丁丑（十二日）（1859-12-5）

○谕内阁：都察院奏，浙江民人章启丰等，遣抱告张启山以官吏通同舞弊等词，赴该衙门具控。据称：会稽县蠹书朱克振、郦光奎、樊希成等，于该县钱粮，加收浮勒，每年可收十余万两，官吏朋吞。捏报灾歉，拖延不解，并重征米石，每年可得一万八千余石。复将大户分作零户，累年不解，希图豁免。又藉修塘为名，按亩勒派，侵吞塘捐。挟该民人上控之嫌，私押班馆，陵虐殴打。莫县主、刘县主均得受陋规，不肯究办，并府尊袒护各等情。此等蠹书，通官舞弊，于该县户口钱粮，胆敢任意勒折浮收，侵吞肥己，至十余万两之多，实属大干法纪。知县莫姓于丁忧后，仍在库书丽姓家居住，知县刘姓庇护书吏，均难保无串通舞弊情事。着罗遵殿按照所控各情，亲提人证卷宗，秉公严讯确情，按律定拟具奏。

（卷300，册44，页377—页378）

○咸丰十年六月戊寅（十六日）（1860-8-2）

　　○浙江巡抚王有龄奏：……又奏：闰三月暨四月，海塘沙水情形。批：工部知道，单图并发，此系月报之件，不准附驿具奏。即循例，地方事件亦应设法绕道，专差赍递，不准借口路阻，以惜小费。

　　（卷322，册44，页771—页772）

# 穆宗同治朝（元年—十三年）
# (1862-1-30—1875-2-5)

### ○同治三年四月癸巳（二十三日）(1864-5-28)

○修补浙江海宁州石塘，从闽浙总督左宗棠请也。

（卷101，册47，页221）

### ○同治三年九月辛酉（二十三日）(1864-10-23)

○谕议政王军机大臣等：……前据御史洪昌燕奏"浙江海塘溃决，请速筹款修理"，当经降旨交户部妥速议奏。昨经户部议准将浙海关等税酌拨动用，着左宗棠遵照部议章程，履勘兴修。及此冬令水涸，潮汐不旺，易于告成。东南民命攸关，漕运大局所系，谅该督必能仰体朝廷惠爱黎元之意，撙节帑项，妥速筹办。其如何办理情形，并着赶紧具奏，以慰驰廑。将此由六百里各谕令知之。

（卷116，册47，页573—页574）

### ○同治三年十月壬辰（二十五日）(1864-11-23)

○补铸浙江杭州府知府，杭州府理事，总捕东塘中塘西塘各同知，杭州府经历、儒学、知事、照磨、司狱，杭州府税课大使，城南税课大使，江涨税课大使，钱塘县知县、儒学，安溪税课大使，仁和县知县、儒学，塘栖镇巡检，横塘税课大使，海宁州知州、州判、儒学，富阳县儒学，余杭县知县、儒学，临安县知县、儒学，于潜县知县、儒学，新城县知县、儒学，昌化县儒学各印信关防条记，从兼署巡抚左宗棠请也。

（卷119，册47，页634—页635）

○同治三年十一月癸卯（初六日）（1864－12－4）

○又谕：……浙江初复，百度维新，左宗棠于除匪安良、剔除锢弊、修复水利诸大端，竭虑殚心，渐有端绪。此时交卸起程，蒋益澧护理抚篆，自属责无旁贷。所有海塘工程，农田水利及滨海各郡，整饬水师，台州所属，惩除豪恶各事宜，并着与杨昌濬审度时势，次第筹办。马新贻到任后，并着将以上应办各事宜，咨商左宗棠妥筹办理……将此由六百里谕知左宗棠、李鸿章、徐宗干、马新贻，并传谕蒋益澧知之。

（卷120，册47，页653—页654）

○同治三年十二月甲戌（初七日）（1865－1－4）

○护浙江巡抚蒋益澧奏：遵旨筹修海塘要工。得旨：着即将近水缺口，妥速督率堵筑，务须料实工坚，一律稳固。其应须筹款兴办石工之处，并着俟省城善后办有端绪，即亲赴海宁一带，沿塘察看，会商李鸿章等酌量奏请开办。又奏：浙江实缺人员，仅有十分之一，现无应举应劾之员，请将大计归入下届举行。从之。

（卷123，册47，页710）

○同治三年十二月丁亥（二十日）（1865－1－17）

○谕议政王军机大臣等：蒋益澧奏《闽省军情吃紧，派兵扼扎浦城衢州》，并《勘明塘工，酌筹办理情形》各折片……海塘工程，既据蒋益澧亲自履勘，查出尤险工三千八百余丈，最险工四千三百余丈，自应先行修筑，以卫民生。第柴埽各工，撙节估计，亦须四五十万金。蒋益澧现在委员劝办米捐，雕瘵之余，恐难集成巨款。着李鸿章派员劝谕苏松太所属殷实之户，量力捐助，俾得早日兴工，于江浙两省地方，均有裨益……将此由五百里谕知左宗棠、徐宗干、李鸿章、马新贻，并传谕蒋益澧知之。

（卷124，册47，页740—页741）

## ○同治四年二月庚寅（二十四日）（1865-3-21）

○浙江巡抚马新贻奏：勘明海塘工程，现于翁家埠分设一局，派委前按察使段光清驻扎工所，监督一切。得旨：着即督饬段光清等核实勘估，认真兴办，务须工坚料实，不准有草率偷减之弊以卫民生而革浮费。

（卷131，册48，页96）

## ○同治四年八月庚申（二十八日）（1865-10-17）

○谕内阁：御史汪朝棨奏《江浙水灾，请旨饬查赈济，以恤灾黎》一折。本年五月二十四五等日，浙江之杭嘉湖严绍五府所属各县，大雨阅七昼夜不绝。绍兴府山水陡发，海塘冲坍。萧山县沿江地方，水与屋齐，居民淹毙者万余。严州府城外，江水时亦骤发。其苏松杭嘉湖五府及太仓州，霪雨不止，低田尽被淹没，禾稼大伤。览奏实堪悯恻。江浙军务甫平，民气未复，现值水灾猝至，亟应迅筹抚恤，用拯穷黎。着李鸿章、马新贻、刘郇膏遴派贤能之员，前往被水各该府州县，会同地方官详细查勘，分别造册具报。仍着一面迅速筹款抚恤，毋令一夫失所，以济灾区而苏民困。

（卷152，册48，页564）

## ○同治四年十一月丙戌（二十五日）（1866-1-11）

○以浙江督办土备塘工出力，予同知赵立诚等升叙有差。

（卷161，册48，页727）

## ○同治五年二月戊申（十八日）（1866-4-3）

○谕内阁：马新贻奏《筹办海塘情形》一折，所称石塘工程危险，雇夫储料，均难凑手，未能迅速集事，均系实在情形。惟浙省海塘，为两省民命所关，着该抚督同司道，严饬各厅弁设法筹款，多购料物，将土塘埽工，认真保护，未堵缺口，赶紧修筑，断不可息缓因循，停工待饷。据奏"此次筹修海塘工程，均系该司道会同稽核，实用实销。各厅弁皆三年杭城克复后始行委署，于银钱全不经手，与从前领项承修者迥不相同"等语。所有修防处分，即着照马新贻所请，俟工竣日，再行扣限核计。至岁久失修各石塘，如续有坍缺，各该员应得处分，并着一并免议。

（卷169，册49，页68—页69）

## ○同治五年四月丙午（十八日）（1866-5-31）

○浙江巡抚马新贻奏：遵查浙江月协甘饷二万两、闽饷十四万两，现将协闽一款，奏明停止，移为海塘之用。惟甘肃军务正紧，不能不兼筹并顾，拟自本年六月为始，添拨银三万两，共五万两，按月解运。下部知之。

（卷175，册49，页151）

## ○同治五年六月庚戌（二十三日）（1866-8-3）

○又谕：……前据马新贻奏"浙江月协甘饷银二万两，目前闽饷停止，本欲移为海塘之需。惟甘肃军务紧要，不能不兼筹并顾，请自本年六月为始，添拨银三万两，共银五万两，按月解鄂转解"等语。此次刘蓉所奏添兵增饷，与甘省通力合作剿办回逆，实系目前至急之务。马新贻能否于月协五万两之外，每月添拨若干两，务当不分畛域，极力筹拨。其已经奏定饷数，仍当源源运解，不得稍有迟延……将此由五百里各谕令知之。

（卷179，册49，页228）

## ○同治五年九月己巳（十三日）（1866－10－21）

○谕军机大臣等：候补内阁侍读学士钟佩贤奏《海塘关系东南大局，请派员督修以策万全》一折，据称此项工程，非用数年人力，数百万帑金，不足以臻巩固。若为苟且补苴之计，岁费仍不下数十万，而工之能否无虞，仍不敢必。所陈四害三可虑等情，均尚不为无见。着吴棠于赴闽浙新任时，便道先往海塘，详细查勘，与马新贻妥速筹商。现办土备塘，是否足资捍御？如必须兴筑石塘，应如何筹拨款项，约期竣事？该学士所请于停解闽省月饷十四万之外再提厘金八成，专办塘工之处，均着统筹全局，酌度奏明办理。苏松太当海塘下游，与浙省休戚相关，如须通筹协济，即着咨商该省督抚一体会筹兴办。将此各谕令知之。

（卷184，册49，页310—页311）

## ○同治五年十月丙午（二十一日）（1866－11－27）

○谕军机大臣等：马新贻奏《开办海宁绕城石塘，绘图呈览》一折。海塘为东南农田要务，而海宁塘工，贴近城垣，尤关紧要。既据马新贻督饬道员陈璚等亲加履勘，自应赶紧兴办。所有海宁鱼鳞石工二百六十余丈，即照该抚所请，拣用旧石，如有不敷，设法采办。其建复坦水需用石块桩木等件，务择坚料，以期经久。虽采办维艰，亦不可意存畏难，致涉草率。所需经费银二十四万两，准其照数动用。该抚即严饬陈璚等认真兴办，不得稍有偷减。倘该道等不能得力，并着严行参办。如或工料不能坚固，修成后未能经久，必将承修各员，着落赔补，并从重治罪，毋稍玩忽。将此由五百里谕令知之。

（卷187，册49，页355—页356）

## ○同治五年十一月丁丑（二十二日）（1866－12－28）

○又谕：御史王书瑞奏《浙省溇港淤塞，亟宜开浚》一折。据称"浙江水利，在浙东则有海塘，在浙西则海塘而外，又有溇港。湖州府属乌程县境，有三十九溇；长兴县境，有三十四溇，康熙雍正乾隆年间，叠经疏浚。自逆匪窜扰后，泥沙堆积，溇口淤阻，垦种多致淹没，请设法开浚"等语。着马新贻即行派员履勘工程缓急，设法筹款次第赶紧兴修，不得意存畏难，稍涉迁就。另片奏：……原折片均钞给阅看。将此谕知曾国藩、李鸿章、马新贻并传谕郭柏荫知之。

（卷190，册49，页396）

## ○同治六年二月庚寅（初六日）（1867－3－11）

○又谕：吴棠、马新贻奏《遵勘浙省海塘要工，筹拨款项，分别工程办理》一折。浙江海塘，工程浩大，值此经费支绌之时，若一时悉行兴办，必至有名无实，自应循照旧章，分别最要次要次第办理。吴棠等以堵御缺口之柴坝为最要，保护残损石塘为次要，拟每年拟定银八十万两，佐以海塘捐输，次第兴修，此亦就目前情形而论。惟所筑柴坝赶镶外埽建复坦水各工，不过暂时堵御潮汐，将来仍需兴建石塘。马新贻当通盘筹画，使现办各工，坚实稳固，石塘兴建后，即可以保护塘身。则此次办理各工，钱粮不至虚糜，而于将来有益。若止为目前一时之计，则日后兴建石塘，仍须多费帑项，未免漫无规画。马新贻既知以十年为期，谅能筹画及此。海宁塘工，现在止办有二成，马新贻饬令酌加镶锅，自当益臻坚固。闻道光年间，帅承瀛在浙江巡抚任内，修理海盐石塘，最为精密，历久不坏。即着饬令在工各员，仿照办理。傥此次海宁塘工，办理不能经久，必将承办各员赔修治罪，决不宽贷。海塘用款虽繁，历届办理银数，皆有案可稽。现即工料较昂，何至七八百万？该督抚等不可任听属员张大之词，稍存畏难之心，是为至要。

吴棠另片奏"降调道员陈璚请留浙差委"等语。陈璚人既明干，着准留于浙江办理海塘工程，交马新贻差遣。将此由四百里各谕令知之。

（卷196，册49，页512）

## ○同治六年十二月癸巳（十四日）（1868-1-8）

○谕军机大臣等：马新贻奏《接办西防石塘大工，单开章程，并绘图呈览》一折。海宁绕城石塘，将次工竣。现办西防石塘大工，通共约需银四十八万九千两。据称所估工料价值，核与例定稍有加增，实因物力艰难，时势不同所致，自系实在情形。所估银数既经加增，马新贻当督饬属员认真购办，务期工坚料实，为一劳永逸之计。所有勘估各工及章程六条，均着照马新贻所拟办理。该抚即实心经画，迅速开办，以重要工。此项工程，须添购新石十余万丈，浙省采办，断难敷用。着郭柏荫遴委妥员，在于洞庭等山，按照志载尺寸，如式采办五万丈，运浙济用，毋稍迟误。其石价水脚运费等项，均由江苏筹款自行报销。将此各谕令知之。

（卷219，册49，页872）

## ○同治七年正月壬子（初三日）（1868-1-27）

○署闽浙总督英桂议覆浙江省《减兵增饷章程》，除海塘兵六百五十四名向来不与征调无庸置议外，拟裁水陆额兵一万三千八百二十九名，实存兵二万二千五百七十六名，加马兵月饷银一两，马干五钱，战兵月加一两，守兵月加五钱，添嘉兴湖州两协水师兵五百名，均照楚军章程，选锋操练，并增修器械，添造战船，酌给备弁以下津贴。各营公需用费，下部议。从之。

（卷221，册50，页3—页4）

## ○同治七年六月乙亥（二十九日）（1868-8-17）

○以浙江办理海宁石塘工竣，予道员唐树森等升叙开复有差。
（卷236，册50，页267）

## ○同治八年二月丁未（初五日）（1869-3-17）

○又谕：户部奏《遵查各省厘金，酌定添拨西征军饷》，并《请饬各省整顿厘金》各折片。左宗棠前请按年筹拨陕甘实饷四百万两,现据户部将各省厘金核明,通盘筹计,奏请酌量添拨……浙江省除每月原协左宗棠军饷银七万两外,着李瀚章每月再添协陕甘军饷五万两,每年共添协银六十万两。该省每年协济云贵军饷十余万两,仍着照常筹解。该抚前奏每月再各拨五千两,即着毋庸添拨。其应协山西清淮各饷,不得借口停免。该抚当将该省防兵如何裁遣,或酌补兵额之处,认真筹办,以节经费。现办塘工捐输,及外省收捐分局,仍着照旧办理,毋庸议改……将此由六百里谕知左宗棠、李鸿章、穆图善、马新贻、英桂、瑞麟、吴棠、丁日昌、刘坤一、李瀚章、卞宝第、郭柏荫、李福泰并传谕吴坤修知之。

(卷252,册50,页509—页511)

## ○同治九年二月丙寅（三十日）（1870-3-31）

○署浙江巡抚杨昌濬奏：履勘三防塘工,业经择要填筑,现仍分饬赶办。报闻。

(卷278,册50,页850)

## ○同治九年五月壬申（初七日）（1870-6-5）

○以浙江东塘防险出力,予道员何兆瀛等加衔升叙有差。

(卷282,册50,页902)

## ○同治十年七月癸巳（初五日）（1871-8-20）

○追予故浙江巡抚升任总督马新贻,于浙江海塘建立专祠。

(卷315,册51,页166)

## ○同治十一年正月乙巳（二十日）（1872-2-28）

○浙江巡抚杨昌濬奏：部驳东塘垣工,确查实无浮冒,碍难核减,请仍援案办理。下部知之。

(卷327,册51,页337)

## ○同治十二年四月乙亥（二十七日）（1873-5-23）

○浙江巡抚杨昌濬奏：请简派大员督办海塘工程。得旨：着该抚督饬承办工员，核实经理，毋避怨嫌。所请另派大员督办之处，着毋庸议。

（卷351，册51，页648—页649）

## ○同治十三年十二月己卯（初十日）（1875-1-17）

○浙江巡抚杨昌濬奏：接续建修海盐县境石塘双坦要工。下部知之。（随手月折）

（卷1，册52，页82）

# 德宗光绪朝（元年—三十四年）
# （1875-2-6—1909-1-21）

## ○光绪元年八月戊辰（初四日）（1875-9-3）

○浙江巡抚杨昌濬奏：杭州府属东塘念汛，东头泰字号起至碣字号止，间段建复鱼鳞石塘一百四十六丈五尺，拆修鱼鳞石塘三十二丈，一律告成。又拗裂挫陷石塘一百余丈，亦经加高理砌。西头工段较长，现已将聚字号起至封字号止，及毗连镇汛典字等号，共计建复鱼鳞石塘二百十八丈，先行办竣。又奏：勘估东塘念汛大口门石塘工程，自经字号起至宗字号止，共长一千八百六十丈，分别拆修建复，均在柴坝后面兴筑，并拟于策字号起至州字号止，塘外一律添筑柴坝，共约估银八十九万一千一百余两，请于塘工经费项下动支给办。又奏：东、中、西三防圮损，石塘坍塌。同治六年，奏明每年拟拨银八十余万两。今已将三防石工一律估报，连历年办竣坦塌盘头等工，共估用银五百九十余万两，加以未办各工计算，较之当时拟拨数目，可少用一百六十万两。均报闻。（折包）

（卷15，册52，页256）

## ○光绪二年正月戊午（二十六日）（1876-2-20）

○以神灵默佑保卫塘堤，颁给浙江海宁州观音庙扁额，文曰"龙象神通"。

（卷 25，册 52，页 384）

## ○光绪二年七月辛未（十三日）（1876 - 8 - 31）

○浙江巡抚杨昌濬奏：海塘捐输停止。下部知之。

（卷 37，册 52，页 524）

## ○光绪三年五月庚午（十六日）（1877 - 6 - 26）

○以亏短公款，逮问浙江已革海塘局员，候补同知赵宝申，并籍产备抵。（现月档）

（卷 51，册 52，页 717）

## ○光绪三年五月壬午（二十八日）（1877 - 7 - 7）

○山西巡抚曾国荃奏：广东等省应解山西协饷，请改解西征军饷。得旨：广东库饷支绌，近据刘坤一等奏，请将奉拨海防经费免解。福建骤遭大水，现须筹款抚恤。浙江海塘工程，需款亦巨。曾国荃请将该三省应解山西协饷，改解西征军饷之处，着户部议奏。

（卷 51，册 52，页 723）

## ○光绪三年九月丙辰（初四日）（1877 - 10 - 10）

○浙江巡抚梅启照奏：酌拟变通仁和、海宁所属海塘工程。下部知之。（随手）

（卷 57，册 52，页 784）

## ○光绪三年九月戊寅（二十六日）（1877 - 11 - 1）

○浙江巡抚梅启照奏：续估修建东防尖汛石塘等工完竣。报闻。

（卷 58，册 52，页 802）

○光绪四年三月己未（初九日）（1878-4-11）

　　○浙江巡抚梅启照奏：海塘工需紧要，请复捐奖旧章。下部议。（折包）

　　（卷69，册53，页76）

○光绪四年七月甲戌（二十六日）（1878-8-24）

　　○谕军机大臣等：国子监司业汪鸣銮……另片奏"请于浙江本年海塘丝捐内，再提银洋四五万圆助赈"等语，即着梅启照如数筹拨，解交李鸿章应用。原折片着分别摘钞给阅看。将此各谕令知之。（现月）

　　（卷76，册53，页174—页175）

○光绪五年五月戊寅（初五日）（1879-6-24）

　　○浙江巡抚梅启照奏：修筑西塘各工，动用银一万九千五百十四两。又奏：浙江省沿海建筑炮台兵房等项工价，开单奏销，请援案免造册报，均下部知之。（折包）

　　（卷94，册53，页404）

○光绪五年五月己亥（二十六日）（1879-7-15）

　　○浙江巡抚梅启照奏：停止海塘捐及晋豫赈捐。报闻。

　　（卷95，册53，页418）

○光绪六年六月庚申（二十四日）（1880-7-30）

　　○以办理浙江塘工出力，予道员李辅耀等升叙，加衔有差。（折包）

　　（卷114，册53，页681）

○光绪六年八月庚子（初四日）（1880-9-8）

　　○浙江巡抚谭钟麟奏：修筑平湖县塘工完竣。下部知之。（随手）

　　（卷117，册53，页706）

## ○光绪六年八月癸卯（初七日）（1880-9-11）

○谕军机大臣等：有人奏"署浙江余姚县知县候补通判沈藻烈，征收钱粮，上下忙一律启征，正课外浮征至万余千两之多。私加每两串底，每户串票钱文。民人黄铠等已完钱粮，任令门丁舞弊重征。又候补道张鉴南，带兵驻扎余姚县，收缉盐贩。五月间有盐户杀人纵火之案，实由张鉴南启衅。余姚向有利济塘，捍御海汛。张鉴南以运载盐板，擅行开掘塘面五六丈，滋扰纷纭，民不聊生"等语。着谭钟麟按照所参各节，确切查明，据实具奏，不得稍涉徇隐。原折着钞给阅看，将此谕令知之。（现月）

（卷117，册53，页708—页709）

## ○光绪七年二月辛亥（十九日）（1881-3-18）

○浙江巡抚谭钟麟奏：海宁大小山圩等处民修堤塘，筹款不易。如遇坍塌，请由东防同知酌拨工料。报闻。（折包）

（卷127，册53，页831）

## ○光绪七年三月甲戌（十二日）（1881-4-10）

○谕军机大臣等：谭钟麟奏"招商局借拨浙江塘工生息经费银三十万两。原议每年提取息银，嗣经李鸿章奏明于该局运漕水脚项下，分半年拨还本银，每年计应还银六万两，请饬扣还"等语。浙江塘工，筹备岁修经费，需款孔殷。着李鸿章、刘坤一饬令招商局将所领塘工生息一款，于本年承运浙漕脚价项下，由浙省粮道扣还本银六万两，以济工需。将此各谕令知之。（现月档）

（卷128，册53，页844）

## ○光绪八年七月庚寅（初六日）（1882-8-19）

○谕内阁：给事中楼誉普奏《浙江杭州等府同被水灾，请饬速筹抚恤》

一折。前据陈士杰奏"杭、嘉、湖各府属雨水过多，田禾被淹，饬令该地方官，确切履勘，妥为安抚。兹据该给事中奏称，本年五月下旬，余杭县之苕溪，水势骤涨，冲坍塘堤，田庐被淹。临安于潜等县，均发蛟水。仁和、钱塘二县，农田亦被浸灌。湖州府属之霅溪，同时漫溢。嘉兴府属之海塘，决口多处。以致各州县同被水患"等语。览奏，被灾情形甚重，殊堪轸恻。着陈士杰迅速派员，会同各该州县，勘明被灾地方，妥筹抚恤，分别办理，毋任失所，用副轸念民艰至意。（现月）

（卷149，册54，页100—页101）

○谕军机大臣等：有人奏"浙江余杭县县丞程家骥黩货昧良，因该县知县王崧辰形同聋聩，各事欺饰，有伊同乡程锦涛藉势招摇，为其羽翼。遇有词讼，该县丞辄进县署干预。温台棚党，久肆横霸，前经乡民捆送监禁，该县丞得贿请释，几酿大患。本年五月间，该县遭水坍塘。王崧辰甫劝捐款赶修，程家骥勒索陋规，以致掣肘。该知县又复置若罔闻，请饬查办"等语。地方官宜如何洁己爱民，况值现被水灾，塘工尤应赶紧修理，以卫民生。若如所参各节，实属不成事体，着陈士杰确切查明，据实参奏，毋稍徇隐。原片着钞给阅看，将此谕令知之。（现月）

（卷149，册54，页101）

## ○光绪九年八月乙卯（初八日）（1883-9-8）

○（浙江巡抚刘秉璋）又奏：勘办沿海各属风灾。得旨：此次浙省沿海州县，猝遇风潮漫决，塘堤田庐受伤情形甚重，殊深廑念。所有冲塌塘工，着即迅速筹款修筑，以资保卫。其被灾地方，应行抚恤之处，并着查明办理。（折包）

（卷168，册54，页351）

## ○光绪九年八月丁卯（二十日）（1883-9-20）

○谕军机大臣等：昨据太仆寺少卿钟佩贤奏《浙江塘工，关系紧要，请饬清厘捐款，豫筹岁修》一折。据称"浙江山阴、会稽、萧山三县所辖江塘，为三县田庐保障。同治四年，东西两塘坍坏，当经借款修筑，即于三县按亩摊捐，分年归款。统计于工用钱二十七万余串外，多捐钱十余万串，官绅等迄未交出，请饬清厘"等语。塘工关系地方利害，甚为紧要。捐款既有赢余，自应存储备用，岂容稍有含混。着刘秉璋逐一清厘，除归还借款外，其余应如何另储生息，以备岁修之处。并着妥为经理，如官绅等有侵蚀情弊，即行分别惩办。原折着钞给阅看。将此谕令知之。（现月）

（卷169，册54，页360）

## ○光绪九年九月癸未（初六日）（1883-10-6）

○谕军机大臣等：御史章耀廷奏《海塘工程紧要，宜乘冬令一律修筑》一折。据称"浙江海塘工程，海盐地滨大海，为患最亟。旧工本极坚固，近来塘身虽间段被损，巨石完善尚多，亟宜一律修竣。海宁塘身，三面受敌，必须塘根深固，则塘身始稳。岁修之费，均应涓滴归公，无如承修者，视为利薮，上下蒙蔽。请饬核实估计，及时修筑，并将岁修经费，酌中定额"等语。海塘工程，关系地方利害，极为紧要。着刘秉璋督饬办工各员，认真修筑，如有偷减工料情弊，立即从严参办。其岁修经费，并着查照向章，酌量核定，以重帑项而顾要工。将此谕令知之。

（卷170，册54，页370）

## ○光绪九年十一月戊戌（二十一日）（1883-12-20）

○浙江巡抚刘秉璋奏：海塘工险，请复还翁家汛千总裁缺。下部议。（折包）

（卷174，册54，页428）

## ○光绪十年正月丙午（三十日）（1884-2-26）

○浙江巡抚刘秉璋奏：杭州府属西中东三塘，柴埽盘头等工，酌量改建

埽坦，以节经费。下部知之。（折包）

（卷177，册54，页475）

## ○光绪十三年七月壬戌（初七日）（1887－8－25）

○浙江巡抚卫荣光奏：浙省各地方被水情形。得旨：即着饬属确切查勘，其应修塘堤，及拨款抚恤之处，并着分别妥筹办理。（折包）

（卷245，册55，页289）

## ○光绪十四年二月乙酉（初三日）（1888－3－15）

○浙江巡抚卫荣光奏：候补道吴世荣办理豁免追起滥款三十余万，委办塘工。于物料用项，力求撙节，为近今难得之员，可否准交军机处存记。得旨：吴世荣着交军机处存记。遇有道员缺出，开列在前。（折包）

（卷252，册55，页397）

## ○光绪十五年二月癸卯（二十七日）（1889－3－28）

○浙江巡抚崧骏奏：海盐县传字等号新建石塘，临水孤立。拟于塘外，加筑坦水坝一百九十五丈，俾资捍卫。下部知之。（折包）

（卷267，册55，页579）

## ○光绪十五年十一月戊申（初六日）（1889－11－28）

○浙江巡抚崧骏奏：秋汛风潮旺大，杭州府属三防塘工冲损甚多，请添拨银两筹修，下部知之。

（卷276，册55，页688—页689）

## ○光绪十五年十一月己酉（初七日）（1889－11－29）

○浙江巡抚崧骏奏：海盐县石塘短字等号坦水工竣，请酌保出力员弁。得旨：准其择尤酌保数员，毋许冒滥。（折包）

（卷276，册55，页690）

| 德宗光绪朝（元年—三十四年）(1875-2-6—1909-1-21) |

## ○光绪十八年闰六月辛巳（二十五日）(1892-8-17)

○护理浙江巡抚刘树堂奏：勘明海盐县境坍塌石塘各工，拟请筹款次第兴修。下部知之。（折包）

（卷313，册56，页70）

## ○光绪十八年十月壬申（十八日）(1892-12-6)

○浙江巡抚崧骏奏：塘工坍卸过多，筹议添拨修费。从之。（折包）

（卷317，册56，页108）

## ○光绪十九年七月癸未（初三日）(1893-8-14)

○浙江巡抚崧骏奏：海盐县境坍卸石塘，择要分别修砌，并筑随塘坦水等工。又奏：东塘埽工险要，循旧改建匡合盘头，并下工部知之。（折包）

（卷326，册56，页193）

## ○光绪二十一年九月乙丑（二十八日）(1895-11-14)

○以捐资修建浙江钱塘县境内捍江塘六合塔工程，赏前兵部右侍郎朱智扁额，曰"功资筑捍"。

（卷376，册56，页927）

## ○光绪二十二年正月辛丑（初六日）(1896-2-18)

○浙江巡抚廖寿丰奏：海盐石塘修筑工竣，出力员绅请奖。得旨：准其择尤酌保数员，毋许冒滥。

（卷383，册57，页5）

## ○光绪二十二年八月癸酉（十一日）(1896-9-17)

○以浙江海盐石塘工竣，予杭嘉湖道王祖光议叙。（折包）

（卷394，册57，页139）

243

### ○光绪二十五年正月庚午（二十二日）（1899-3-3）

○又谕：洗马徐琪奏《杭、宁议开铁路，关碍海塘，且于民情未顺，请饬停办》一折。着总理各国事务王大臣会同督办铁路矿务大臣，查核具奏。（现月）

（卷438，册57，页763）

### ○光绪二十五年七月己未（十四日）（1899-8-19）

○谕军机大臣等：电寄刘树堂，给事中张嘉禄等奏浙江上虞县属曹江各塘冲决，会稽等县同时被灾。着刘树堂迅饬地方官，会同绅耆妥速拨款筹堵，并将各灾区迅即查明，分别赈抚。

（卷448，册57，页907）

### ○光绪二十五年十一月丙午（初二日）（1899-12-4）

○浙江巡抚刘树堂奏：修筑杭州府属西塘大龙头一带柴坝埽坦各工动用银数。下部知之。

（卷454，册57，页985）

### ○光绪三十年七月甲午（十八日）（1904-8-28）

○又谕：有人奏"浙江塘工，岁縻巨款。承办各员，漫不经心，交相掩饰"等语，着聂缉规按照所陈各节，切实查核，认真经理，以重要工。原片着钞给阅看，将此谕令知之。寻奏：东防同知刘颂年，于塘务漫不措意，致各工坍塌，应请开去本缺，撤销保案，并责令赔修。署海防营守备王兆麒，老迈龙钟，应勒令休致。杭嘉湖道崔永安，难辞疏忽之咎，请交部察议，如所请行。

（卷533，册59，页104）

## ○光绪三十年十一月壬辰（十八日）（1904-12-24）

○以劝捐出力，予浙江杭州东塘海防同知刘颂年免补知府，以道员补用。（折包）

（卷538，册59，页159）

## ○光绪三十年十一月甲午（二十日）（1904-12-26）

○（浙江巡抚聂缉规）又奏：在籍故原任兵部左侍郎朱智，分年捐修钱塘县境内捍江塘，并六和塔工程，现已一律完竣，请予销案。报闻。（折包）

（卷538，册59，页160）

## ○光绪三十一年六月壬戌（二十日）（1905-7-22）

○浙江巡抚聂缉规奏：海宁、海盐二州县境内念尖盐三汛，应行加高修砌，各塘坦石工，拟将念尖汛兹稼等十三号，先行筹款兴修，余俟接续办理。下部知之。

（卷546，册59，页255）

## ○光绪三十三年四月己卯（十九日）（1907-5-30）

○浙江巡抚张曾扬奏：塘工丝捐奖限届满，请再展限一年以裕工用。下部议行。（折包）

（卷572，册59，页574）

## ○光绪三十四年四月己未（初五日）（1908-5-4）

○浙江巡抚冯汝骙奏：勘明杭州府属东塘尖汛石塘险要，拨款兴修。下部知之。（折包）

（卷589，册59，页794）

○光绪三十四年七月辛丑（十八日）（1908-8-14）

○谕军机大臣等：有人奏《浙江海塘坍损，溃决堪虞，请饬亲勘，派员督修》一折，所陈各节，关系民命。着增韫详细查勘，力除积弊，妥筹办理。原折着钞给阅看。

（卷594，册59，页856）

○光绪三十四年十一月辛丑（十九日）（1908-12-12）

○浙江巡抚增韫奏：查勘海塘坍损情形，分别妥筹办理，酌定工程局、议事会、巡警局各章程。如所请行。

（卷3，册60，页42）

# 宣统朝（元年—三年）
# (1909-1-22—1912-2-17)

## ○宣统元年六月壬午（初五日）(1909-7-21)

○浙江巡抚增韫奏：浙省塘工丝捐奖限又满，海塘工用未敷。应请再行展限一年，以全要工。下部知之。（折包）

（卷15，册60，页292）

## ○宣统三年六月庚寅（二十四日）(1911-7-19)

○浙江巡抚增韫奏：变通海塘巡警，改编海塘警察，以节经费。下部知之。

（卷56，册60，页1009）